中国经济实际规模测算研究

王　岩　著

本书得到国家社会科学基金重大项目“我国全面参加全球国际比较项目（ICP）的理论与实践问题研究”（13&ZD171）和国家社会科学基金项目“国际比较项目非基准年购买力平价推算方法研究”（18BTJ002）的资助

科学出版社
北京

内 容 简 介

从物量层次对不同经济体间的实际经济规模进行测算与比较一直是宏观测度研究领域历久弥新的话题。对中国经济的实际规模进行较为准确的测算有助于中国准确挖掘世界各经济体的发展规律，正确定位中国目前所处的经济发展阶段，对于中国借鉴其他经济体的发展道路、发展经验具有重要意义。本书以中国经济实际规模测算为研究主题，主要内容包括：第一，对基于购买力平价法的国际经济比较的基础理论与前沿方法进行系统梳理。第二，对国际比较项目2011年轮的数据进行详尽的解读、分析与探讨。第三，针对目前中国经济实际规模测算研究中存在的难题展开前沿研究，主要包括基期测算结果的准确性、非基准年份购买力平价推算方法及生产法和支出法国际比较。

本书适合从事国际经济、经济统计及国民经济核算研究的相关人员参考。

图书在版编目（CIP）数据

中国经济实际规模测算研究 / 王岩著. —北京：科学出版社，2021.12

ISBN 978-7-03-064803-7

Ⅰ. ①中…　Ⅱ. ①王…　Ⅲ. ①中国经济-经济发展-测算-研究
Ⅳ. ①F22

中国版本图书馆 CIP 数据核字（2020）第 062798 号

责任编辑：邓　娴 / 责任校对：贾娜娜
责任印制：张　伟 / 封面设计：无极书装

科学出版社 出版
北京东黄城根北街 16 号
邮政编码：100717
http://www.sciencep.com
北京凌奇印刷有限责任公司 印刷
科学出版社发行　各地新华书店经销
*
2021 年 12 月第　一　版　开本：720 × 1000　B5
2022 年 9 月第二次印刷　印张：11
字数：220 000

定价：110.00 元

（如有印装质量问题，我社负责调换）

序　一

国际比较项目（International Comparison Program，ICP）是由联合国统计委员会主导，世界银行负责实施的全球最大规模的经济统计项目。ICP 最早起始于 1968 年由 Irving Kravis、Robert Summers 和 Alan Heston 教授在宾夕法尼亚大学发起的一个研究项目。最早一轮的 ICP 比较基期为 1970 年，当时仅有 10 个经济体参与。后经过 50 多年的发展，截至 2020 年，ICP 已开展 9 轮比较，获得了全球范围内的广泛支持。2017 年轮 ICP，全球有 176 个经济体参与其中。2016 年，联合国统计委员会第 47 届大会决定将 ICP 设为国际组织与经济体共同参与的永久性、综合性的全球合作统计项目。这意味，经历了近 50 年的发展，ICP 获得了国际组织的官方认可，并成为全球官方统计核算体系中的重要组成部分。

2015 年诺贝尔经济学奖得主 Angus Deaton 在谈及 ICP 数据的重要性时说道，目前为止，没有一种宏观数据的重要性能和 ICP 所提供的数据相提并论。从这番评价可见 ICP 数据的重要价值。购买力平价（purchasing power parity，PPP），价格水平指数（price level index，PLI），以及基于购买力平价计算得到的实际支出数据目前已经广泛应用于学术研究、统计数据编制和政策制定，并发挥越来越重要的作用。

学术研究是没有止境的。探讨 ICP，应始终谨记其研究项目属性。虽然 ICP 已经走过了 50 多年的发展历程，但其在理论、方法和技术层面仍在经历各种变革。ICP 在当前阶段，仍是一个试验性和研究性的项目。且大数据、人工智能等技术的兴起，对 ICP 也将产生深刻影响，并可能导致 ICP 发生革命性变革。

为了应对 ICP 面临的各种在方法上和技术上的挑战，自 2005 年轮始，ICP 在其全球治理结构中加入了技术咨询组（Technical Advisory Group，TAG）的职能。TAG 成为 ICP 治理结构的重要组成部分。TAG 是一个专门的技术咨询机构，由统计指数、购买力平价、价格统计和国民核算等领域的全球知名专家组成，专门负责 ICP 理论、方法和技术方面的研究工作。TAG 成员囊括了 ICP 研究领域中全球最知名的学者，包括 ICP 的创始人之一 Alan Heston、诺贝尔奖得主 Angus Deaton、统计指数的顶尖专家 Erwin Diewert 及随机指数方法的先驱 Prasada Rao 等。很荣幸的是，在 2011 年轮 ICP 实施过程中，本人以国民核算专家的身份参与到 TAG 工作中。2017 年轮 ICP，中国著名经济统计学专家许宪春博士成为 TAG 成员。

当前，TAG 最新研究议题可以分为三大类，分别是 ICP 测算技术改进、难点比较领域研究及 ICP 的重点应用领域研究。具体为 13 项议题：①探索购买力平价测算的技术创新与数据源创新；②在购买力平价测算中考虑规格品质量的差异；③时间序列购买力平价的编制和滚动调查方法；④全球链接方法的微调；⑤购买力平价数据的质量和可靠性；⑥住房服务购买力平价和实际支出；⑦建筑品购买力平价；⑧政府雇员与建筑业劳动力的生产率调整；⑨出口和进口购买力平价；⑩卫生和教育购买力平价；⑪购买力平价和全球贫困测度；⑫购买力平价用于国家和国际政策制定；⑬CPI[①]-ICP 的整合和地区购买力平价测算。这些研究议程代表了 ICP 领域的最新研究前沿和亟待解决的问题。

本人关注 ICP 的研究也有 20 多年了，所思所想的问题多集中在 ICP 的学理基础上。如果根基就不牢，最终测算结果的可信性就将大打折扣。2018 年 5 月，本人就事先准备好的“ICP 50 周年 50 问”，与昆士兰大学的 TAG 专家 Prasada Rao 教授进行了长达 4 个多小时的请教和讨论。Prasada Rao 教授专门写邮件表示：“我们的探讨启发了我思考，如果 ICP 要确保在下一个 50 年继续生存和发展，仍有许多问题需要得到妥当解决。”2018 年 10 月北京师范大学国民核算研究院组织召开了“国际比较项目成立 50 周年：成就与展望”的国际研讨会，本人以“基本分类购买力平价中隐含的纯价比假设及其经济学含义”为题进行了主题报告，主要探讨的问题就是 ICP 在价格比较方面忽视的质量差异问题及其可能带来的后果。在 2019 年 7 月于东北财经大学举办的 ICP 前沿问题研讨会上，本人以“ICP 何以可能？——空间经济比较原理探究”为题进行了主题演讲，探讨的话题仍然集中在 ICP 的基础理论方面。

对 ICP 的研究讲了这么多，目的就是说明，未来推动 ICP 的持续健康发展，研究仍是重心，而学术人才队伍建设又是 ICP 研究的核心。在北京 ICP50 周年研讨会的开幕式发言中，Prasada Rao 教授提到，自 1968 年 ICP 建立以来，ICP 的研究者也已经有了五代研究集体。让本人感到非常欣慰的是，国内的年轻学者王岩、谢长及黄雪成也列在其中，这表明他们的研究成果开始受到 ICP 国际学界的关注。

这次结集出版的国际经济比较统计前沿研究系列成果正是上述三位学者在 ICP 领域多年研究成果的结晶。上述三位学者都师从东北财经大学统计学院杨仲山教授，先后攻读统计学专业，获经济学博士学位。攻读博士学位期间，他们参

① CPI 即 consumer price index，居民消费价格指数。

与了杨仲山教授主持的国家社会科学基金重大项目“我国全面参加全球国际比较项目（ICP）的理论与实践问题研究”（13&ZD171）的课题研究工作。目前，他们已经成长为国内ICP研究领域的骨干力量。

国际经济比较统计前沿研究系列成果共分三部，分别是王岩博士的《中国经济实际规模测算研究》、谢长博士的《多边价格指数汇总方法的改进研究》及黄雪成博士的《购买力平价（PPP）汇总方法稳定性测度研究》。总体来看，系列成果具有如下的鲜明特点。

一是研究视角瞄准前沿。系列成果回应了TAG研究议题中的“①探索购买力平价测算的技术创新与数据源创新”、“⑤购买力平价数据的质量和可靠性”及“⑨出口和进口购买力平价”三个议题。这表明，他们的研究站在了ICP研究的国际前沿，并尝试对ICP当前面临的理论和实践难题给出中国学者的解决方案。

二是研究设计比较规范。系列成果遵从学术研究的规范要求，定位了所开展研究在已有前沿文献中的方位，指出了所开展研究对该领域的创新性贡献，采用了规范的实证分析方法开展测度研究，得出了较有实际意义的研究结论。总体来看，系列成果研究框架完整，研究方法得当，研究数据翔实，研究结论可靠。

三是研究工作颇有创新。系列成果在前人研究的基础上，创新性地做了如下几个方面的工作：①构建了新的测算框架对中国的支出法实际国内生产总值（gross domestic product，GDP）、生产法实际GDP及二者差额进行了全新核算；②提出了满足更多优良性质的新的基本分类以上水平价格汇总方法；③采用压力测试和模拟分析的方法系统研究了购买力平价测算方法的稳定性。

国际经济比较统计前沿研究系列成果是王岩博士、谢长博士和黄雪成博士研究成果的结晶，系统反映了他们在ICP研究领域上的思考和积累。本人相信，系列成果的出版将有力推动国内ICP研究工作的进一步深入，将有助于中国学者在ICP世界研究前沿获得更多的发言权。希望他们三位在新的起点上，继续保持学术研究的初心，将国际经济比较统计的研究推向深入，并预祝他们取得更多高质量的学术成绩。

邱　东

序　二

ICP是一项全球性统计活动，通过测算各经济体货币购买力平价，得到以统一货币表示的GDP及其支出构成指标，进而对各经济体实际经济规模进行比较和评价。联合国统计委员会于2016年的第47届大会决定将ICP设为国际组织与经济体共同参与的永久性、综合性的全球合作统计项目，这标志着ICP正式成为国际官方核算体系的一员。如果说国民账户体系（system of national accounts，SNA）是经济体层面进行经济活动测度的国际公认标准，那么ICP就是经济体间进行经济活动比较的国际公认标准。

ICP经历了50多年的发展，在理论架构、技术方法和调查实践上都日趋成熟。但由于ICP是集合了价格调查、GDP支出法核算、指数汇总方法等众多领域的交叉统计活动，其当前仍面临多方面的挑战。首先，ICP基期测算结果存在较大的争议。ICP测算结果会受到规格品采价误差、国民核算数据可靠性及汇总方法选择等多种因素的影响而产生测算偏差，因此，ICP基期测算结果历来备受争议。其次，受制于高昂的调查成本，目前ICP调查活动仅在基准年份开展，而经济学研究及宏观经济政策的制定都需要基于连续年份的数据进行，ICP提供的数据服务存在明显数据缺口。最后，ICP仅基于GDP支出法视角进行国际比较，而事实上，从生产法角度也可以对GDP进行国际比较，且两者之间由于贸易条件的影响，会存在较大差异。

王岩博士的专著试图对上述问题进行系统而全面的回答。王岩博士于2015年在东北财经大学统计学专业取得经济学博士学位。他的博士论文即以国际经济比较统计为研究选题，曾获得辽宁省优秀博士论文提名奖。

王岩博士长期以来在国际经济比较统计的理论研究、调查实践与合作交流方面积累了较为丰富的经验，这为《中国经济实际规模测算研究》的撰写奠定了扎实的理论和实践基础。在理论研究方面，他已在《统计研究》等核心期刊发表论文10余篇，积淀了较为丰硕的理论成果。在调查实践方面，他曾于2017年7月～

2018 年 7 月被借调到国家统计局国际统计信息中心，负责 2017 年轮 ICP 居民消费价格调查和住房租金调查的授课、答疑、数据审核和数据测算等相关工作，积累了宝贵的实践经验。在合作交流方面，他曾以访问学者的身份跟随 TAG 资深专家、随机指数领域国际知名学者、澳大利亚昆士兰大学教授 Prasada Rao 系统学习，曾赴巴西里约热内卢、摩洛哥马拉喀什及马来西亚吉隆坡参与世界统计大会并报告 ICP 领域的最新研究成果，这些合作交流使其研究具备了较为广阔的国际视野。

《中国经济实际规模测算研究》是王岩博士在国际经济比较统计领域深入思考和长期积累的结晶。总的来看，王岩博士的专著主要有如下的特点。

第一，研究视角较前沿。构建了一个完整且一致的研究框架，创新性地从基准年份、非基准年份及生产法和支出法视角对中国经济的实际规模进行测算研究，同时回应了当前 ICP 研究领域中存在的三个难点问题，即基期测算偏差、非基准年份购买力平价推算和生产法与支出法国际比较。

第二，研究方法有创新。对主流经济学中使用的宾夕法尼亚大学世界表（Penn World Table，PWT，以下简称宾大世界表）的测算方法进行了大胆创新。所提出的新测算方法可以对生产法和支出法 GDP 的差额进行测算和分解，从而为探讨贸易条件变动对生产法和支出法 GDP 差额的影响机制提供了分析框架。

第三，研究结论实践意义强。通过对中国经济实际规模进行深入和系统的测算、比较与分析，得到了一系列十分有见地的原创性结论。这些结论不仅改变了我们对现有测算结果的认识，还增进了我们对中国经济实际规模的进一步认知。

《中国经济实际规模测算研究》在一定程度上综合反映了王岩博士在国际经济比较统计领域所做的研究努力和学术创新。学术成果的出版是对上一阶段学术研究的系统总结，也是未来学术研究的一个新起点。作为他的博士生导师，本人为他的研究成果出版而感到高兴，同时也希望他站在新的、更高的起跑线上，不忘初心，继续前行，未来取得更大的成绩。

杨仲山

目　录

第1章　中国经济实际规模测算研究的现状与问题

本书的研究隶属于宏观测度（macro-measurement）领域，更为细致地说，应归属于空间维度的价格和物量测度。正像 Irving Fisher 所述：

> “在所有的数理科学领域，第一要务就是定义测度的单位。在经济学中，我们一直缺乏从购买力意义上对货币单位价值的衡量，这种现象让我感到惊讶。就我自己的经历而言，美元的价值历经了数次的大幅波动，有时币值翻倍，有时减半。”

Irving Fisher 的这段话清楚地表明，单位货币的实际价值在不同时点变动很大，我们应该使用购买力这一恒定的度量单位来测度不同时点上单位货币的实际价值。Irving Fisher 的话语切中了时间维度价格和物量测度的要害，即时间维度价格指数测算的根本目的在于衡量单位货币在不同时点上的购买力情况。国民核算账户中提供了居民消费价格指数、生产者价格指数等一系列宏观经济价格指数，这些正是测算单位货币在不同时点上购买居民消费品、工业生产品的购买力变动情况的指数。

单位货币的实际价值不仅在不同时点上会出现较大波动，而且在同一时点上的不同空间内也会存在较大差异，这就提醒我们，价格和物量测算不仅在时间维度上是有必要的，在空间维度上也是同样必要的。从较小的空间范围来看，一个经济体内部不同区域间单位货币（一般为同种货币）所具备的购买力可能存在较大差异，从较大的空间范围来看，不同经济体单位货币（不同种货币）所具备的购买力可能差异更为明显。由此可以看出，使用购买力这一恒定度量单位来测度同一经济体内部不同区域乃至各经济体单位货币的实际价值具有重要意义。这种重要意义体现在：①进行经济体间价格水平差异的比较；②从物量层次比较经济体间的实际经济规模。

1.1 研究缘起

随着全球经济一体化进程的迅速推进，开放经济体的经济发展绩效越来越受到其他各经济体的影响。准确了解一个经济体在世界经济版图中的真实实力和发展水平对其政府把握经济走势和实施宏观经济管理具有重要意义。这就对从物量层面进行的实际经济规模的测算和国际比较提出了内在的要求。作为各经济体官方统计部门采纳的标准核算框架，SNA为各经济体编制一套在时间维度上具有连续性、可比性的经济核算账户提供了理论和实践上的指导。但货币度量单位的不同及价格水平的差异使得不同经济体间的经济总量数据并不具备物量意义上的可比性。实际经济规模测算和比较的实质在于找到一种空间维度的价格指数用以调整不同经济体间经济总量内生的价格水平差异，从而进行物量水平的比较。汇率作为一种最为常用的货币转换因子，长久以来被广泛应用于国际比较①。但汇率法在应用于国际比较时存在的诸多缺陷也使其饱受争议，这推动着学者和国际组织去寻找一种更为恰当和科学的方法进行国际比较。如何在国民经济核算框架之下寻找一种货币转换因子将各经济体以本币度量的经济总量指标转换为使用统一货币度量的经济总量指标，并同时消除价格因素的影响，就成为实际经济规模测算和比较的中心目的。基于国民经济核算框架，使用购买力平价方法进行的国际比较正是在这种背景下诞生和发展起来的。

由世界银行主导的ICP是目前全球最为庞大的国际统计合作项目。ICP致力于使用购买力平价法对世界各经济体实际经济规模和发展水平进行比较。世界银行发布的官方手册中对购买力平价是这样定义的：一单位基国货币可以在基国购买一定量的一篮子货物和服务，则购买力平价是指在本国购买上述同一篮子的货物和服务所需要的本国货币量（World Bank，2013a）。从统计角度来看，购买力平价是一种空间价格指数，通过对不同经济体购买同样一篮子货物和服务所需要的货币支出的比值进行计算，反映经济体间价格水平的相对值。基于购买力平价，我们可以将各经济体以本币度量的经济指标转换为同种货币单位来进行度量，并同时消除物价因素的影响，从而使得实际经济总量的比较成为可能。经购买力平价调整后得到的经济总量指标具备了物量意义上的可比性，因此，一般称之为实际经济总量指标。

购买力平价的计算是ICP的基础工作。由于经济体间购买力平价测算需耗费

① 在本书中，国际比较指的是，消除了不同经济体间经济总量中内生的价格水平差异后，所进行的物量意义上的经济总量比较，也即实际经济规模的比较。

大量人力物力，目前购买力平价的测算仅在某些选定的基准年份进行。购买力平价从本质上看，是一种价格指数，计算购买力平价需要收集各经济体既具备可比性又具备代表性的货物和服务的价格水平和支出数额，在此基础上使用指数汇总方法进行最终汇总计算。购买力平价的测算可能会受到价格数据误差、支出数据误差及汇总方法的影响而出现一定偏差。

2005 年轮是中国首次正式参与 ICP。2008 年公布的最终测算结果表明，按购买力平价法计算的 2005 年中国 GDP 总量为 5.33 万亿美元，比 2007 年发布的世界经济指标中的相应值低出约 40%（World Bank，2008）。这个测算结果一经公布，便引起国际社会和诸多宏观测度领域权威学者的广泛质疑。关于 2005 年轮中国测算结果准确性的讨论更是甚嚣尘上。Angus Maddison 更是直接撰文指出，2005 年轮 ICP 的测算结果严重低估了中国经济的实际总量规模（Maddison，2009）。

2011 年轮 ICP 比较结果已由世界银行于 2014 年 4 月公布。相比于世界发展指标 2013 年版提供的相应数据①，2011 年轮 ICP 的数据显示，发展中经济体经购买力平价调整后的 GDP 总量都普遍大幅上调。从中国的情况来看，世界发展指标 2013 年版中提供的数据显示,2011 年中国经购买力平价调整后的 GDP 总量为 9.97 万亿美元，而 2011 年轮 ICP 比较结果则显示，2011 年中国经购买力平价调整后的 GDP 总量为 13.50 万亿美元。2011 年轮 ICP 的比较结果相较世界发展指标 2013 年版的结果上调幅度为 35.41%（World Bank，2013b，2014a）。更有甚者，世界银行世界发展指标 2019 年版数据显示，中国经购买力平价调整后的 GDP 总量自 2014 年起便超过了美国②，实际经济总量目前稳居世界第一。

不同年轮 ICP 提供的中国经济实际规模的测算结果差异巨大，这表明，基于购买力平价法对中国经济实际规模的测算研究还未得到一致性结论，研究中还存在诸多问题和争议亟待解决。本书在系统回顾已有测算研究的基础上，将存在的问题和争议归结为如下三点：①基期测算结果的准确性争议较大；②非基准年份的测算结果迥异；③测算方法的视角较为单一。本书的研究试图对这三个争议问题进行解答。

1.2　中国经济实际规模测算研究的现状

实际经济规模的测算研究对理论与数据都有较高的要求。考虑到学者与国际

① 世界发展指标 2013 年版中提供了 2011 年全球 200 多个经济体经购买力平价调整后得到的经济总量指标，这里所用到的购买力平价数据是基于 2005 年轮 ICP 数据外推得到的。

② 世界发展指标 2019 年版中使用的购买平价数据均是基于 2011 年轮 ICP 数据外推得到的。

组织在获取数据的能力及数据处理和分析能力上的巨大差别，笔者将分别对他们的研究进行系统总结。

1.2.1 国际组织的测算

由于国际比较的复杂性及对跨国可比性数据的需求，国际组织在国际比较研究中占有越来越重要的位置。本节将对 ICP、世界发展指标和宾大世界表对中国经济实际规模的相关测算研究进行总结。

1. ICP

联合国在 1968 年推出了 ICP 以促进世界范围内不同经济体间的经济比较，中国在 1993 年、2005 年、2011 年和 2017 年参与了 ICP 的调查活动。ICP 是一项全球性统计合作项目，主要目的是测算各经济体货币的购买力平价，以便用购买力平价作为转换系数，将各经济体 GDP 转换为用统一货币单位表示，从而比较和评价各经济体的实际经济规模和结构。ICP 从 1968 年开始进行第一轮调查，截至 2020 年已完成 9 轮的调查。2021 年为全球最新一轮 ICP 的调查基准年。

1993 年我国开始试探性参与 ICP，2005 年又以 11 个城市参与全球性 ICP，2011 年，我国决定全面参与 ICP，2017 年我国 31 个省区市全面参与 ICP。另外，在 1996 年和 2009 年，我国还参与了亚太区的 ICP，1999 年参与了经济合作与发展组织（以下简称经合组织）的实验性合作比较活动。从历次参与 ICP 的经验来看，我国参与的范围从早期的局部试验性参与扩大到现在的全面性参与，所用的比较方法从双边比较已拓展至多边比较。结合历次 ICP 的代表性及资料的可获得性，经选定，我们将对 1993 年轮 ICP、2005 年轮 ICP、2011 年轮和 2017 年轮 ICP 这四轮的参与情况进行系统总结。总结的主要方面包括：数据收集，购买力平价计算方法。

（1）1993 年中国以部分地区、双边比较方式参加联合国亚太地区第六阶段比较，预计的参与地区为上海和广州，但由于数据收集的问题，最终选择广东进行了实验性双边比较。

数据收集。根据 1993 年轮 ICP 确定的数据收集框架，需要收集的基本数据包括 GDP 支出法下的基本分类支出数据，以及兼顾代表性和可比性的规格品价格调查数据。GDP 支出数据包括 140 项基本分类数据。规格品价格调查在广东省的 11 个调查地区开展，调查一共涉及 871 种规格品价格，包括：761 种居民消费和服务规格品价格、89 种机械设备规格品价格、6 种建筑规格品价格和 15 种政府职务报酬数据。

购买力平价计算方法。1993 年的比较采用的是双边比较方法。由于地区生产总值支出数据仅在基本分类以上层次才能获取，因此基本分类以下和基本分类以上层次的购买力平价应使用不同方法进行计算。在基本分类以下，首先计算所有代表规格品的价格比率，然后将同一基本分类下的规格品的价格比率取几何平均，就可以得到基本分类购买力平价。在基本分类以上，以基本分类地区生产总值支出数据作为权数，利用上一步中获取的基本分类购买力平价，使用 Fisher 指数进行逐级汇总计算地区生产总值总量层次的购买力平价。

（2）2005 年，中国以 11 个城市（北京、上海、重庆、大连、宁波、厦门、青岛、哈尔滨、武汉、广州、西安）参加 ICP 的调查活动，该轮调查中价格调查的范围和地区生产总值支出数据范围都得到较大的扩展。

数据收集。根据 2005 年轮 ICP 确定的数据收集框架，在上述 11 个城市所需要收集的基本数据包括：地区生产总值支出数据——155 项基本分类数据。规格品价格调查一共涉及 723 种规格品价格，其中有 580 种居民消费价格、91 种机械设备价格、34 种建筑规格品价格、18 种政府职务报酬数据。亚洲开发银行的国际比较专家小组将 11 个城市的调查数据进行处理加工进而得到全国层面的价格水平和支出数据。

购买力平价计算方法。2005 年轮 ICP 采用多边比较方法进行购买力平价的计算。为了保证多边比较结果的可靠性，多边比较方法的实施分为两个步骤。首先在亚太区域内部进行比较。对于基本分类及以下层次的购买力平价，采用国家产品虚拟（country-product-dummy，CPD）方法进行计算；对于基本分类以上层次，利用基本分类的支出数据，采用 GEKS 方法对 155 项基本分类的购买力平价进行加权平均，计算 GDP 总量层次的购买力平价。其次，使用环国法将亚太区域的比较结果链接到全球层面。

（3）中国全面参与以 2011 年为基准调查年的全球第八轮 ICP。这是中国第一次全面参与 ICP 的调查活动。在此轮 ICP 中，中国开展调查的地区范围基本覆盖全国，包括 30 个省区市 80 多个调查地区。

数据收集。亚洲开发银行 2011 年轮 ICP 协调小组负责亚太地区的调查框架设计，本轮调查涉及的代表性规格品价格数量为 1200 个，其中居民实际最终消费价格 955 项，政府公共支出价格 22 项，固定资本形成总额价格 223 项。

购买力平价计算方法。和 2005 年轮 ICP 相比，2011 年轮 ICP 对基本分类购买力平价计算方法及区域链接方法进行了更新。2011 年轮 ICP 虽仍采用 CPD 方法的基本思路进行基本分类购买力平价计算，但对其进行了一定的改进。在调查环节，根据实际重要程度的不同，对规格品赋予了一定的重要性权重，因此，计算方法改进为——加权的国家产品虚拟（country product dummy-weighted，CPD-W）方法。2011 年轮 ICP 使用核心产品清单法并利用国家间再分配（country approach with redistribution，CAR）法进行区域间的链接。相比 2005 年轮所使用的环国法只在 18 个经济体进行采价活动，核心产品清单法要求每个经济体都提供核心产品清单中的采价信息用以进行区域链接。

（4）2017 年轮 ICP，中国 31 个省区市首次全部参与调查。调查点分布在全国 31 个省区市的 84 个地区，涵盖 39 587 个城市和农村调查点。

数据收集。亚洲开发银行作为 2017 年轮 ICP 亚太区的区域协调机构，其主要负责区域调查活动的组织和实施工作。我国在 2017 年轮 ICP 中共向区域协调机构提供了 1110 种规格品的年平均价格数据，具体包括：居民消费规格品价格 876 项，机械设备规格品价格 134 项，建筑规格品价格 49 项，住房租金 19 项，政府职务报酬 32 项。

购买力平价计算方法。为保证不同年轮 ICP 测算方法的稳定性和测算结果的可靠性，联合国统计委员会建议 2017 年轮 ICP 在测算方法上应与 2011 年轮尽可能保持一致。在上述指导原则下，2017 年轮 ICP 的测算方法与 2011 年轮基本保持一致，仅在区域链接等技术细节上进行了微调。

表 1.1 对中国参与 1993 年轮 ICP、2005 年轮 ICP、2011 年轮 ICP 和 2017 年轮 ICP 的情况进行了简要总结。

表 1.1　中国参加 ICP 情况汇总

数据名称	参加程度	比较方法
1993 年轮 ICP	广东省试验性参加	双边比较方法
2005 年轮 ICP	11 个城市参加	多边比较方法：基本分类以下使用 CPD 方法，基本分类以上使用 GEKS 方法，区域链接采用环国法
2011 年轮 ICP	第一次全面参加（30 个省区市 80 多个调查地区）	多边比较方法：基本分类以下使用 CPD-W 方法，基本分类以上使用 GEKS 方法，区域链接采用核心产品清单法和 CAR 法
2017 年轮 ICP	31 个省区市全面参加（西藏首次参加）	多边比较方法：与 2011 年轮基本保持一致，仅在区域链接方法上做了微调：基本分类以下使用 CPD-W 方法，基本分类以上使用 GEKS 方法，区域链接采用核心产品清单和 CAR 法

2. 世界发展指标

世界发展指标是世界银行最重要的发展指标汇编，其数据来自得到正式认可的国际组织及各经济体官方统计部门。它提供了现有的最新最准确的全球发展数据，涵盖经济体、区域和全球层面丰富的数据。世界发展指标目前提供了基于购买力平价法测算的连续时间段内的中国实际经济总量数据。

图 1.1 给出了世界发展指标 2013 年版和 2014 年版中提供的中国实际 GDP 增长趋势。下面我们比较世界发展指标 2013 年版和 2014 年版的异同之处。由于采用同样的外推方法进行数据推算，两个不同版本的世界发展指标提供的中国数据

具有较为一致的增长趋势。但值得注意的是，世界发展指标 2014 年版推算的中国实际 GDP 一致高于世界发展指标 2013 年版中提供的数据。世界发展指标 2014 年版提供的数据显示，2005 年中国实际 GDP 为 7.26 万亿美元，而世界发展指标 2013 年版的相应数据为 5.36 万亿美元，新数据的上调幅度高达 35.45%。产生上述大幅度调整的重要原因之一是：世界发展指标 2013 年版是以 2005 年轮 ICP 的数据为基准，进行外推；而世界发展指标 2014 年版是以 2011 年轮 ICP 的数据为基准，进行相应的外推。

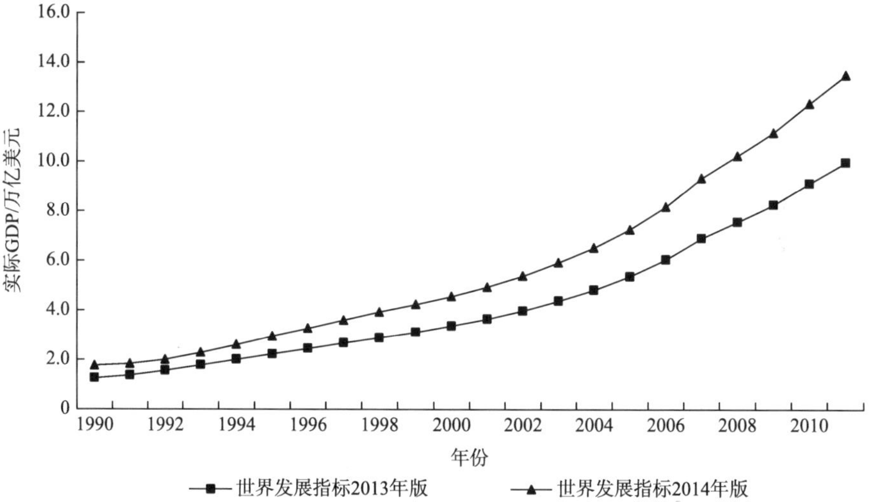

图 1.1　世界发展指标 2013 年版和 2014 年版对中国实际 GDP 的测算结果

3. 宾大世界表

联合国的 ICP 只在一些选定的年份进行调查，而且起始的几轮调查包括的经济体数目较少。为满足连续时间段及更多经济体间经济发展数据的获取性问题，ICP 方法的创始人之一 Kravis 和宾夕法尼亚大学的 Summers 和 Heston 利用基准年份的估计结果并采用统计方法对未参加经济体及非基准年的数据进行外推，通过此方法得到的数据表称为宾大世界表。宾大世界表已经成为经济学领域应用最为广泛、影响力最大的宏观经济数据集。

宾大世界表从第 3 版（mark3）开始包括中国的数据，自此之后，每一个版本都提供中国的相应数据。在 2005 年轮 ICP 之前，中国并未正式参与过 ICP（仅在 1993 年轮试验性参与）的调查，宾大世界表第 3 版到宾大世界表第 5 版（mark5）使用的中国购买力平价数据都是来自非官方渠道，主要参考了 ICP 创始人 Kravis 给出的以 1975 年为比较基期的中美双边比较结果（Kravis，1981）。在 2005 年轮 ICP 中，中国正式参与了 ICP 的调查活动，这极大地丰富了中国的购买力平价数据。在 2005 年之后，宾大世界表在编制新版本的过程中开始使用 2005 年轮 ICP 提供的中国购买力平价数据。宾大世界表 6.3、宾大世界表 7.1 和宾大世界表 8.0 都是基于 2005 年轮 ICP 的基础数据编制的。

图 1.2 给出了宾大世界表 7.1 和宾大世界表 8.0 提供的中国实际 GDP 增长趋势。可以看出，这两个序列之间存在显著的差异。这种差异主要来源于非基准年推算方法的不同。在本书的第 7 章，我们将对此问题进行深入剖析。

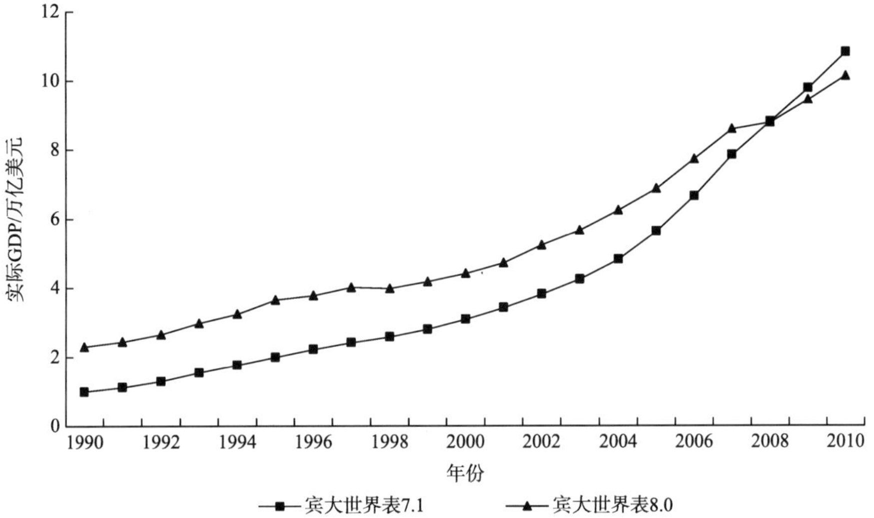

图 1.2　宾大世界表 7.1 和宾大世界表 8.0 对中国实际 GDP 的测算结果

4. 评述

从上述国际组织提供的数据来看，目前可用于研究的中国实际经济规模数据已经大为丰富。但是，由于编撰数据的目的及推算方法的差异，即使在同一年份上不同国际组织提供的中国实际经济规模数据之间仍存在较大差异。这就警示我们在利用这些数据进行研究时，需要较为清晰地掌握这些数据的计算方法及应用范围。表 1.2 对 ICP、世界发展指标及宾大世界表的数据进行了初步总结。

表 1.2　国际组织提供的中国实际经济规模数据总结

数据名称	计算方法	数据连续性	数据时段	基础数据	数据适用范围
ICP	支出法多边比较	否	1993 年，2005 年，2011 年，2017 年	各经济体经济总量数据和价格调查数据	主要用于进行基准年份上的国际比较
世界发展指标	使用基年的 ICP 数据，其他年份使用外推法	是	1980～2017 年	基准年份 ICP 数据及历年各经济体 GDP 价格平减指数	世界银行所发布的官方报告中较多引用此数据

续表

数据名称	计算方法	数据连续性	数据时段	基础数据	数据适用范围
宾大世界表	使用基年的 ICP 数据，其他年份使用外推法	是	1950～2017 年	基准年份 ICP 数据及历年各经济体经济总量数据与价格平减指数	广泛应用于全球经济增长、经济收敛等研究

1.2.2　学者的测算

1. 以双边比较方法为主

从比较方法来看，双边比较方法在早期的测算研究中使用最为广泛，这一时期的主要研究成果如下。Mizoguchi（1969）对比了 1955 年上海与东京的家庭人均消费支出，并根据收集的上海城市数据，将结果扩展到中日比较。ICP 的创始人 Kravis（1981）首次基于 ICP 对中国的购买力平价进行了估计。他的研究以 1975 年为基期，使用的数据是他在 1979 年①对中国 5 个城市的大约 3 个星期的访问期间搜集的。Taylor（1991）基于生产法购买力平价估计了以美元计价的中国 1978～1989 年国民总收入和人均 GDP。美国人口调查局根据 20 世纪 80 年代初在中国搜集的 200 余种产品价格，从生产角度计算了不同部门的购买力平价，经汇总计算出 GDP 层面的购买力平价。在中国国内，任若恩教授在国家自然科学基金的资助下，长期从事中美国际比较研究。Ren 和 Chen（1995）以 1986 年为基期，计算了中国和美国的支出法购买力平价。任若恩在经合组织出版的中国和美国的生产法和支出法比较研究成果在国际学术界影响最大（Ren，1997）。在该研究中，中国和美国的生产法比较以 1985 年为基期，中国和美国的支出法比较以 1986 年为基期。郭熙保（1998）应用支出法以 1994 年为基期测算了中国和美国的购买力平价。余芳东和任若恩（2005）以 1999 年为基期，利用支出法计算了中国与经合组织经济体间的购买力平价，并比较了中国与经合组织经济体的实际 GDP 大小。任若恩等（2007）以 1995 年为基期，用生产法测算了中国和美国的双边购买力平价。

2. 从经济总量比较到分行业比较

除实际经济总量比较外，制造业增加值及其生产率的国际对比也是研究的重点和热点领域。这方面的主要研究成果如下。自 1993 年开始，Szirmai 和 Ren（1995）以 1985 年的工业普查数据为基础，比较了中国与美国制造业的劳动生产率。Szirmai 等（2005）以 1995 年为基期估算了中国和美国制造业的购买力平价，实际比较了

① Kravis 使用价格指数将 1979 年的价格回推到了 1975 年，在此基础上与美国的基准数据进行的比较。

中国和美国制造业的劳动生产率。Wu（2001）以 1987 年为基年，从生产法角度对比了中国和美国 1952～1997 年制造业的生产率的差异。除制造业的国际比较研究外，陈凯和任若恩（2003）基于生产角度的购买力平价方法，对中国与美国电信业 1990～1998 年的购买力平价进行了实际测算和结果分析。我们在表 1.3 中对上述不同学者的研究进行了总结。

表 1.3　不同学者研究的总结

研究者	比较方	基准年	采用方法	比较的时间跨度	购买力平价/（人民币/美元）	官方汇率/（人民币/美元）
经济总量比较						
Kravis	美国	1975 年	支出法	1975 年	0.46	1.97
Talyor	美国	1981 年	生产法	1978～1989 年	1.14	1.71
任若恩	美国	1985 年	生产法	1985 年	1.07	2.94
任若恩	美国	1986 年	支出法	1985 年	0.94	3.45
任若恩、陈凯	美国	1986 年	支出法	1980～1991 年	0.87	3.45
Maddison	多边比较	1990 年	支出法	1952～2010 年	0.70	4.78
郭熙保	美国	1994 年	支出法	1994 年	2.26	8.62
任若恩等	美国	1995 年	生产法	1995～2004 年	5.01	8.35
余芳东、任若恩	经合组织	1999 年	支出法	1999 年	4.67	8.28
行业比较						
Szirmai 和 Ren（1995）	美国	1985 年	生产法	1980～1992 年	1.45	2.94
Wu（2001）	美国	1987 年	生产法	1952～1997 年	3.11	3.72
陈凯和任若恩（2003）	美国	1990 年	生产法	1990～1998 年	4.12	4.78
Szirmai 等（2005）	美国	1995 年	生产法	1980～2002 年	4.60	8.35

3. 评述

可以发现，不同学者研究所用的方法基本都可以划归为支出法或生产法。支出法和生产法对数据的获取都有较为详细的要求，而且这些要求之间存在较大差异。

从表 1.3 给出的不同学者的估计数据可以看出，基于不同比较方法在不同基准年份进行的购买力平价比较，其结果存在较大差异。不论是支出法双边比较还是生产法双边比较，这两种方法的理论基础和技术路线都相对较为成熟，上述结果差异主要可以归结为比较中数据来源及数据质量的不同。在早期的支出法国际比较中涉及的主要问题是规格品价格的收集及对不同支出项目支出份额的估计。

早期的研究者使用的价格数据多来自研究者团队的实地调查，涉及的区域往往较少，代表性不足，而且调查一般在城市中进行，乡村地区的价格数据缺失严重。在支出数据方面，研究者往往只能获得较高总量层次的支出数据，无法获取在细类支出上的数据。价格调查数据缺乏代表性及支出数据估算中存在较大误差是早期支出法研究中的主要问题。

生产法国际比较主要依赖工业企业的调查数据。早期的研究依靠研究者进行企业实地调查获取的第一手工业企业数据。随着中国国家统计局全国工业生产普查活动的开展，学者开始广泛使用这些官方的调查数据。中国国家统计局公布的这些工业生产普查数据与生产法国际比较研究需要的数据匹配性较低，导致不同基期的研究结果存在较大差异，可比性较低。

1.3　中国经济实际规模测算结果存在的问题

从研究中国经济实际规模的历程来看，早期学者的研究虽然为理解当时中国经济的实际规模提供了非常有价值的线索和数据，但限于当时可用于测算的数据十分零散和匮乏（研究使用的测算数据无论从代表性来看，还是从可比性来讲，都存在较大问题），不同的测算研究得出的结论相差较为悬殊，而且早期的这些测算研究基本都是基于双边比较框架（中美比较），仅有麦迪森（2008）的研究将测算结果扩展至多边比较情形。早期的测算结果虽一致性地表明，中国基于购买力平价法测算的 GDP 总量规模要高于汇率法换算的结果，但总体来讲，这些测算研究的误差较大，较难区分测算结果的可靠性，孰优孰劣，较难判别。

实际上，如果想要较为准确测算两个经济体间的购买力平价，则需要经过非常复杂的数据收集和指数汇总计算过程。从支出法测算的基本要求来看，我们需要收集两个经济体支出法 GDP 分类下既具有代表性又具有可比性的货物和服务（主要包括居民消费支出、政府消费支出及固定资本形成）的价格水平及支出总额，而且需要利用相应的汇总方法对不同层次的数据进行汇总计算。而如果将这种比较的范围扩展到多经济体情形，数据收集和指数汇总计算的工作量可想而知。单纯地凭借学者或其研究团队已难以满足测算研究的需要，多边国际比较需要各经济体官方统计部门的通力配合，更为重要的是需要国际组织在测算方法和数据收集中进行统一的协调和指导。

从涉及中国的测算研究来看，自 20 世纪 90 年代以来，尤其是 1993 年中国首次试验性地参与 ICP 以来，学者的测算研究活动呈现出较为显著的下降趋势。随着中国 2005 年第一次全面参与 ICP，国际组织在测算中国经济实际规模的研究中扮演了越来越重要的角色。

这里需要特别点出的是世界银行主导的 ICP。ICP 是研究中国经济实际规模最为重要的数据来源。不仅如此，ICP 提供的测算数据也是诸多国际组织编撰的重要报告的基本数据来源，如世界银行每年发布的世界发展指标，国际货币基金组织发布的世界经济展望。

不论是从理论方法的研究程度还是从其提供的数据的权威性与详细程度来说，ICP 都占据了整个国际比较研究领域的制高点，因此可以毫不夸张地说，当前国际上的学者和研究机构关于国际比较的前沿研究几乎都是围绕 ICP 的基本理论、利用 ICP 提供的基础数据展开的。正因为 ICP 处于如此核心的地位，所以其受到的争议也最多。在这之中，关于中国经济实际规模的测算问题更是焦点中的焦点。本节将从三个角度来系统阐述关于当前中国经济实际规模测算中颇具争议的前沿议题，以期引出本书研究的主题。

1.3.1 基期数据准确性：争议较大

购买力平价实质是通过一套复杂的统计方法计算出来的价格折算因子。由于价格抽样误差、支出数据误差及汇总方法选择等诸多因素的影响，购买力平价测算结果可能会出现一定偏差。从以往 ICP 的测算结果来看，同一个经济体在不同基期的测算结果常呈现出较大的波动性（对于发展中经济体而言，这种波动性更大），因此其测算结果历来饱受争议。

2005 年轮 ICP 是中国首次正式参与 ICP。2008 年公布的最终测算结果表明，按购买力平价法计算的 2005 年中国 GDP 总量为 5.33 万亿美元，这一结果比 2007 年发布的世界经济指标中的相应值低出约 40%。这个测算结果一经公布，便引起国际社会和诸多宏观测度领域权威学者的广泛质疑。关于 2005 年轮中国测算结果准确性的讨论甚嚣尘上。Maddison 更是直接撰文指出，2005 年轮 ICP 的测算结果严重低估了中国经济的实际总量规模。

在 2011 年轮 ICP 数据公布以后，Deaton 和 Aten（2017）、Inklaar 和 Rao（2017）分别从居民最终消费支出、GDP 总量角度对 2005 年轮和 2011 年轮 ICP 购买力平价数据的一致性进行了系统研究。他们的研究都发现，2005 年轮 ICP 和 2011 年轮 ICP 的数据存在不一致性。Deaton 和 Aten（2017）、Inklaar 和 Rao（2017）一致认为，2011 年轮 ICP 的测算结果准确性较高，这种不一致性主要源于 2005 年轮 ICP 数据存在的测算偏差。Deaton 和 Aten（2017）的研究表明，2005 年轮 ICP 亚太区域经济体在居民最终消费支出分类上的购买力平价被高估了约 30%。Inklaar 和 Rao（2017）更是直接指出，需要对 2005 年轮 ICP 的数据进行修订。

国际比较领域的泰斗级人物 Alan Heston 和 Angus Deaton 联合撰文对 2005 年轮 ICP 中国测算结果存在的问题进行了权威总结，他们较为一致地认为这种低估主要来自如下两个方面：①价格水平的高估；②汇总方法的选择。下面我们将分别对这两个方面进行介绍。

1. 价格水平的高估

中国在 2005 年轮 ICP 中并不是真正意义上的全面参与，而是选择了经济发展水平较为靠前的 11 个城市及其周边县郊地区参与比较。这种选择性参与将会给价格水平数据的代表性带来较大影响。根据国际比较对价格数据的一般要求，一个经济体在国际比较中提供的各支出分类的价格水平数据需要能够代表这一分类货物和服务的全国平均价格，但通过上述途径收集的货物和服务的价格水平仅能较好地代表经济发展水平较高的城镇地区的一般价格水平，并未反映经济发展水平相对落后的城镇地区及广大农村地区的价格水平。仅使用这 11 个城市的价格调查数据，很有可能会高估中国经济的总体价格水平。一系列测算中国地区价格水平差异及城乡价格水平差异的研究表明，中国地区间及城乡间的价格水平存在相当大的差异。Brandt 和 Holz（2006）的研究发现，2000 年，同一篮子货物和服务在中国城镇地区的平均价格要高出乡村地区约 31.1%，2004 年，这一数据约为 29.5%。分地区来看，这种差异进一步扩大。2000 年时，同一篮子货物和服务在海南省的平均价格要比在重庆市高出约 49.8%。Gong 和 Meng（2008）利用恩格尔曲线方法（Engel's curve approach）对中国 1986～2001 年各省区市城镇地区的空间价格指数进行了估算。他们的估算表明，从样本期内的平均水平来看，价格水平最高的省区市比价格水平最低的省区市在总体价格水平上高出约 60%。

基于对 2005 年轮 ICP 数据高估中国价格水平的担忧，宾大世界表研究团队在宾大世界表 7.1 中，为此专门计算了两个版本的中国数据，一个版本是按照 2005 年轮 ICP 的原始数据估计得到的，另一个版本是对 2005 年轮 ICP 中国各分项的支出价格水平进行统一的 20%幅度的上调后得到的（Heston et al.，2012）。

Feenstra 等（2013）基于亚太地区的最终消费支出分项价格水平数据，利用宾大效应（Penn effect）理论，构建回归模型估计了 2005 年中国最终消费支出各分项价格数据存在的偏差。通过估计，他们对其中的五类价格水平数据进行了下调（分别是食品和非酒精饮料、服饰、教育、餐饮、其他货物和服务）。

Ravlion（2013）利用动态宾大效应（dynamic Penn effect）理论对 2005 年轮 ICP 中国 GDP 总量层次的购买力平价存在的争议进行了深入探讨。他的研究表明，动态宾大效应可以解释中国购买力平价 70%的变动，他将剩余无法解释的部分归为中国在此轮 ICP 中存在的价格数据偏差。

2. 汇总方法的选择

汇总方法（aggregation method）在购买力平价的计算中扮演了极为重要的角色。Deaton 和 Heston（2010）直言不讳："对汇总方法的选择不同，则各经济体之间的相对经济规模也会产生差异。"可见，汇总方法的选择将会对最终比较结果产生根本性的影响。从本质来讲，汇总方法就是指数方法，它的功能是将各经济体的价格数据和支出数据进行综合，从而将其转换为相应的购买力平价值。根据计算层次的不同，汇总方法可以分为基本分类汇总方法和总量汇总方法。在基本分类汇总方法的选择上，基本不存在争议，ICP 一直选用 CPD 方法进行基本分类层次的汇总计算。但在总量汇总方法的选择上，一直存在争议，这也是 ICP 在理论和实践层面引起争论最多的领域。

在国际比较中，我们计算得到的购买力平价值需要满足一系列的性质，如基国不变性、传递性、特征性及可加性等。这就内在地对汇总方法具备的理论性质提出了要求。从一般意义上来讲，满足越多指数理论性质的总量汇总方法的优越性越强。但从实际来看，没有一种汇总方法可以满足所有的指数优良性质①。这也导致在总量汇总方法的选择上总有顾此失彼之嫌。一方面，总量汇总方法的选择极为重要；另一方面，备选的方法各有千秋。这两点使总量汇总方法选择一直面临巨大的争议。

总量汇总方法的选择对于不同经济体而言，影响的程度也不尽相同。Deaton 和 Heston（2010）的研究发现，在国际比较中，发达经济体的相对经济规模受不同总量汇总方法选择的影响较小，总量汇总方法的选择对发展中经济体影响较大。

表 1.4 给出了按照 4 种总量汇总方法（双边 Fisher、GEKS 方法、GK 法及 IDB 方法②）计算的各经济体 GDP 总量层次的购买力平价值。从不同经济体的购买力平价值可以看出，对于发展中大国而言，基于不同的总量汇总方法计算得到的购买力平价值存在较大的差异。从中国的情况来看，基于 GK 法计算的购买力平价值最低，为 2.941 人民币/美元，而基于 IDB 方法计算的购买力平价值最高，为 3.290 人民币/美元。经过简单的计算可知，使用 GK 法购买力平价换算得到的中国 2005 年的 GDP 总量比使用 IDB 方法购买力平价换算得到的中国 2005 年的 GDP 总量高出 11.87%。

---

① Drechsler（1973）提出了在国际比较中指数方法需要具备一些优良性质：特征性、无偏性、传递性、内部一致性（即可加性）、因子逆转性。Diewert（1999）进一步从指数方法理论角度提出了 13 种指数性质，并使用其中的 11 种性质对 GK 法和 GEKS 方法进行验证，发现 GK 法和 GEKS 方法分别有两种性质无法满足。

② IDB 方法即 Iklé-Dikhanov-Balk 方法。

表 1.4　基于不同汇总方法所计算的购买力平价值（2005 年轮 ICP）

经济体	双边 Fisher	GEKS 方法	GK 法	IDB 方法
中国/（人民币/美元）	3.127	3.059	2.941	3.290
印度/（印度卢比/美元）	14.755	13.480	13.605	14.757
印度尼西亚/（印尼卢比/美元）	3833.000	3606.000	3540.000	3867.000
巴西/（巴西雷亚尔/美元）	1.346	1.376	1.401	1.577
俄罗斯/（俄罗斯卢布/美元）	11.314	11.163	11.397	12.978

资料来源：Deaton 和 Heston（2010）

注：①比较的基国都为美国，基准货币为美元；②上述数据基于 2005 年轮 ICP 提供的 128 个基本分类（basic heading）的支出和购买力平价数据经计算而得到；③上述数据代表的都是 GDP 总量层次的购买力平价值

1.3.2　非基准年份测算：结论迥异

ICP 为我们提供了基准年份上翔实的国际比较数据，但在经济学研究及实际经济分析中，我们往往需要连续时间段的国际比较数据，这对于构建经济模型及进行长时段的经济发展趋势分析十分重要。这些现实的需求对非基准年份购买力平价数据的推算提出了内在的要求（余芳东，2013）。

目前中国非基准年份购买力平价数据主要来自如下两个渠道：①国际组织和学术机构。世界银行的世界发展指标，国际货币基金组织的世界经济展望及格罗宁根大学和加州大学戴维斯分校发布的宾大世界表都提供了较长时段的中国经济的购买力平价数据。②权威学者。格罗宁根大学的 Angus Maddison 教授也对中国长时间段的购买力平价数据进行了仔细推算。

从表 1.5 中可以看出，世界发展指标、世界经济展望和宾大世界表不仅在同一年份上给出的中国实际 GDP 数据存在较大差异，而且世界发展指标、世界经济展望和宾大世界表不同年份发布的数据自身也存在较大差异。它们虽然都是基于 ICP 提供的基础数据，但从实际推算得到的数据来看，差异迥然。这说明，非基准年份的推算方法在各国际组织及学术研究机构还远未形成一种较为统一的标准。

表 1.5　国际组织和学术机构对中国 1990～2011 年实际 GDP 的估算值（单位：万亿美元）

年份	世界发展指标		世界经济展望		宾大世界表			
	2013 年版	2014 年版	2013 年版	2014 年版	宾大世界表 7.1		宾大世界表 8.0	
					原始数据	调整价格后	支出法	生产法
1990	1.249	1.764	0.914	1.091	0.992	1.489	2.296	2.255
1991	1.364	1.832	1.031	1.231	1.117	1.629	2.438	2.397

续表

年份	世界发展指标		世界经济展望		宾大世界表			
					宾大世界表 7.1		宾大世界表 8.0	
	2013 年版	2014 年版	2013 年版	2014 年版	原始数据	调整价格后	支出法	生产法
1992	1.558	2.000	1.204	1.438	1.293	1.778	2.651	2.626
1993	1.776	2.285	1.405	1.678	1.542	1.965	2.975	2.994
1994	2.009	2.604	1.623	1.939	1.761	2.223	3.237	3.194
1995	2.228	2.944	1.838	2.196	1.987	2.630	3.648	3.565
1996	2.451	3.266	2.059	2.459	2.217	2.773	3.773	3.702
1997	2.679	3.593	2.288	2.734	2.413	3.057	4.008	3.859
1998	2.888	3.927	2.494	2.979	2.578	3.039	3.974	3.824
1999	3.107	4.235	2.723	3.255	2.796	3.217	4.171	4.050
2000	3.368	4.557	3.020	3.608	3.085	3.476	4.405	4.320
2001	3.648	4.936	3.345	3.997	3.419	3.785	4.712	4.628
2002	3.980	5.384	3.705	4.427	3.805	4.337	5.227	5.111
2003	4.378	5.924	4.158	4.968	4.239	4.798	5.656	5.566
2004	4.820	6.521	4.698	5.620	4.812	5.486	6.236	6.148
2005	5.364	7.258	5.364	6.456	5.626	6.232	6.864	6.771
2006	6.046	8.179	6.230	7.498	6.644	7.273	7.716	7.484
2007	6.904	9.337	7.301	8.791	7.834	8.432	8.583	8.321
2008	7.567	10.236	8.161	9.827	8.795	9.465	8.772	8.643
2009	8.263	11.180	8.982	10.814	9.767	10.565	9.430	9.322
2010	9.122	12.348	10.040	12.085	10.807	11.698	10.122	10.141
2011	9.971	13.496	11.189	13.482			10.686	10.846

资料来源：世界银行世界发展指标数据库，国际货币基金组织世界经济展望数据库，格罗宁根经济增长与发展中心（Groningen Growth and Development Centre，GGDC）

1.3.3　测算方法视角：较为单一

根据国民核算的三方等价原则，我们可以分别从生产法、支出法及收入法三种角度对一个经济体的 GDP 进行核算。从理论上来讲，我们也可以使用上述三种方法进行国际比较。但从实践来看，目前开展的较为广泛的国际比较活动都是从支出法角度进行的。虽然生产法角度的国际比较也存在，但由于其比较范围较为局限，仅在经合组织和欧盟经济体展开，至今还未提供关于中国的相关比较数据。下面的论述我们将指出，在一个统一的框架下进行支出法和生产法国际比较，并分别测算支出法实际 GDP 和生产法实际 GDP 具有十分重要的理论和现实意义。

根据 SNA 的定义，生产法衡量的实际 GDP 着眼于度量一个经济体的生产能力及其所具备的生产可能性边界，而支出法衡量的实际 GDP 更着眼于反映一个经济体的实际购买力或者生活水平（United Nations，1993）。在全球经济一体化持续深入及国际贸易活动日益频繁的背景下，一个经济体的生产能力和实际购买能力可能存在较大分异。参与国际贸易，并且出口相对价高的商品而进口相对价格低廉的商品，一个经济体就可以在生产能力没有提高的情况下增加同等收入能购买到的商品数量。在现实中，一些发达经济体（如瑞士）通过参与国际贸易实现了在较低实际产出增速的条件下生活水平相对较快提高（Kohli，2004）。

可以看出，生产法国际比较与支出法国际比较并不是简单的测算角度的差异问题，实际上，它们之间的差异具有十分重要的理论和实际含义。在国际比较中区分生产法和支出法，并分别测算具有十分重要的意义。

自改革开放以来，中国的国际贸易地位发生了巨大的变化。1978 年，中国的货物进出口总额仅有 206 亿美元，在世界货物贸易中排名第 32 位，而到 2013 年，中国的货物进出口总额达到 4.16 万亿美元，比 1978 年增长了 201 倍，世界排名也一举跃升至全球第一[①]。在国际贸易活动突飞猛进的发展背景下，中国经济的实际生产能力得到了巨大的提升，但我们不禁要问，贸易活动在提高中国经济生产能力的同时，究竟对经济体的实际购买力产生了什么影响？世界发展指标公布的数据显示，近年来中国的贸易条件持续恶化，这是不是意味着在中国经济的生产能力迅速提升的同时中国的实际购买力并没有得到相同程度的提高？中国的贸易利益是否在持续下降？要回答上述问题，我们需要在国际比较框架下测算“生产法衡量的实际 GDP”与“支出法衡量的实际 GDP”。下一代宾大世界表（next generation of PWT），也即宾大世界表 8.0 已经开始区分生产法和支出法所衡量的实际 GDP（Feenstra et al.，2015），但宾大世界表 8.0 的

① 数据取自：2011 年 12 月国务院新闻办公室发布的《中国的对外贸易》白皮书（网址：http://news.xinhuanet.com/politics/2011-12/07/c_111222865.htm[2014-11-01]）及商务部综合司发布的《2013 年中国对外贸易发展情况》（网址：http://zhs.mofcom.gov.cn/article/Nocategory/201405/20140500570675.shtml[2014-11-01]）。

此种尝试是初步性的，还存在诸多可以改进和更新的地方，如宾大世界表 8.0 采用的基期数据主要来自 2005 年轮 ICP，非基准年份的外推方法也存在值得改进之处。

1.4　本书的主要工作与贡献

1.4.1　研究内容

本书的研究内容共分七章，具体研究内容如下。

第 1 章是中国经济实际规模测算研究的现状与问题。在本章中，我们提出了本书研究的问题。通过对测算中国经济实际规模的研究进行较为系统的整理，本章将这些测算研究归为两类来探讨：一类是早期学者的双边测算研究，另一类是目前国际组织主导的多边比较测算研究。在此基础上，本章对这些测算研究进行了评述，并较为系统地将这些测算研究中存在的问题和争议归结为如下三点：①基期测算结果的准确性争议较大；②非基准年份的测算结果迥异；③测算方法的视角较为单一。本书的研究正是围绕解决这三个争议问题展开的。

第 2 章是实际经济规模测算的理论和方法研究。在该章中，我们对基于购买力平价进行的国际比较研究进行了系统回顾。文献回顾按照理论基础—方法演进—多边指数思路行文讨论。

第 3 章是 ICP 实际经济规模测算结果探析。本书的测算研究是基于 ICP 提供的基础数据进行的，因此我们有必要对 ICP 的基本指标、测算结果、数据合理性、局限性及应用范围进行深入探究。在本书的第 3 章中，我们从如下四个方面来对 ICP 提供的数据进行详细探究：①ICP 提供的主要经济指标解析；②2011 年轮 ICP 测算结果的初步解析；③ICP 数据的总体合理性研究；④ICP 数据的局限性及应用范围。

第 4 章是 ICP 基期测算结果偏差分析。在该章中，我们基于经济指数方法 GAIA 方法重新审视了 2011 年轮和 2005 年轮 ICP 使用的总量汇总方法 GEKS 方法。基于 2011 年轮 ICP 提供的 171 个经济体的居民实际消费支出和价格数据，我们使用经济指数方法 GAIA 方法得到了 2011 年各经济体人均实际个人消费支出的比较结果，发现：①2011 年轮 ICP 采用的 GEKS 方法普遍地高估了发展中经济体的人均实际个人消费支出水平，其中，中国被高估的水平为 6.24%；②在 2011 年轮 ICP 中，如果使用 GK 法进行总量汇总计算，则会高估经济总量相对较小的发展中经济体的人均实际个人消费支出水平。但需要特别指出的是，由于中国经济体量巨大，其受 GK 法替代偏差的影响相对较小。

第 5 章和第 6 章是本书的研究核心。第 5 章给出了本书研究使用的测算框架，并着重强调了在国际比较中，区分生产法和支出法测算具备的重要理论和实际意义。在第 6 章中，基于这个测算框架并利用 ICP 基期数据和各经济体的国民核算数据，我们在国际比较视角下对中国经济的实际规模进行了全新测算。

第 5 章是实际经济规模测算新框架的构建。在该章中，我们给出了一个整合了生产法、支出法和非基准年份推算方法的测算框架。具体来说，我们首先基于投入产出方法，利用 GK 法多边比较的思路构建了一致性的框架进行基准年份的支出法和生产法国际比较。在基准年份测算框架的基础上，使用 Törnqvist 指数方法将基准年份的比较结果外推至非基准年份。

第 6 章是中国经济的实际规模测算：2000～2017 年。在该章中，我们给出了中国 2000～2017 年以生产法和支出法衡量的实际经济规模，研究表明：中国经济的总量规模在样本期内迅速提升，2017 年中国生产法和支出法实际 GDP 分别为 21.248 万亿美元和 21.094 万亿美元，排名都位居世界第一；人均生产法和支出法实际 GDP 虽有大幅提升，但国际排名仅位于中等层次，2017 年分别排在世界第 75 位和第 83 位；中国实际 GDP 规模占世界经济总量的比重在不断提升，从 2000 年的不足 10%，跃升至 2017 年的超过 18%。对生产法和支出法差额及其影响因素的分解研究表明：在样本期内，多数年份的支出法实际 GDP 高于生产法实际 GDP。这说明，在中国经济生产能力既定的条件下，进出口贸易活动可以提高我国居民的实际生活水平；中国经济存在“增产不增收”现象，近年来生产法实际 GDP 的年均增速高出支出法实际 GDP 年均增速约 0.16 个百分点，这导致生产法实际 GDP 和支出法实际 GDP 的差额持续下降；从指数分解结果来看，造成这一现象的主要原因在于实际汇率的下降（即人民币的升值）。

第 7 章是不同测算结果与测算方法的系统归纳与比较。在该章中，我们对世界发展指标、世界经济展望、宾大世界表及 Maddison 项目提供的中国实际经济规模数据进行了详细的研究，从所用的基础数据、外推方法到具体测算步骤上都给出了细致的分析，并在此基础上，将其与本书测算结果进行了比较。在系统比较之后，该章详细归纳了不同数据适用的研究范围。

1.4.2　技术路线

图 1.3 给出了全书的技术路线图。

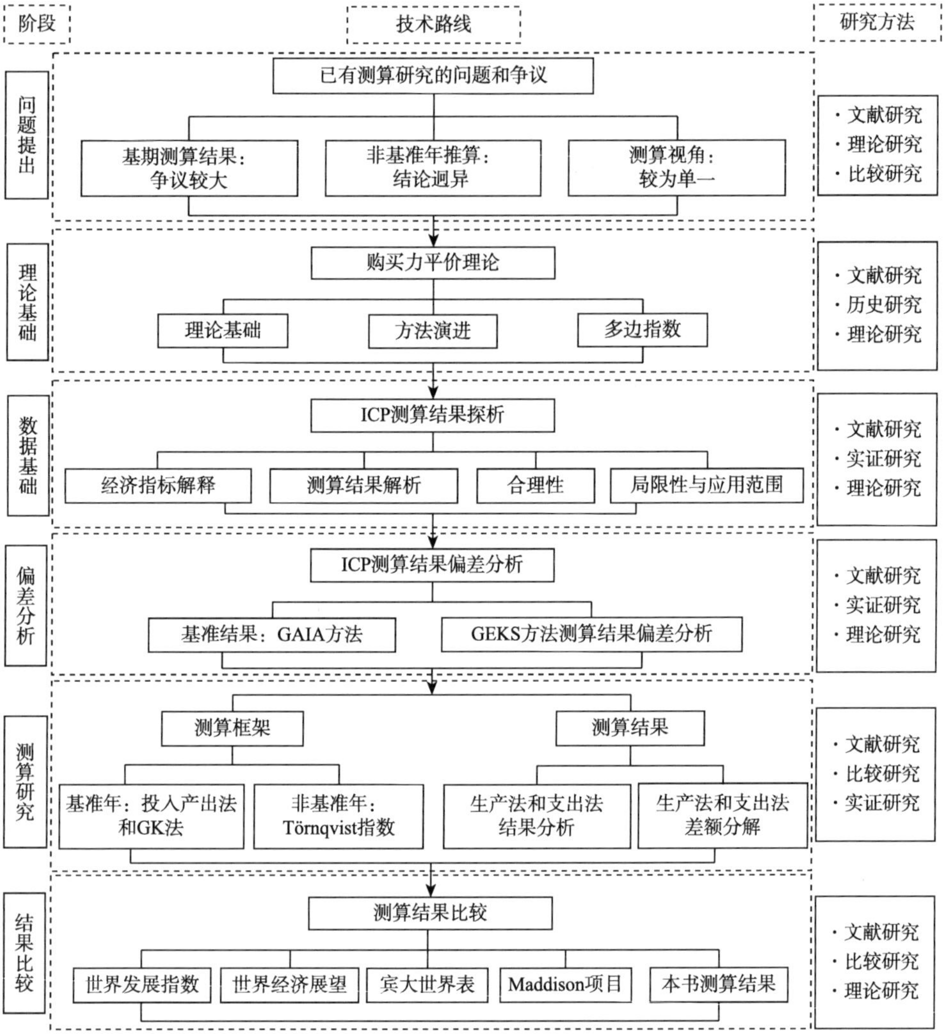

图 1.3　技术路线图

1.5　研究特色与未来研究展望

1.5.1　研究特色

通过对已有测算中国经济实际规模的文献进行评述，可知当前研究存在的问题有：①基期测算结果的准确性争议较大；②非基准年份的测算结果迥异；③测算方法的视角较为单一。本书尝试对这些尚存问题给出新的见解。本书的研究特色可以归纳如下。

（1）基于经济指数方法 GAIA 方法对 2011 年轮 ICP 测算结果偏差进行了分析。基于 GAIA 方法的基本框架，并借鉴 Feenstra 等（2009a，2015）对 GAIA 方法的最新改进研究，选取 AIDS 支出函数，结合 Geary-Konüs 价格指数及 Allen 物量指数，利用 2011 年轮 ICP 提供的 171 个经济体的居民实际消费支出和价格数据重新测算了人均实际个人消费支出。

（2）综合利用投入产出框架、GK 多边比较方法和 Törnqvist 指数，构建了一个整合生产法、支出法和非基准年份推算方法的测算框架，并在此框架下分别从生产法角度和支出法角度对 2000～2017 年中国经济的实际规模进行了测算。

（3）在中国对外贸易飞速发展的背景下，提出了区分生产法和支出法国际比较结果具有重要意义。本书首次基于 Törnqvist 指数推算的非基准年份外推数据，利用 Kohli 提出的超越对数函数分解框架，对中国 2000～2017 年生产法和支出法测算结果的差额进行了分解，并系统探究影响差额大小的因素。

（4）从基础数据、外推方法及具体测算步骤对世界发展指标、世界经济展望、宾大世界表及 Maddison 项目提供的中国实际经济规模数据进行了详细研究，并将其与本书测算方法进行了比较。在系统比较之后，详细归纳了不同数据适用的研究范围。

1.5.2　未来研究展望

（1）数据扩展。受 ICP 数据保密协议的限制，本书目前使用的购买力平价数据和支出数据仅限于总量层次。从当前情况来看，虽然总量层次的方法、应用研究在国际比较中仍占有绝对的优势地位，但从最新的发展趋势来说，利用基本分类数据，甚至是规格品层次的价格和支出数据来探讨如何改进国际比较的理论和实践方法的研究已经成为国际比较研究领域的最新动向。在下一步的研究中，笔者将考虑与世界银行 ICP 工作组进行深入沟通，以期获取更为细致的价格和支出数据，为未来的研究做好数据铺垫。

（2）加深方法层面的探讨。本书的研究以测算为主线，从总体上看，属于应用研究范畴，在方法论层面的研究还待加深。汇总方法、非基准年份数据推算及生产法和支出法国际比较方法的整合一直是国际比较领域的前沿话题。本书虽然在经济指数方法 GAIA 方法，基于 Törnqvist 指数方法进行的非基准年份数据推算及基于投入产出方法和多边比较 GK 法构建的生产法和支出法比较框架上做了一定程度的理论和方法层面的探讨，但略有遗憾的是，仍旧未突破这些已有的国际前沿研究的基本框架，方法论层面的革新尚缺。在下一步的研究中，笔者仍将紧盯国际比较方法领域的研究前沿，力求在汇总方法这一核心的研究领域中有所建树。

（3）地区间购买力平价的测算及其对国际比较结果的影响。本书在国际比较视角下，利用购买力平价方法对中国经济的实际规模进行了测算与分析。这里需要指出的是，这种测算与分析是在一定的假设基础上做出的，即将一个经济体看成一个比较的整体，而忽略经济体内部各地区存在的空间价格差异。具体来说，在一个经济体内部收集的各地区的价格调查数据最终都要通过一定的均值化方法调整为全国层面的平均数据，进而再利用汇总方法计算经济体间的购买力平价。实际上，对于像中国这样幅员辽阔、地区间经济发展水平差异巨大的发展中大国而言，忽略经济体内部各地区间空间价格差异将会对最终的比较结果带来较大的影响。基于此考虑，本书进一步的研究将对中国地区间的空间价格指数进行估计，在此基础上，研究地区价格结构差异对中国国际比较结果的影响。

第2章　实际经济规模测算的理论和方法研究

本书是基于购买力平价法对中国经济实际规模进行测算研究的，系统和深入地把握基于购买力平价法构建的国际比较框架对后文的测算研究具有重要的指导意义。

本章着重从文献回顾角度来审视国际比较的理论基础及方法演进。本章的结构安排如下：2.1 节介绍了国际比较提出的背景，从实际需求、汇率法缺陷两个方面进行了阐释，在此基础上，系统给出了国际比较的理论基础。该节指出，国民经济核算体系为国际比较提供了最为基本的比较框架。构建于国民经济核算框架的国际比较方法，精髓在于寻找经济体间的价格指数。这是由于国际比较的实质在于找到一种经济体间的价格指数用以调整不同经济体间经济总量内生的价格水平差异，进而进行物量水平的比较。为此，国际比较使用了 SNA 中的价格和物量核算方法，通过直接的价值量和价格数据来间接进行物量水平的比较。那如何计算这种经济体间的价格指数？购买力平价思想的启迪及其与国民经济核算体系的融合成功地解决了这个难题。2.2 节探讨了构建于国民经济核算框架的国际比较方法——支出法和生产法国际比较的演进。重点探讨了 ICP 中支出法购买力平价及产出和生产率国际比较（International Comparison of Output and Productivity，ICOP）中生产法购买力平价的构建方法，以及相关的理论演进。2.3 节对国际比较的理论和实践发展中三种最为重要的多边指数汇总方法 GK 法、GEKS 方法和 CPD 方法进行了系统梳理。上述三种方法在多边指数理论之中扮演最为重要的角色，这些方法的构造原理及其后续演进基本反映了多边指数方法的理论精髓及发展全貌。

2.1　实际经济规模测算的理论基础

2.1.1　提出的背景

第一，战后国际比较的实际需求。第二次世界大战（以下简称二战）后，关于国际组织会费的分摊、国际援助任务的分派都是根据经济体实际经济实力的大小确定的，国际组织迫切需要构建一种能够进行经济体间实际经济实力比较的框架；20 世纪 50 年代经济学界重燃对经济增长问题的兴趣，经济学家建立的经济增长模型需要使用严格的计量经济学方法进行实证检验，这就对跨国的实际经济发展数据提出了潜在的要求。

第二，汇率法本身存在的缺陷。从 20 世纪 20 年代开始，英国和美国就已经定期编制反映经济发展状况的国民总量指标，如国民生产总值，并使用官方汇率将使用不同货币单位表示的总量指标转换成同种货币单位进行经济体间的经济实力比较。但是，经济学家很快发现基于汇率法进行的国际经济比较存在较多问题：①汇率主要反映的是贸易品的相对价格状况，非贸易品的相对价格无法由汇率反映；②汇率易受到国际资本流动、通货膨胀、政府赤字甚至是政治事件的影响而出现较大幅度的波动，这些波动本身并不能反映不同经济体货币真实购买力的波动。汇率法存在的缺陷使得经济学家开始思考构建更为合理和可靠的货币转换系数。

2.1.2　基本框架：SNA

现代国民经济核算体系诞生以前，国际比较采用的方法可以被称为直接法——基于实际物量指标进行比较的一种方法。直接法在国际比较中的应用时间较早，尤其是在早期的生产率比较中较为常用。Rostas（1948）在此方面的研究具有开创意义。他使用实物量比较方法对比了 1926～1930 年英国、美国和德国的产出水平，随后，Maddison（1952）、Heath（1957）和 Maizels（1958）又基于此方法分别比较了加拿大/美国，英国/加拿大及加拿大/澳大利亚的产出水平。在这些早期的研究中，比较的范围基本局限于实物产出部门。对比的产品及商品种类相对较少，且同质性较强，因此比较时使用直接法是合适的。但是随着二战后全球经济的迅速发展，产出和商品种类迅速多样化，各经济体产品和商品不论是在种类上还是质量上都出现了较大的差异，可以直接进行物量比较的商品数量急剧减少，直接物量比较已经明显不能满足国际比较的需要。

二战后，国民经济核算理论和实践蓬勃发展，以 Stone 为代表的一批学者构建了现代国民经济核算体系的基本框架，这对国际比较产生了实质性影响。从宏观经济测度史来看，官方对宏观经济活动较为系统的测度起始于 1925 年，但在这一时期，宏观经济测度方法并未在标准化方面取得实质性进展。这一情况到 1948 年发生了重要改变。为了实施马歇尔计划，西欧诸国和美国、加拿大于 1948 年共同发起成立了欧洲经济合作组织（Organization for European Economic Cooperation，OEEC）[①]。Stone 作为负责人为 OEEC 开发了一套标准化的国民经济核算账户。而后，联合国于 1953 年责成 Stone 为其开发了可以在世界范围内应用的国民经济核算体系。SNA 1953 年版的发布是宏观经济测度领域中里程碑式的事件，它标志着现代国民经济核算体系的建立。国民经济核算体系为全面和系统地测度经济体从事的经济活动提供了最具权威性的指导。国民经济核算对生产活动的界定采用了“全面生产观”的概念，不仅包括可以使用物量指标进行测度的货物生产活动，还将“非物质”形态的服务活动也囊括在内。显然，国际经济比较为了反映不同经济体的实际经济实力大小和人民生活水平高低，需要建立在这种对经济活动的全面比较基础之上。在进行诸如服务等非物质形态的经济产出比较时，以往的物量比较方法遭遇了困境。以国民经济核算体系作为比较框架，并借鉴其中的价格和物量比较方法可以很好地解决这种“全面生产观”下的国际比较难题。Gilbert 和 Kravis（1954），Paige 和 Bombach（1959）在 OEEC 的资助下，分别进行了国民收入和产出的相关国际比较，这两个研究也被认为是基于现代国民经济核算方法进行的国际比较的奠基之作。

2.1.3 方法论基础：SNA 的价格和物量核算方法

国际比较从表面上看是使用统一的货币单位对不同经济体使用本币衡量的经济总量水平进行比较，但实际的核心是通过寻找一种货币转换因子来消除不同经济体间经济总量隐含的价格水平差异，进而进行物量层面的实际经济实力和人民生活水平比较。由此可以看出，国际比较的实质就是进行物量层面的比较。

基于国民经济核算框架的国际比较，借鉴了 SNA 中价格和物量核算方法，通过直接的价值量和价格数据来间接进行物量水平的比较。具体来看，国际比较是要找到一种经济体间的价格指数用以调整不同经济体间的价格水平差异，进而进行物量水平比较。国民经济核算框架中的价值量指标可以进行如式（2.1）所示的分解：

① OEEC 是经合组织的前身。

$$V = P \times Q \tag{2.1}$$

其中，V 表示价值量；P 表示价格水平；Q 表示物量水平。

下面我们给出使用 SNA 价格和物量核算方法进行国际比较的理论基础。

假设有两个经济体，A 和 B，其中 B 是基准经济体。假设 GDP_A 代表经济体 A 的 GDP（以经济体 A 货币度量），GDP_B 代表经济体 B 的 GDP（以经济体 B 货币度量）。根据式（2.1），我们可以将经济体 A 和 B 的经济总量分别分解为物量部分和价格部分，则两经济体的经济总量之比可以表示为

$$\frac{\mathrm{GDP}_A}{\mathrm{GDP}_B} = \frac{p_A q_A}{p_B q_B} \tag{2.2}$$

一般来说，A、B 两经济体的 GDP 都是使用不同的货币单位度量的，并且还内在地受到两经济体价格水平的影响，这都导致 GDP_A 和 GDP_B 不具备直接可比性。根据 SNA 中物量比较的思路，我们分别对两经济体的价格水平进行调整。对式（2.2）进行变形，可以得到：

$$\frac{q_A}{q_B} = \frac{\mathrm{GDP}_A}{p_A} \Big/ \frac{\mathrm{GDP}_B}{p_B} \tag{2.3}$$

q_A/q_B 是我们要得到的最终比较结果，也就是 A、B 两经济体物量水平的相对值。我们对式（2.3）进行变换，可得如下形式：

$$\frac{q_A}{q_B} = \frac{\mathrm{GDP}_A}{\mathrm{GDP}_B} \Big/ \frac{p_A}{p_B} \tag{2.4}$$

在这里，p_A/p_B 就是两经济体的相对价格水平，我们把它记做 $\mathrm{PPP}_{A/B}$，则式（2.4）可以写成

$$\frac{q_A}{q_B} = \frac{\mathrm{GDP}_A}{\mathrm{GDP}_B} \Big/ \mathrm{PPP}_{A/B} \tag{2.5}$$

式（2.5）是基于国民经济核算框架的国际比较的基础。从式（2.5）可以看出，进行国际比较需要的基本数据包括两部分：经济总量数据及经济体间的相对价格水平数据。相较经济体间的价格水平数据，经济总量数据获取较为容易。不同经济体的统计部门都会定期提供按照 SNA 框架编制的宏观经济数据。因此我们可以看出，进行国际比较的难点在于如何获取经济体间经济总量的相对价格水平。购买力平价方法为计算经济体间的相对价格水平提供了解决方案。

2.1.4 比较的基本方法：购买力平价法

Cassel 的绝对购买力理论可以进行如下的数学化表示，其基本计算公式如式（2.6）所示：

$$e=\frac{P}{P^*}=\frac{\text{经济体}A\text{一篮子货物和服务的价格（经济体}A\text{货币表示）}}{\text{经济体}B\text{相同篮子货物和服务的价格（经济体}B\text{货币表示）}} \quad (2.6)$$

其中，e表示均衡汇率；P表示经济体 A 的物价指数，$P=f\left(p_1,\cdots,p_i,\cdots,p_n\right)$，其中 $p_1,\cdots,p_n$ 分别是 A 经济体 n 种商品的价格；P^* 表示经济体 B 的物价指数，$P^*=g\left(p_1^*,\cdots,p_i^*,\cdots,p_n^*\right)$，其中 $p_1^*,\cdots,p_n^*$ 分别是 B 经济体 n 种商品的价格。

购买力平价方法通过巧妙地使用同一篮子货物和服务在不同经济体需花费的本币的比值进行这种物价比较。这种试图将支出结构进行固定，从而对价格因素进行分离的思想其实正是国际比较中经济体间相对价格水平计算灵感的来源。

相比于绝对购买力平价理论，应用到国际比较中的购买力平价方法更为具体化，也更具操作性。具体来看，在 GDP 支出法框架下进行的国际比较，这一篮子货物和服务应该既能够代表一个经济体总体的支出结构特征，还要兼顾经济体间的可比性。在此基础上，这一篮子货物和服务在不同经济体的相对价格水平比较采用指数理论方法实现。从这一过程可以看出，国际比较中的购买力平价方法其实是借鉴了 Cassel 的绝对购买力平价理论，并将其现实化，用于国际比较的实际应用中。

2.1.5　评述

（1）SNA 的建立及购买力平价方法的引入对现代国际比较理论发展有重大影响。SNA 为获得国际比较需要的 GDP 及主要总量数据提供了一致性框架。SNA 使用一种标准的、国际通行的概念、定义和分类形式来汇总经济数据。不管经济体的地理位置、经济结构及消费习惯如何，其对经济活动范围，经济产出，以及最终货物和服务的界定都是一致的。宏观经济测度框架的一致性保证了经济体间经济总量及其结构从内在来说满足可比性。

（2）购买力平价方法的引入解决了经济体间相对价格水平计算的难题。购买力平价方法通过巧妙地使用同一篮子货物和服务在不同经济体需花费的本币的比值进行货币购买力的比较。这种试图将支出结构进行固定，从而对价格因素进行分离的思想成功地应用于国际比较中，解决了经济体间相对价格水平计算的难题。

（3）国民经济核算体系为购买力平价的计算提供了实际基础。Cassel 的绝对购买力平价理论中提出的一篮子商品的概念较为宽泛，只是一种形式上的概念，缺乏必要的界定和范围。国民经济核算中的 GDP 概念为这“一篮子商品”提供了准确的概念和范围界定。从最广泛的概念来说，这“一篮子商品”指的应是经济体生产和提供的最终货物和服务。从 GDP 的支出法角度来看，这“一篮子商品”指的是可供最终使用的货物和服务，包括最终消费、资本形成品、进口品，并扣除出口品。从 GDP 的生产法角度来看，这“一篮子商品”指的是总产出但要扣除中间消耗的产品和服务。

国民经济核算体系是购买力平价估计值计算的基础。首先，国民经济核算体系提供了用于价格汇总的权重，这就可以将价格从细分水平汇总到较高类别的总量水平，直到 GDP 本身。其次，国民经济核算体系提供了购买力平价所要缩减的价值，从而提供了以共同货币表示的物量（也称“实际支出额”），这样 GDP 及其支出分项才可以在经济体之间进行比较。

（4）基于购买力平价的国际比较是对国民经济核算的一种逻辑扩展。国民经济核算体系为基于购买力平价方法的国际比较提供了最为基本的比较框架，而经济体间价格水平的调整则是基于购买力平价方法进行的，综合来看，基于购买力平价的国际比较可以看作对国民经济核算体系的一种逻辑拓展。国民经济核算体系在时间维度上记录了现价数据和不变价数据，而国际比较在空间维度上对国民经济核算体系进行了扩展，使经济体间的经济比较成为可能。在国民经济核算体系中，我们使用价格平减指数将现价 GDP 转变成不变价 GDP，价格平减指数可以用来描述一个经济体的价格水平在不同时期的变动情况；在国际比较中，我们使用购买力平价将本币表示的经济总量指标转换成使用基准货币表示的经济总量，用以进行经济体间的物量水平比较，购买力平价还可以用来表示经济体间的相对价格水平。国民经济核算体系中的 GDP 价格平减指数是时间价格指数，国际比较中的购买力平价是空间价格指数，国际比较将国民经济核算体系中时期间的时间价格指数扩展到了经济体间的空间价格指数。

2.2　实际经济规模测算方法的演进

通过对国际比较经典文献的系统梳理，本节将现代国际比较理论的发展划分为三个阶段予以考察：第一阶段，购买力平价理论被引入到国际比较中，并成为国际比较的理论基石；第二阶段，国际比较以国民经济核算体系为基础，构建其基本比较框架，初步形成生产法国际比较和支出法国际比较两个分支；第三阶段，在联合国和世界银行等国际组织的推动下，生产法国际比较和支出法国际比较在方法和实践上日趋成熟。

2.2.1　国际比较引入购买力平价理论

在国际比较中，购买力平价是进行经济总量比较和价格水平比较的基础。

Cassel 提出的购买力平价理论在历史上是以一种汇率决定理论的角色出现的，当时并未应用于国际比较研究。后经 Keynes 对其理论的重新解读，由 Clark 首次将其应用到国际比较研究中。作为国际比较研究领域的先驱之一，Heston（2013）在世界银行接受专访时谈道：“ICP 最重要的财富是它将我们从对 Cassel 学说本身的思考中解脱出来，而将 Cassel 关于购买力平价的思想灵感运用到更有实际作用的购买力平价计算中去。”

1. Cassel 购买力平价理论的提出

购买力平价理论的思想最早由 Ricardo 提出，但 Cassel 是最早将此思想应用到经济学领域的学者。Cassel 于 1916 年和 1918 年在 Keynes 任主编的《经济学杂志》上发表了两篇影响深远的文献（Cassel，1916，1918）。Cassel（1916）指出：“两个国家间的一般价格水平之比决定了这两国间的汇率。”在 1918 年的文章中，购买力平价这一术语第一次被提出，“在任何一个时刻，两国间的真实平价可以使用货币购买力的比值来表示。我建议将这个平价称为‘购买力平价’”。后来这一理论也被称为绝对购买力理论。

Cassel 定义的购买力平价中最为重要的方面就是一般价格水平，这里的一般价格水平应使用在市场上可以购买到的所有货物和服务的价格的平均水平来表示。Cassel 非常强调这一点，他提出：“只有一般价格水平才能代表货币的购买力。”但是他并未直接指出应用何种一般价格水平去计算购买力平价是最优的。从当前观点来看，最为合适的一般价格水平应为 GDP 层面的价格水平。但在 Cassel 时代，国民经济核算还未出现，较为准确地衡量一般价格水平的变动还无法实现。

2. Keynes 对购买力平价理论的重新解读

由此看出，Cassel 提出的购买力平价理论在历史上是以一种汇率决定理论的角色出现的，他在当时并未有将其用于国际经济比较方面的企图。时任《经济学杂志》主编的 Keynes 对 Cassel 的研究表现出浓厚的兴趣，并敏锐地意识到这个理论的实际用处是在衡量相对的货币购买力上。

Keynes 于 1923 年出版了《货币改革论》①。在书中，他指出：“购买力平价告诉了我们一个重要的事实——如英国和美国的货币购买力的相对变动状况，但它并没有帮助我们得出两国的均衡汇率。”②可见，Keynes 当时否认了购买力平价

① Keynes 的《货币改革论》（1923 年）、《货币论》（1930 年）及《就业、利息和货币通论》（1936 年）被誉为货币三部曲。

② 这个理论并没有给我们提供一个衡量真实汇率值的简便现成的方法。当我们把它限制在可贸易品时，这其实是自明之理。当我们不做此种限制时，购买力平价的概念就变得有趣了，但它仍然不是一种可以精确预测汇率变动的方法。

理论作为一种汇率决定理论的观点，但认为其作为一种衡量货币购买力相对变动状况的指标是具有价值的。

进一步，Keynes 在其 1930 年出版的理论著作《货币论》中详细剖析了货币购买力比较的理论。在文中他还提出了两种可以测算购买力的方法：一是“比较类似的人的收入的直接法”，二是“比较等值综合商品价格的间接法”。“比较等值综合商品价格的间接法”其实就是通过巧妙地使用同一篮子货物和服务在不同经济体需要花费的本币的比值进行货币购买力的比较。这种试图将支出结构进行固定，从而对价格因素进行分离的思想其实正是国际比较中经济体间相对价格水平计算灵感的来源。

ICP 官方手册中对购买力平价是这样定义的：一单位基国货币可以在基国购买一定量的一篮子货物和服务，则购买力平价是指在本国购买上述同一篮子的货物和服务所需要的本国货币量（World Bank，2013a）。细究起来，Keynes 提出的“比较等值综合商品价格的间接法”其实与 ICP 的购买力平价方法极为相仿。

3. Clark 首次将购买力平价用于国际比较

第一次将购买力平价法应用于国际比较的是 Clark（1940）。作为 Keynes 的研究助手，他在 1931～1937 年为 Keynes 处理统计理论及数据方面的问题。在与 Keynes 共事的这段时间中，Clark 广泛涉入国民收入估算的研究，并取得重要成果[①]。依赖于他在国民收入研究方面的基础，他于 1940 年出版了著作《经济发展的条件》。在书中，他以美元为参照，基于 Fisher 指数计算了 30 个经济体的货币购买力，并将其作为转换因子计算了各经济体可比的居民最终支出数额，进行了初步的国际比较尝试。

Clark 的重要贡献在于：①首次将 Fisher 提出的价格指数方法与 Cassel 的购买力平价理论进行结合，成功地计算了购买力平价。②首次提出并使用购买力平价进行不同经济体间的经济比较。他展示了通过搜集不同经济体的居民最终支出数据，使用指数方法来计算购买力平价，并用购买力平价对最终支出进行调整从而进行国际比较在实践上具有可行性。

受当时数据的限制，他的研究也存在一些局限：仅限于对居民最终消费支出的比较，而且计算购买力平价的数据来自福特公司关于工人生活费的调查，并不是一般价格水平。虽然 Clark 的估计结果被后来更为科学和准确的结果替代了，

① Clark 于 1932 年出版了 *The Nation Income 1924—1931* 一书。这本书在很大程度上帮助 Keynes 数量化了他的宏观经济思想，并直接推动了 Keynes 的《就业、利息和货币通论》的写作。在 Keynes 给 Clark 的书信中，他兴奋地写道：“亲爱的 Clark，我认为这成果（指 *The Nation Income 1924—1931* 一书）太了不起了。实则是很大的一个进步。你使我确信总产出、总投资及总储蓄是最恰当的宏观指标，而不是以前认为的净值。我已经重写了书中（《就业、利息和货币通论》）的定义和公式。”

但他在研究中提出的国际比较的重要思路，对二战后的国际比较产生了极为重要的影响。

2.2.2　购买力平价国际比较早期研究

二战后，国民经济核算理论和实践蓬勃发展，以 Stone 和 Kuznets 为代表的一批学者构建了现代国民经济核算体系的基本框架，这对国际比较产生了实质性的影响。20 世纪 50 年代，Gilbert 和 Kravis 在 OEEC 的研究开创了基于国民经济核算框架进行国际比较的先河，这一研究还同时奠定了后来建立的 ICP 的理论基础。

1. SNA 的建立对国际比较的实质影响

SNA 2008 年版（United Nations，2008）中这样描述了国民经济核算体系与国际比较研究的关系："国民经济账户的一致性对于获得可供国际比较的估计值来说是很关键的，所以 SNA 在基于购买力平价的比较中起了很重要的作用，它为获得 GDP 及其主要总量的一致估计量提供了框架。"

从宏观经济测度史来看，官方对宏观经济活动较为系统的测度始于 1925～1939 年，但在这一时期，并未有将宏观经济测度方法进行标准化的企图。这一情况到 1947 年发生了重要改变。英国经济学家 Stone 领导的专家小组为联合国起草的报告《国民收入的计量和社会账户的建立》于 1947 年公布（United Nations，1947）。这个报告可以看作现代国民经济核算体系（即 SNA）的雏形。Stone 为联合国起草的这个报告是为从理论层面构建国民经济核算体系而编写的，方法性较强。为了实施马歇尔计划，西欧诸国和美国、加拿大于 1948 年共同发起成立了 OEEC。Stone 作为负责人为 OEEC 开发了一套标准化的国民经济核算账户（OEEC，1952）。相较于 1947 年起草的报告，Stone 为 OEEC 开发的这套核算账户在结构上大大简化，具有很强的实践操作性，因此得以迅速应用到 OEEC 成员国的官方统计中。鉴于 Stone 为 OEEC 开发的标准化国民经济核算账户取得的成功，联合国于 1953 年责成 Stone 为其开发了可以在世界范围内应用的国民经济核算体系（United Nations，1953）。SNA 1953 年版的发布是宏观经济测度领域里程碑式的事件，它标志着现代国民经济核算体系的建立。

SNA 为全面和系统测度经济体从事的经济活动提供了最具权威性的指导。国民经济核算对生产活动的界定采用了全面生产观的概念，不仅包括实物生产活动，还将非物质形态的服务生产活动也囊括在内。显然，为了反映不同经济体的实际经济实力大小和人民生活水平高低，国际经济比较需要建立在这种对经济活动的全面比较的基础之上。

以国民经济核算体系作为比较框架，并借鉴其中的价格和物量比较方法很好地解决了这种全面生产观下的国际比较问题。国际比较从表面上看是使用统一的货币单位对不同经济体使用本币衡量的经济总量水平进行比较，但实际的核心是通过寻找一种货币转换因子来消除不同经济体间经济总量隐含的价格水平差异，进而进行实际经济实力和人民生活水平的比较。因此，从国民经济核算角度来看，国际比较的实质就是要找到一种经济体间的价格指数（即空间价格指数）以调整不同经济体间的价格水平差异，从而进行物量水平比较。基于国民经济核算框架的国际比较，借鉴了 SNA 中的价格和物量核算方法，通过直接的价值量和价格数据来间接进行这种物量水平的比较。

基于国民经济核算体系进行的国际比较始于 20 世纪 50 年代。Gilbert 和 Kravis（1954），Paige 和 Bombach（1959）在 OEEC 的资助下，分别进行了国民收入和产出的相关国际比较，这两个研究也被认为是基于现代国民经济核算方法进行的国际比较的奠基之作。

2. OEEC 对国际比较的奠基性工作

1）Gilbert 和 Kravis 在支出法国际比较中的奠基性工作

20 世纪 50 年代，Gilbert 和 Kravis 在 OEEC 进行的西欧国家与美国的国民收入比较研究开启了支出法国际比较的新局面（Gilbert and Kravis，1954；Gilbert et al.，1958）。OEEC 于 1954 年开展的首次研究以 1950 年为比较基期，将欧洲四国使用不同货币表示的国民生产总值换算成使用美元表示的总量指标和美国进行了比较。为了获取进行比较所需的支出和价格数据，他们对各经济体的国民账户进行了协调处理，将国民生产总值分解为 38 个基本分类，20 个大类和 3 个总量层次。基于双边比较方法，以美国为基国，利用拉氏指数与帕氏指数分别计算了英国、法国、德国和意大利以美元衡量的基本分类、大类，直至国民生产总值层次的可比数据及其相对应的购买力平价。

Gilbert 和 Kravis 的重要贡献可以归纳为两点：①首次系统性地将购买力平价方法和国民账户进行整合并应用于国际经济比较，一举奠定了后来创立的 ICP 的理论基础；②基于详细的国民生产总值的分类数据和大量价格数据，Gilbert 和 Kravis 的研究获得了 38 个基本分类的可比数据及其购买力平价，涵盖了居民最终支出、投资及政府支出，这使得国际比较的内容大为丰富和扩展。

虽然 OEEC 的研究在基于国民核算框架的国际比较研究中具有开创意义，但是从现代角度来看，其仍存在一些无法回避的问题：①双边比较工作量较大，每当经济体间进行比较时，都需要进行采价规格品匹配，当进行另一对经济体的比较时，要不断重复这一步骤；②只能利用部分的采价数据，每当经济体间进行比较时，只有在两国都进行采价的规格品价格数据才能进入最后的计算环节，无法利用那些未匹配的数据提供的信息；③使用的双边比较方法（拉氏指数和帕氏指数），不满足因子逆转性①，也不具备基国不变性②。

2）Paige 和 Bombach 在生产法国际比较中的奠基性工作

Paige 和 Bombach（1959）在 OEEC 的研究开创了生产法购买力平价研究的先河。为了解决某些行业无法使用物量指标进行比较的难题，他们在研究中首次将单位价值比率（unit value ratios，UVR）方法引入产出比较。Paige 和 Bombach 的比较方法是一种混合方法，根据不同行业的特点，分别使用物量比较、单位价值比较，甚至还借鉴了当时 Gilbert 和 Kravis 研究中获取的支出法购买力平价的相关结果。

2.2.3 支出法国际比较的演进

国际经济比较的支出法，是从支出法的角度来对经济总量及人均量进行的国际比较。支出法国际比较基于 GDP 的支出法框架而构建，指的是使用支出法购买力平价③对支出数据进行调整从而进行经济体间的经济总量及支出结构比较。ICP 作为国际组织主导的官方统计活动，正是从支出法角度进行国际比较的。

1. 支出法国际比较的基本方法

国际经济比较的支出法，是从支出法的角度来对经济总量及人均量进行国际比较。支出法国际比较基于 GDP 的支出法框架构建，其根据支出法国际比较的需要将 GDP 划分为 155 个基本分类，使用支出法购买力平价对支出数据进行调整，从而进行经济体间的经济总量及支出结构比较。支出法国际比较的核心是支出法购买力平价的计算。支出法购买力平价可以分别在规格品、基本分类，直到 GDP 总量层次计算（张迎春，2009）。

1）数据要求

进行支出法购买力平价的测算需要收集如下两方面的数据：一是规格品价格数据，作为计算基本分类购买力平价的基础数据；二是支出法 GDP 中不同组成部

---

① 因子逆转性是一种指数性质，指的是在双边比较中，两个经济体间的价格指数 P 与物量指数 Q 的乘积应该等于两个经济体相应的价值量指标之比。通过拉氏指数和帕氏指数计算的价格指数和物量指数不满足这个性质。

② 基国不变性是一种指数性质，指的是在多边比较中，不论选取哪个经济体作为基国，最终的比较结果应该都是唯一确定的。由于 Gilbert 和 Kravis 的研究使用的是拉氏指数和帕氏指数，而这两个指数都不满足基国不变性，因此其最终计算的结果可能会随着基国的选取而发生变化。

③ ICP 中用到的货币转换因子一般称为支出法购买力平价，目前测算购买力平价的研究多是使用支出法购买力平价。

分的数额，作为计算购买力平价指数的权数。收集计算支出法购买力平价需要的统计数据应遵循以下三个原则：①价格数据与 GDP 支出数据的一致性原则；②可比性原则[①]；③代表性原则[②]。

2）测算的基本方法

将 GDP 按照支出法分解为 155 个基本分类，各经济体根据可比性和代表性原则在每个基本分类中选定需要采价的货物和服务的种类和数量。通过价格调查的方法采集这些货物和服务的价格。

第一，计算 A、B 两经济体对应货物和服务的购买力平价。以经济体 B 为基准，经济体 A 第 i 个基本分类下第 j 种货物或服务的购买力平价为

$$\mathrm{PPP}_{ij}^{A}=\frac{P_{ij}^{A}}{P_{ij}^{B}} \tag{2.7}$$

其中，i 表示基本分类；j 表示相应基本分类下的商品或服务；P_{ij}^{A} 和 P_{ij}^{B} 分别表示 A、B 两经济体第 i 个基本分类下第 j 种货物或服务的全国平均价格。相同的方法，可以计算以经济体 A 为基准，经济体 B 相应货物或服务的购买力平价。

第二，计算 A、B 两经济体基本分类层次的购买力平价。假设第 i 个基本分类下包括 s 种货物或服务，则 A、B 两经济体第 i 个基本分类的购买力平价为这 n 种货物或服务购买力平价值的几何平均。

$$\mathrm{PPP}_{i}^{A}=\sqrt[s]{\prod_{j=1}^{s}\mathrm{PPP}_{ij}^{A}} \tag{2.8}$$

第三，总量层次购买力平价的计算。在通过已经求得的基本分类购买力平价计算总量层次购买力平价时，我们可以利用基本分类的支出额作为权重，使用拉氏指数和帕氏指数计算总量层次的购买力平价。

基于拉氏指数的购买力平价（以经济体 B 基本分类支出数额为权重）计算公式为

$$\mathrm{PPP}_{\mathrm{L}}=\frac{\sum_{i=1}^{n}\mathrm{PPP}_{i}^{A}Q_{i}^{B}}{\sum_{i=1}^{n}\mathrm{PPP}_{i}^{B}Q_{i}^{B}} \tag{2.9}$$

基于帕氏指数的购买力平价（以经济体 A 基本分类支出数额为权重）计算公式为

---

① 可比性是说在不同经济体所采价的商品和服务在质量、规格等特征上要具备可比性。

② 代表性表明须对一个经济体住户经常购买的商品和服务进行采价。

$$\mathrm{PPP_P} = \frac{\sum_{i=1}^{n} \mathrm{PPP}_i^A Q_i^A}{\sum_{i=1}^{n} \mathrm{PPP}_i^B Q_i^A} \tag{2.10}$$

经济体 A、B 的双边比较结果为

$$\mathrm{PPP_F} = \sqrt{\mathrm{PPP_L} \times \mathrm{PPP_P}} \tag{2.11}$$

2. 支出法国际比较的发展简史

截至 2020 年，ICP 从 1968 年建立以来，共完成了九轮比较。其中前三轮主要由宾夕法尼亚大学的 Kravis、Heston 及 Summers 负责，第四轮到第六轮比较转由联合国统计司负责，而 2005 年轮、2011 年轮和 2017 年轮比较则由世界银行负责（Kravis et al.，1975，1978a，1982；United Nations and Eurostat，1986，1994；World Bank，2008）。ICP 继承了 OEEC 时期支出法国际比较研究的基本框架，并根据实践的需要对其进行了系统的改进和发展。表 2.1 给出了 ICP 年表，并对 ICP 历史上的重要事件进行了简要总结。

表 2.1 ICP 年表

时段	重要事件
1950～1959 年	1954 年和 1958 年：OEEC 开展了欧洲九国与美国间的实验性比较
1960～1969 年	1968 年：由宾夕法尼亚大学和联合国统计司共同发起成立了 ICP
1970～1975 年	建立了可以进行定期的世界范围内比较的方法论，并开展了前三轮的研究： ICP 第一轮（1970 年）：10 个经济体； ICP 第二轮（1973 年）：16 个经济体； ICP 第三轮（1975 年）：34 个经济体
1976～1979 年	ICP 开始由联合国统计司负责。ICP 开始区域化进程
1980 年	ICP 第四轮：60 个经济体；基本分类以下购买力平价使用 CPD 方法，以上使用 GK 法
1985 年	ICP 第五轮：64 个经济体
1990 年	ICP 由 International Comparison Project 更名为 International Comparison Programme
1993 年	ICP 第六轮：83 个经济体；最终只进行了区域比较并未进行国际比较
1996～1998 年	Ryten 报告（1998 年）：ICP 应该在经济体、区域及全球层面都加强管理，并在这三个层面得到更为充足的资源保障下重启
2002～2003 年	重启 ICP：在世界银行成立了全球办公室；2005 年作为比较基准年
2005 年	ICP 第七轮：基本分类以下购买力平价使用 CPD 方法，以上使用 GEKS 方法；区域间通过 18 个桥梁国进行链接
2008 年	ICP 2005 结果发布
2011 年	ICP 第八轮：199 个经济体参与；每个经济体都要对核心产品清单中的产品进行采价，用以进行区域间的链接

续表

时段	重要事件
2014 年	ICP 2011 结果发布
2017 年	ICP 第九轮：176 个经济体参与；测算方法与 2011 年轮基本保持一致
2020 年	ICP 2017 结果发布

1968 年，联合国统计司和宾夕法尼亚大学国际比较项目组共同建立了 ICP。它是以一项规模并不算大的研究项目开始的，最终目的是建立一个基于购买力平价可以进行定期的世界范围内的 GDP 比较的项目。前三轮的比较项目分别于 1970 年、1973 年和 1975 年进行。

1975 年后，ICP 由主要以研究性质为主的项目转变为联合国统计司的常规工作计划中的一部分。经历了这一转变后，ICP 开始了它的区域化进程。联合国区域委员会负责组织区域比较，联合国统计司在这一过程中负责监督和协调。ICP 在由联合国统计司负责后，共开展了三轮比较，比较基准年分别是 1980 年、1985 年和 1993 年。

1993 年轮是 ICP 发展历程中非常重要的节点。这一轮比较是第一次所有的区域都加入 ICP，但并未得出相应的国际比较结果。联合国统计委员会认为在进行下一轮新的比较项目之前，需要对 ICP 进行全面的审查和回顾。审查的结论认为：ICP 存在诸多问题，其中管理不力和资源不足问题最为严重，而且这两个问题在各个层次上都存在（经济体、区域和联合国）。联合国责成世界银行处理这些问题，而且从 1993 年之后，ICP 的协调工作也移交给了世界银行，联合国不再负责。世界银行采取了一系列具体措施来解决上述问题：拓宽筹集资金的渠道，构建治理结构以在三个操作层次之间提供有效的管理和协调；编制技术和程序方面完整与清晰的手册；将 ICP 与各经济体统计能力建设有机地进行结合。直到 2002 年世界银行成功地进行了大型集资活动，联合国统计委员会才最终同意在 2005 年进行比较。在世界银行成功地完成了 2005 年轮 ICP 后，联合国统计委员会在第 39 届会议上要求世界银行成立全球办公室并承担 2011 年轮 ICP 的协调工作，世界银行接受了此项工作。至此，世界银行已全面负责 ICP 的全球协调工作。

3. 支出法国际比较的重要理论发展

作为全球最为庞大的国际统计合作项目，ICP 在 50 多年的发展历程中经历了许多理论和方法上的变革。正像 Heston（2013）所谈到的："Gilbert 和 Kravis 在 OEEC 时的双边国际比较研究奠定了 ICP 的基本框架，他们的研究中非常重要的一个方面就是从国民经济核算的支出法角度进行购买力平价的估算。ICP 所做的重要方法变革主要有两方面，一方面是引入了多边比较框架，另一方面是 1980

年以来进行的区域化比较。”

1）多边比较方法的发展

A. 联合国的参与对比较方法产生的影响

1968 年，联合国统计司和宾夕法尼亚大学国际比较项目组共同建立了 ICP。前三轮的 ICP 研究承接了 OEEC 时期所做工作的基本框架，并融入了当时国民经济核算（SNA1968 年版）和多边比较方法领域的最新理论，进一步完善了 ICP 的理论基础，并在此基础上获得了更为可靠和科学的国际经济比较结果。

与 OEEC 时期的研究相比，ICP 有两个方面的特点：①联合国对 ICP 活动的资助表明，国际比较的范围不能再局限于具有相似发展程度的经济体，而是应该尽可能包括更多的世界上各区域的经济体；②比较项目需要定期进行以获取连续的比较数据，以便用于与政策制定相关的目的（Kravis，1984）。联合国对 ICP 的这两点特别需求对 ICP 的理论和方法发展产生了深远的影响。这就潜在地要求，在进行多国比较时，得到的比较结果应该是唯一确定的①（各经济体的相对排序是唯一确定的），而且比较的结果不会因为基国的选取而发生变化。OEEC 研究中使用的双边比较方法显然无法满足上述要求，这就要求 ICP 诉诸其他比较方法以应对此问题。

B. 多边比较方法成为国际比较的标准方法

在 ICP 建立的初始几年，多边比较指数理论取得了许多重要进展，空间多边比较方法日益成熟。Summers（1973）的 CPD 方法，Geary 与 Khamis 提出的 GK 法（Geary，1958；Khamis，1972），以及由 Elteto、Koves 和 Szulc 提出的 GEKS 方法所计算的购买力平价结果都满足传递性和基国不变性（Gini，1931；Elteto and Koves，1964；Szulc，1964）。ICP 借鉴了这些多边比较方法，并将其融入总体框架。从第一轮比较开始，ICP 就开始采用多边比较方法进行基本分类及以上层面购买力平价的计算。

在此需要强调的是，没有一种购买力平价汇总方法可以满足所有的指数优良性质。在很多情况下，ICP 在汇总方法上的选择是一个权衡的结果。需要在方法层面——不同汇总方法的优良性质，以及实际需求层面——实际的数据用途及政策目标，进行多方协调来谨慎地选择汇总方法。

在 ICP 建立的初期，借鉴了 Summers 提出的 CPD 方法和 Geary 与 Khamis 的 GK 法，分别用于计算基本分类购买力平价和总量层次的购买力平价。CPD 方法是一种基于 Hedonic 质量调整思想的回归方法，在应用到基本分类购买力平价计算时，其主要优点有：①基于回归方程的方法计算基本分类购买力平价，计算简便高效；②利用了所有经济体提供的采价信息；③计算得到的基本分类购买力平

① 从指数理论角度来说，这里所隐含的意思是要求结果具备传递性。

价满足传递性和基国不变性等指数性质；④可以获取所估计基本分类购买力平价的置信区间等精度信息。CPD方法作为一种经典的基本分类购买力平价计算方法，从第一轮国际比较开始就得到重视，并广泛地应用到以后各轮比较中。

在前六轮的国际比较中，总量层次的购买力平价都是使用GK法计算的。GK法进行了一种理论抽象，将全世界作为一个总体来考虑，假想在每一基本分类上都存在世界范围的平均价格，那么各经济体的相对价格水平（即购买力平价）就由与世界平均价格的比较取得，而每一基本分类商品的世界平均价格可以由每个经济体经购买力平价调整的基本分类商品价格加权获得。GK法是一种迭代方法，各经济体购买力平价的计算需要使用世界平均价格数据，而世界平均价格的计算建立在各经济体购买力平价的基础上。Geary（1958）提出的矩阵方法为估计结果提供了解决途径。ICP第一轮的报告给出了选择GK法进行总量层次购买力平价计算的理由：GK法所得到的购买力平价满足传递性、基国不变性和可加性[①]的要求，而且从GK法的计算思想我们可以看出，其具备直观的经济含义，便于解释。虽然GK法具有上述优点，但它也不是一种完美的方法，ICP第一轮的报告也指出了它存在的缺陷：由于发达经济体在大部分支出项目中都占有绝对的优势，因此由GK法计算得到的基本分类世界范围的平均价格结构较为偏倚发达经济体的价格结构，这会导致高估发展中经济体的实际经济总量（Kravis et al.，1975）。这种偏倚首先由Gerschenkron（1951）发现，因此也被叫作Gerschenkron效应。

C. 2005年轮和2011年轮的新进展

2005年轮ICP仍然沿用了前六轮使用的CPD方法进行基本分类层次购买力平价的计算。而2011年轮ICP虽仍采用CPD方法的基本思路，但对其进行了一定的改进。在调查环节，根据实际重要程度的不同，对产品赋予了一定的重要性权重，因此，计算方法改进为CPD-W方法（余芳东，2011）。

2005年轮和2011年轮ICP在总量层次购买力平价计算方法上进行了调整，放弃了前六轮一直使用的GK法，转而使用GEKS方法。世界银行2013年出版的ICP官方手册从如下三个方面给出了理由：①作为一种多边比较方法，GEKS方法在最大程度上保留了特征性（characteristicity）[②]这一性质，而GK法的特征性较差；②GEKS方法赋予每个经济体以相同的权重，其计算结果在很大程度上避免了

---

① 可加性要求，在所有层次上，经过购买力平价调整的支出数据仍能保证原始支出法GDP内部结构的一致性。例如，在国民账户中支出项A下包括两个基本分类B和C，满足下式：$E_A = E_B + E_C$，E为各项的支出额。则可加性要求：$E_A/\text{PPP}_A = E_B/\text{PPP}_B + E_C/\text{PPP}_C$。

② 特征性最早由Drechsler于1973年提出。在进行两经济体间的比较时，最具特征性的比较方法就是双边比较法，仅用到参与比较的两个经济体的价格和支出数据。在使用多边比较方法进行国际比较时，两经济体间的比较结果不仅取决于进行比较的两经济体的价格和支出数据，还受到其他所有参与经济体的价格和支出数据的影响。多边比较中的特征性要求最小化其他经济体的影响，尽可能保持使用双边比较方法所得到的结果。

Gerschenkron 效应的影响；③全球贫困研究是 ICP 的重要应用领域，由于 GK 法存在高估发展中经济体实际经济实力的倾向，因此应用时可能会得出误导性结论，而 GEKS 方法能较好避免这种情况发生（World Bank，2013a）。但是，GEKS 方法也存在其自身的缺陷：最终计算结果并不具备可加性。基于 GEKS 方法获取的实际支出数据无法保证总量层次与支出结构的内在一致性，因此在进行诸如支出结构的国际比较时，将出现一定的不一致性。

2）区域化及相关问题的处理

A. ICP 进行区域化的缘故

随着 ICP 在世界范围的开展，其影响力日渐增强，获得了越来越多经济体的广泛支持与参与（表 2.2）。这一新的变化给 ICP 带来了新的挑战。这种挑战体现在两个方面：①在 ICP 第三轮的报告中就已指出，如果新加入国际比较的经济体的经济结构（相对价格和支出结构）与已参与经济体之间存在较大差距，这将会导致那些与世界平均经济结构差异较大的经济体（尤其是发展中经济体）的实际经济实力被高估（Kravis et al.，1982）；②欧盟区域从政策需求出发，自第三轮开始就要求进行独立的区域比较，且要求其区域内部的比较结果在全球比较结果中保持不变。

表 2.2　历年 ICP 参加经济体数量表（按区域）（单位：个）

区域	研究阶段			操作阶段					
	第一轮 1970 年（发布于 1975 年）	第二轮 1973 年（发布于 1978 年）	第三轮 1975 年（发布于 1982 年）	第四轮 1980 年（发布于 1986 年）	第五轮 1985 年（发布于 1994 年）	第六轮 1993 年（未发布）	第七轮 2005 年（发布于 2007 年）	第八轮 2011 年（发布于 2014 年）	第九轮 2017 年（发布于 2020 年）
非洲	1	1	3	15	22	22	48	52	50
中东	—	—	1	—	—	8	11	13	10
亚洲和大洋洲	2	6	9	8	13	16	27	43	32
北美洲	1	1	1	2	2	2	2	2	2
中美洲和南美洲	1	1	5	16	7	—	11	41	36
欧洲	5	7	15	19	20	35	48	48	46
合计	10	16	34	60	64	83	147	199	176

B. ICP 的区域化

为了回应这些挑战，ICP 从 1980 年开始了区域化进程。根据经济结构的相似性，第四轮国际比较将 60 个参与经济体分为 6 个区域，每个区域首先进行区域内的比较，然后联合国统计司使用“核心国家法”将不同区域的结果进行链接得到全球比较结果。每个区域会选取若干个核心经济体，共选取 20 个核心经济体。每个核心经济体都需要在所有基本分类上进行采价，而且保证每个基本分类中的采价规格品都存在重叠。根据上述方法所收集的数据计算这 20 个核心经济体在每一个基本分类上的购买力平价，在区域比较中获取的非核心经济体的基本分类购买力平价必须通过核心经济体的基本分类购买力平价进行链接才能用作全球比较。最后联合国统计司使用 GK 法汇总基本分类的支出和购买力平价数据，计算得到全球层面的比较结果（United Nations and Eurostat，1986）。

从第四轮 ICP 开始的区域化进程在其运行过程中遇到了棘手的问题。由于缺乏在全球层面统一的管理机制，各个区域组织分头进行的区域比较出现了不协调的问题，这直接导致在汇总全球结果时出现了严重问题。由于上述问题，1993 年轮 ICP 初步的比较结果受到众多质疑，最终并未公布。之后，联合国责成专家组对 ICP 进行了专项审查，以 Ryten 为首的专家组向联合国呈交了改进 ICP 的报告（United Nations，1998）。此后，ICP 进入了长达十年的调整和整顿期，直到 2005 年才重启新一轮的比较。

C. 区域化方法的新进展

产品清单的区域化。前六轮 ICP 中，各个经济体都需要根据统一的产品清单进行采价，但事实上产品清单中的规格品不可能对于所有经济体都具有代表性。从更为实际的角度出发，2005 年轮 ICP 将所有的参与经济体划分为 6 个区域，每个区域的价格专家根据本区域经济体的消费特征分别制定产品清单。区域产品清单方法的采用使得不同区域内部各经济体间的规格品更具可比性和代表性（World Bank，2008）。

2005 年轮 ICP 基于环国法进行区域链接。产品清单的区域化使得不同区域的采价规格品可以存在一定的差异性，当这种差异性较大时，会给区域间的比较带来困难。为了解决这个问题，Diewert（2010）为 2005 年轮 ICP 开发了新的区域链接方法——环国法，来处理此问题。环国法的计算步骤包括三步：首先，区域内部计算。所有的区域都将独立地计算区域内各经济体的购买力平价和相对物量水平。其次，区域间链接系数计算。环国法要求在全球五个大区中每个区域选取若干个经济体，共选取 18 个经济体作为“环国”，并设计了针对“环国”的一种额外的产品清单。利用“环国”所收集的这些规格品价格数据，计算区域间的基本分类链接系数。最后，进行全球结果汇总。使用区域间的基本分类链接系数乘以相应的区域内的比较结果，将区域比较结果链接到全球层面。由环国法得到的全球比较结果具有的优势是每个经济体的购买力平价和 GDP 的相对物量水平只由其所属区域经济体的价格水平和 GDP 支出份额所决定，而且在全球层面的比较时，这些购买力平价和相对物量水平都将得到保留。

2011 年轮 ICP 使用核心产品清单法处理区域链接问题（余芳东，2017）。Sergeev

（2009）的研究表明，2005 年轮使用的环国法并不满足基国不变性。为应对此问题，Hill（2011）建议 2011 年轮 ICP 使用核心产品清单法并利用 CAR 法进行区域间的链接。相比 2005 年轮使用的环国法只在 18 个经济体进行采价活动，核心产品清单法要求每个经济体都需要提供核心产品清单中的采价信息用以进行区域链接。在此基础上，CAR 法的实施步骤如下：首先，构建基本分类购买力平价和支出的全球矩阵；其次，使用 GEKS 方法对上述矩阵进行加总，获得各汇总层面的购买力平价和实际支出；再次，将区域内所有经济体的实际支出相加，计算出各区域的实际支出总和；最后，根据不变性原则将上述区域合计值在区域内各经济体之间进行再分配（分配的比重依据区域内部比较得到的各经济体的相对物量水平）。核心产品清单法及 CAR 法保证了全球汇总结果具有基国不变性，克服了采用环国法存在的问题。

2.2.4　生产法国际比较的演进

作为支出法国际比较理论的竞争者与替代者，生产法国际比较理论也发挥着重要的作用。进行生产法国际比较的目的是通过对不同经济体间产出价格水平的调整，从物量水平进行产业产出的国际比较。生产法国际比较的提出起初主要是为了对支出法国际比较进行更好的补充。ICP 作为国际组织主导的官方比较是进行 GDP 总量及其支出结构的国际比较、国际相对价格水平和世界贫困问题研究的权威方法，但在研究经济体间产业竞争力、生产率水平差异时，从最终支出角度构建的 ICP 显然并不适合这类研究，而生产法恰好填补了这个空缺。与支出法国际比较主要由国际组织推动有所区别，生产法国际比较的发展主要依赖于学者及相关研究机构的推动。

1. 生产法国际比较的基本理论

1）数据要求

生产法国际比较要求的数据主要有不同行业的产出数量、价格，以及不同产业的总产值。产出数量和价格数据需要按照 ICOP 提供的目录进行较为详细的收集。关于不同产业的产出值数据，ICOP 要求尽可能按照细分产业层次进行数据的收集。产出数量和价格数据主要通过工业普查获取，而产业数据则主要通过国民经济核算账户取得。

2）测算的基本方法

第一，产品层次的单位价值计算。根据每种产品的产出价值和数量计算该产品的单位价值：

$$P_{ij} = \frac{V_{ij}}{Q_{ij}} \tag{2.12}$$

其中，P_{ij} 表示第 j 个行业中所匹配的第 i 种产品的单位价值；V_{ij} 和 Q_{ij} 分别表示相应的产出值和产量。

第二，行业层次的 UVR 计算。假设进行比较的是 A 和 B 两经济体，在对两经济体第 j 个行业的产品和服务进行匹配的基础上①，分别使用两经济体匹配产品的产量数据作为权重，使用拉氏指数和帕氏指数对单位价值数据进行加权，计算两经济体第 j 个行业 UVR 的比值。

基于拉氏指数的 UVR（以 B 经济体 j 行业产量为权重）计算公式：

$$\mathrm{UVR}_j^{AB(B)} = \frac{\sum_{i=1}^{s} P_{ij}^A Q_{ij}^B}{\sum_{i=1}^{s} P_{ij}^B Q_{ij}^B} \tag{2.13}$$

基于帕氏指数的 UVR（以 A 经济体 j 行业产量为权重）计算公式：

$$\mathrm{UVR}_j^{AB(A)} = \frac{\sum_{i=1}^{s} P_{ij}^A Q_{ij}^A}{\sum_{i=1}^{s} P_{ij}^B Q_{ij}^A} \tag{2.14}$$

使用 Fisher 指数来计算 A 经济体和 B 经济体第 j 个行业的 UVR：

$$\mathrm{UVR}_j^{A,B} = \sqrt{\mathrm{UVR}_j^{AB(B)} \times \mathrm{UVR}_j^{AB(A)}} \tag{2.15}$$

第三，分支部门的 UVR 计算。分别使用 A 经济体和 B 经济体分支部门的行业产出（使用 GOV_j 表示）作为权重，对行业 UVR 进行加权汇总以得到第 k 个分支部门的 UVR：

$$\mathrm{UVR}_k^{A,B(B)} = \frac{\sum_j \mathrm{GOV}_j^A \times \mathrm{UVR}_j^{A,B}}{\sum_j \mathrm{GOV}_j^A} \tag{2.16}$$

第四，使用不同分支部门的增加值作为加权的依据，将分支部门 UVR 加权汇总便可以得到产业层面的购买力平价：

$$\mathrm{UVR}^{A,B(B)} = \frac{\sum_j \mathrm{GOV}_k^A \times \mathrm{UVR}_k^{A,B}}{\sum_j \mathrm{GOV}_k^A} \tag{2.17}$$

① 根据匹配的实际情况，如果在某一行业中所匹配的产品的产值大于行业总产值的 30%，就认为这种匹配有效，匹配的产品可以用来进行此行业 UVR 的计算，如果低于此比率，则需要使用推算法。

2. 生产法国际比较理论的发展

1）生产法国际比较研究的先行者

Rostas（1948）是第一个尝试从生产法角度进行国际比较的学者。他将整个经济分为 31 个行业，并从中选取了 108 种产品作为比较的对象，使用实物量比较方法从经济总体和分行业角度对比了英国和美国的产出水平。随后，Maddison（1952）、Heath（1957）和 Maizels（1958）又基于此方法分别比较了加拿大/美国、英国/加拿大、加拿大/澳大利亚的产出水平。

在 Rostas 开展研究的时代，经济部门提供的产品种类较少，且同质性较强，因此使用实物量比较方法具有合理性。但是随着二战后全球经济的迅速发展，尤其是新兴工业化经济体的迅速崛起，各经济体的工业产出和商品种类迅速多样化，不同经济体间产品和商品不论是在种类上还是在质量上都出现了较大的差异，可以直接进行物量比较的产品数量急剧减少，直接物量比较已经明显不能满足国际比较的需要。

为了解决某些行业无法使用物量指标进行比较的难题，Paige 和 Bombach（1959）在 OEEC 的研究首次将 UVR 方法引入产出比较，开创了生产法购买力平价研究的先河。随后，West（1971）、Frank 等（1977）基于 UVR 方法对加拿大/美国制造业的产出进行了比较。

2）ICOP 的建立对生产法国际比较的推动

自 1983 年起，在著名经济学家 Maddison 等倡导下，荷兰格罗宁根大学设立了一项名为 ICOP 的研究项目。ICOP 系统发展了从生产法角度进行价格、产出和劳动生产率国际比较的方法论。ICOP 与之前的生产法国际比较研究存在明显的不同：①ICOP 构建了系统性的方法进行生产法国际比较，且方法透明，便于其他学者对 ICOP 的计算结果进行质疑和挑战；②在 ICOP 建立之前，生产法国际比较研究基本都是单个产业的两个经济体间的双边比较，ICOP 的目标则是进行多国多产业的国际比较。

ICOP 自从建立以来，一直代表着生产法国际比较研究的最高水平。目前，ICOP 项目已经包含亚洲、欧洲、北美洲及南美洲近 30 个经济体的制造业及其 16 个分支部门的产出及生产率的比较数据（Maddison and van Ark，1988；Pilat and van Ark，1991；van Ark，1993；Wu，2002）。除制造业外，农业（van Ooststroom and Maddison，1984；Maddison and Rao，1996）、交通运输行业（Heston and Lipsey，1999）及服务业（van Ark et al.，1999；Inklaar et al.，2008）产出的国际比较也在少数经济体间开展。

3）世界 KLEMS 项目

由哈佛大学 Jorgenson 教授倡导成立的世界 KLEMS①项目是当前生产法国际比较研究领域的热点。世界 KLEMS 项目旨在建立一个全新的各经济体详细产业层面的投入、产出和生产率数据集，用以推动和促进全球各经济体经济增长和生产率模式的研究。世界 KLEMS 项目已经提供了欧盟、美国、加拿大、中国、日本及俄罗斯产业层次的投入、产出及生产率可比数据。由 GGDC 的研究人员与欧盟委员会（European Commission）合作开发的 EU-KLEMS 是目前最为完善的区域性 KLEMS 项目。EU-KLEMS 数据库提供了所有欧盟成员国 1970 年以来的分行业经济增长率、生产率、技术进步率、新增就业及资本服务的数据（O'Mahony and Timmer，2009；Timmer et al.，2010）。

2.2.5　评述

若从 Cassel（1916）研究算起，基于购买力平价理论构建的国际比较方法的历史已超过百年；若从 1968 年 ICP 建立算起，ICP 也走过了半个多世纪的征程。总结发展历程，有如下几点结论。

首先，以国民经济核算体系为比较框架，使用购买力平价方法进行国际比较的基本范式已经建立。根据比较视角的差异，目前已经形成两套较为系统的比较体系——基于支出法的 ICP 和基于生产法的 ICOP。

其次，ICP 的基础理论框架在 20 世纪 50 年代就已经建立，此后基本延续了这一框架。与 SNA 密切的协调、多边比较方法的引入，以及区域化问题的处理是 ICP 理论上的重要进展。ICOP 系统发展了从生产法角度进行国际比较的方法。在 ICOP 建立之初，其仅在少数几个经济体间进行双边制造业比较，随后 ICOP 深入发展了基于生产法角度的多边比较方法，进行了一系列的多国多行业的生产法比较研究。近些年来，ICOP 越来越注重在供给使用框架下与 ICP 的协调与整合。

最后，在不同国际组织和研究机构的积极推动下，国际比较数据已大为丰富。由于联合国和世界银行的大力推广，ICP 已经成为全球最为庞大的国际统计合作项目，是国际比较的基础数据最为重要的来源。世界银行每年公布的世界发展指标，国际货币基金组织每年编撰的世界经济展望及荷兰格罗宁根大学发布的宾大世界表都使用了 ICP 提供的购买力平价数据（World Bank，2013a；International Monetary Fund，2013；Feenstra et al.，2015）。由 Maddison 教授发起成立的 GGDC 和由 Jorgenson 教授发起成立的世界 KLEMS 项目已成为跨国产出和生产率比较研

① K 是 capital，资本；L 是 labor，劳动；E 是 energy，能源；M 是 material，指物质生产部门产生的中间投入要素；S 是 service inputs，指服务生产部门产生的中间投入要素。

究最为前沿的阵地。GGDC 和世界 KLEMS 项目提供的数据集是目前最为重要和权威的跨国产出和生产率研究数据集。

2.3　购买力平价测算方法的演进

多边指数汇总方法在购买力平价计算之中扮演了十分重要的角色，它将会对最终比较结果产生本质性的影响。正如国际比较研究领域的先驱 Deaton 和 Heston（2010）所述："多边指数方法的选择不同，则各经济体之间的相对经济规模也会产生差异。"世界银行 2013 年出版的 ICP 官方手册《测度世界经济的真实规模——ICP 的框架、方法与结果》中，其 1/3 的篇幅都是在讨论与多边指数方法相关的议题（World Bank，2013a）。可以肯定的是，多边指数方法在 ICP 中占有重要地位，其对购买力平价计算结果会产生重要影响。

在国际比较的理论和实践发展中，有三种多边指数方法受到最多的关注和应用，分别是 GK 法、GEKS 方法和 CPD 方法。上述三种方法在多边指数理论之中扮演了最为重要的角色，这些方法的构造原理及其后续演进基本反映了多边指数方法的理论精髓及发展全貌。本节旨在对国际比较中这三种多边指数方法进行系统梳理。在对各方法进行梳理时，本节按照如下思路展开论述：提出和演变背景、方法原理、实际应用、优点和存在的问题及后续的方法改进。

2.3.1　多边指数汇总方法的检验理论

对汇总方法的探讨从其应具备的优良统计性质开始。从应具备的优良统计性质角度对指数进行的研究又被称为指数的检验理论（test approach）。这种传统来自宏观价格指数研究的先驱 Irving Fisher。Drechsler（1973）提出在国际比较中汇总方法需要具备一些优良性质：基国不变性、传递性、可加性及特征性。

基国不变性（base-country invariance）是指，在多边比较中，不论选取哪个经济体作为基国，最终的比较结果都应该是唯一确定的。这也就是说，基国的选取仅是为了找到一个比较的基准，不能对最终比较结果产生任何影响。

传递性（transitivity）是国际比较中要求的一个重要性质。传递性要求两个经济体间通过直接比较计算得到的购买力平价值应该与通过第三个经济体间接比较得到的购买力平价值相同。假设 A、C 两经济体，A、B 两经济体及 B、C 两经济体间的购买力平价分别为 PPP_{AC}、PPP_{AB} 和 PPP_{BC}，则传递性要求 $\text{PPP}_{AC}=\text{PPP}_{AB}\times\text{PPP}_{BC}$。可以看出，传递性保证了购买力平价指数满足内部一致性。

可加性（additivity）要求，任意一个经济体经购买力平价转换后的实际经济总量（Q_A）都可以使用同一组价格进行加总表示，即 $Q_A=\sum_{i=1}^{N}\pi_i q_{iA}$。$\pi_i$ 为第 i 种商品的世界平均价格，q_{iA} 为经济体 A 在第 i 种商品上的支出数量。满足可加性将使得经过购买力平价调整后的支出数据仍能保持名义支出法 GDP 内部结构的一致性。

特征性最早由 Drechsler 于 1973 年提出。在进行两经济体间的比较时，最具特征性的比较方法就是双边比较法，仅用到参与比较两经济体的价格和支出数据。在使用多边比较方法进行国际比较时，两经济体间的比较结果不仅取决于进行比较的两经济体的价格和支出数据，还受到其他所有参与经济体的价格和支出数据的影响。多边比较中的"特征性"要求最小化其他经济体数据的影响，尽可能保持使用双边比较方法得到的结果。

正如 Kravis 等（1982）在 ICP 第三轮报告中提到的那样，不同优良性质具备的相对重要性并不是一成不变的。当比较结果的用途发生变化[①]，或进行比较的经济体的数量和特征变动时[②]，不同优良性质的相对重要性将随之变化。这也是在提醒我们，在探讨不同汇总方法具备的优良统计性质时，应结合其比较结果的应用场合及参与比较经济体的数量和相关特征进行综合考虑。

2.3.2　GK 法

1. GK 法的提出、演变及其在 ICP 中的应用

1）Geary 对 GK 法的贡献

GK 方法由爱尔兰统计学家 Geary 在联合国粮食及农业组织（Food and Agriculture Organization，FAO）工作期间提出，这种方法最早是以附录的形式出现在一份联合国粮食及农业组织油印版本的报告中（FAO，1953）。Geary 在联合国粮食及农业组织工作期间，其重要工作就是计算不同年份上世界农业产出的变动情况。由于各经济体农业产出都是使用本币度量且内含了本经济体农产品价格结构的，因此在计算世界农业产出时，需要使用货币转换因子将各经济体使用本币度量的农业产出指标转换成使用统一货币度量的产出指标，并消除价格差异，在此基础上，进行加总然后再计算不同年份世界农业产出的变动情况。可以看出，进行上述工作的核心就是要找一个既可以进行货币单位调整又可以进行价格差异调整的货币转换因子（王成岐，1994）。

① 比如，仅是利用比较结果进行经济总量层面的比较分析，还是也利用其进行经济结构的比较分析。

② 究竟进行的是两经济体间的比较，还是多经济体间的比较。如果是多经济体间的比较，是在经济结构相似的经济体间进行的比较，还是全球层面的比较。这些都需要进行区别考虑。

当时，联合国粮食及农业组织利用汇率作为货币转换因子进行上述计算。Geary 指出，使用官方汇率作为货币转换因子进行上述计算并不合理，应使用购买力平价法来处理此问题。事实上，早在 1940 年，英国经济学家 Clark 就基于 Fisher 指数计算了 30 个经济体的货币购买力，并将其应用于居民实际支出的比较。在使用购买力平价方法进行上述调整时，Geary 十分强调计算的购买力平价因子要满足传递性，即 $\mathrm{PPP}_{bk}=\mathrm{PPP}_{bj}\times\mathrm{PPP}_{jk}$。满足传递性将保证计算结果的内部一致性。他明确指出，使用 Fisher 指数计算的双边购买力平价因子并不满足传递性要求，计算结果存在内部不一致性。为了解决此问题，Geary（1958）提出了一种构建于联立系统的购买力平价计算方法。

假设参与国际比较的经济体共有 M 个，使用 $j=1,2,\cdots,M$ 来表示，进行比较的商品的种类为 N 种，使用 $i=1,2,\cdots,N$ 来表示。他提出通过如下的联立系统进行购买力平价的计算：

$$\pi_i=\sum_{j=1}^{M}\frac{p_{ij}}{\mathrm{PPP}_j}\frac{q_{ij}}{\sum_{j=1}^{M}q_{ij}},\quad j=1,2,\cdots,M,\quad i=1,2,\cdots,N \tag{2.18}$$

$$\mathrm{PPP}_j=\frac{\sum_{i=1}^{N}p_{ij}q_{ij}}{\sum_{i=1}^{N}\pi_i q_{ij}},\quad j=1,2,\cdots,M,\quad i=1,2,\cdots,N \tag{2.19}$$

其中，p_{ij} 和 q_{ij} 分别表示经济体 j 第 i 种商品的价格和实物量；PPP_j 表示经济体 j 的购买力平价；π_i 表示第 i 种商品的世界平均价格。

从式（2.18）和式（2.19）可以看出 Geary 计算购买力平价的思路。第 j 个经济体的购买力平价通过帕氏价格指数来获取，即通过以经济体 j 国内价格水平表示的支出总额与以世界平均价格表示的支出总额之比来获得。第 i 类商品的世界平均价格的计算思路是，首先使用购买力平价因子对各经济体第 i 类商品的价格进行调整，然后使用各经济体在此类商品上的实物量份额作为权重对上述调整后的价格进行加权，最后进行加总以获取第 i 类商品的世界平均价格。

2）Khamis 对 GK 法的贡献

Khamis（1970，1972，1984）在联合国粮食及农业组织工作期间，对 GK 法进行了系统研究。Khamis 的研究大大地扩展了人们对 GK 法的理论性质及应用范围的认知。总结来看，Khamis 对 GK 法的贡献可以归纳为如下三个方面。

首先，Khamis 给出了 GK 法联立系统中购买力平价（PPP_j）和世界平均价格（π_i）存在唯一解的充分必要条件。Geary 在提出此方法之始，仅讨论了两个经济体情形下购买力平价和世界平均价格的计算问题，他并没有探讨当系统中存在

N 个经济体时，GK 法联立系统是否可以给出唯一确定的解，以及存在这种唯一解时所需的充分必要条件。Khamis（1970，1972）利用非负对角占优矩阵的理论性质给出了 GK 法联立系统存在唯一解的充分必要条件。Khamis 还进一步指出，在实际中进行价格和物量比较时，这个充分必要条件几乎都可以被满足。这也就是说，在实际应用中，GK 法联立系统总能给出唯一确定的比较结果。Khamis 还发现，在求解联立系统时，无论将哪个经济体视为基国（即在求解时将此经济体的购买力平价值设为 1），线性方程组的求解结果都是唯一的。这表明，GK 法具备了基国不变性这一优良性质，这也是 Geary 在提出此方法时并未注意到的。

其次，Khamis 发现了 GK 法中世界平均价格在进行价格和物量比较时具有的重要作用，并基于此构建了新的指数系统。在一篇系统回顾 GK 法的文章中，Khamis（1984）谈道："Geary 并未意识到 GK 法中得到的世界平均价格应有的真实作用，而仅将其作为计算购买力平价的一个步骤而已。" Khamis 的研究表明，当 Geary 在提出 GK 法的原型时，世界平均价格的提出仅是为了计算购买力平价，因为 Geary 最为关注的是如何定义一个合理的购买力平价计算公式。Khamis（1984）直言不讳："在 GK 法联立系统中，世界平均价格具备的重要性至少应和购买力平价相等同。"基于此考虑，Khamis 定义了如式（2.20）和式（2.21）所示的指数系统：

$$\mathrm{PPP}_{bk}=\frac{\mathrm{PPP}_b}{\mathrm{PPP}_k} \tag{2.20}$$

$$Q_{bk}=\frac{\sum_{i=1}^{N}\pi_i q_{ib}}{\sum_{i=1}^{N}\pi_i q_{ik}} \tag{2.21}$$

其中，PPP_{bk} 表示价格指数，是 b、k 两经济体之间 GDP 总量层次上的购买力平价之比；Q_{bk} 表示物量指数，是 b、k 两经济体之间实际经济总量之比。PPP_b、PPP_k 和 π_i 来自式（2.18）和式（2.19）。

可见，式（2.21）在进行经济体间实际经济总量比较时，使用了统一的世界平均价格对各经济体的实物量进行加权。Khamis（1970，1972）指出，式（2.20）和式（2.21）满足一系列的指数优良性质，主要包括基国不变性、因子逆转性、传递性和可加性[①]。

最后，Khamis 将 GK 法的应用范围大大扩展，不仅将其应用于国际比较，而且还将其应用于国民经济核算中的价格和物量指数计算。Khamis 在研究中指出，

---

① 传递性，基于式（2.20）和式（2.21），经简单计算可知：$\mathrm{PPP}_{bk}=\mathrm{PPP}_{bj}\times\mathrm{PPP}_{jk}$，$Q_{bk}=Q_{bj}\times Q_{jk}$。即两经济体间的价格和物量的直接比较结果与通过第三个经济体所得到的间接比较结果是相同的。可加性，由式（2.21）知：$Q_k=\sum_{i=1}^{N}\pi_i q_{ik}$，因此，满足可加性。我们将在下文的 GK 法原理处对基国不变性进行验证。

式（2.20）和式（2.21）中的 b、k 下角标不仅可以指代不同的经济体和一个经济体内部的各个地区，甚至还可以指代时间，也就是说，GK 法可以用于国民经济核算中时间维度价格和物量指数的编制。

2. GK 法的原理

Hill（1997）对国际比较中的汇总方法进行了系统分类和研究，按照他的分类体系，GK 法本质上属于基于平均价格法构建的星形比较方法。这也就是说，GK 法在进行购买力平价计算及实际经济规模比较时，实际上进行了如下步骤的比较：任意两经济体 b 和 k 之间的比较并不是直接进行的，而是以一个虚拟的桥梁国（x）为纽带，首先计算经济体 b 和桥梁国之间的购买力平价（PPP_{bx}）或相对实际经济规模（Q_{bx}），再计算经济体 k 和桥梁国之间的购买力平价（PPP_{kx}）或相对实际经济规模（Q_{kx}），最后通过这两者之比得出 b 和 k 两经济体之间的购买力平价或相对实际经济规模。使用公式，可以有如式（2.22）和式（2.23）所示的表达：

$$\frac{\text{PPP}_b}{\text{PPP}_k}=\frac{\text{PPP}_{bx}^P}{\text{PPP}_{kx}^P}=\frac{\sum_{i=1}^{N}p_{ib}q_{ib}}{\sum_{i=1}^{N}p_{ix}q_{ib}}\bigg/\frac{\sum_{i=1}^{N}p_{ik}q_{ik}}{\sum_{i=1}^{N}p_{ix}q_{ik}} \tag{2.22}$$

$$\frac{Q_b}{Q_k}=\frac{Q_{bx}^L}{Q_{kx}^L}=\frac{\sum_{i=1}^{N}p_{ix}q_{ib}}{\sum_{i=1}^{N}p_{ix}q_{ix}}\bigg/\frac{\sum_{i=1}^{N}p_{ix}q_{ik}}{\sum_{i=1}^{N}p_{ix}q_{ix}}=\frac{\sum_{i=1}^{N}p_{ix}q_{ib}}{\sum_{i=1}^{N}p_{ix}q_{ik}} \tag{2.23}$$

可以看出，在计算任意两经济体之间最终比较结果时，除这两经济体的价格和物量数据外，我们仅需要使用桥梁国的价格数据（p_{ix}）。基于平均价格法构建的星形比较方法在计算购买力平价和实际经济规模时（图 2.1），使用的都是式（2.22）和式（2.23）。

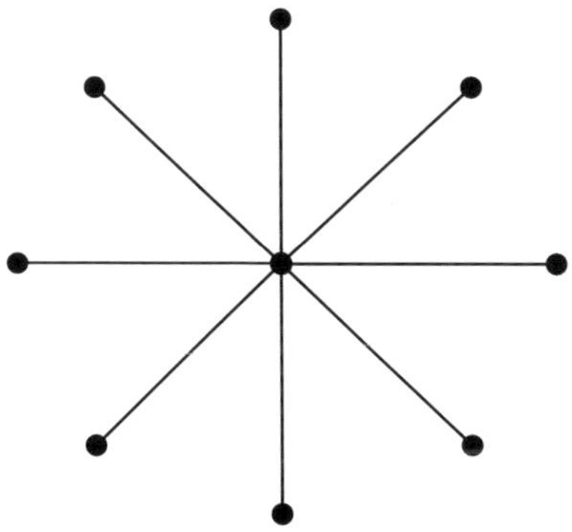

图 2.1　星形比较方法示意图

和使用某一具体经济体作为桥梁国的此类方法相比，GK 法的妙处在于其选择的桥梁国是虚拟的，而且这个虚拟经济体的价格结构在 GK 法体系下具有唯一确定的值。具体来看，在最终的实际经济规模比较中，GK 法使用了虚拟经济体的方法，而且这个虚拟经济体的价格（即世界平均价格 p_{ix} ）在 GK 法联立系统中仅存在唯一值（ p_{ix} 在 GK 法系统中存在唯一解），这就保证了 GK 法比较结果的唯一性。而使用某一具体经济体作为桥梁国的星形比较方法的比较结果会随着所选桥梁国的变化而发生变化。

3. GK 法在国际比较中的应用

由于 GK 法具有简单明了的经济含义和众多优良指数性质，因此，它一直受到 ICP 的青睐，前六轮国际比较中，总量层次的汇总方法使用的都是 GK 法。

需要特别注意的是，在应用于 ICP 时，GK 法需要做出一定调整以适应 ICP 中数据的特殊要求。在原始的 GK 法联立系统中，我们需要输入的数据是各经济体不同种类商品的价格（ p_{ib} ）和实物量（ q_{ib} ），而在 ICP 中进行总量层次汇总计算时，我们此时输入 GK 法联立系统的相应数据是不同基本分类的购买力平价（ PPP_{ij} ）及其物量水平（ $\widetilde{Q}_{ij}=E_{ij}/\mathrm{PPP}_{ij}$ ），此时，GK 法联立系统变为如式（2.24）和式（2.25）所示的形式：

$$\bar{\pi}_i=\sum_{j=1}^{M}\frac{\mathrm{PPP}_{ij}}{\overline{\mathrm{PPP}}_j}\frac{\widetilde{Q}_{ij}}{\sum\limits_{j=1}^{M}\widetilde{Q}_{ij}}\text{，}\quad i=1,2,\cdots,N\text{，}\quad j=1,2,\cdots,M \tag{2.24}$$

$$\overline{\mathrm{PPP}}_j=\frac{\sum\limits_{i=1}^{N}\mathrm{PPP}_{ij}\widetilde{Q}_{ij}}{\sum\limits_{i=1}^{N}\bar{\pi}_i\widetilde{Q}_{ij}}\text{，}\quad i=1,2,\cdots,N\text{，}\quad j=1,2,\cdots,M \tag{2.25}$$

Kravis 等（1982）在 ICP 第三轮的最终报告中详细描述了应用于 ICP 的 GK 法联立系统。他们对上述系统的计算结果进行了深入研究。他们发现，基于式（2.24）和式（2.25）得到的 $\overline{\mathrm{PPP}}_j$ 与基于式（2.18）和式（2.19）得到的 PPP_j 是相同的，这表明，基于式（2.24）和式（2.25）进行购买力平价计算具有合理性。

4. GK 法存在的问题

GK 法是一种最早在 ICP 中应用的用于总量层次汇总计算的多边指数方法。在前六轮的国际比较中，总量层次的购买力平价都是使用 GK 法计算的。按照 Hill（1997）对国际比较中使用的多边比较方法的分类，GK 法属于平均价格方法（average price methods）。平均价格方法使用同一组世界平均价格对各经济体的支出数量进行加权从而计算实际经济总量。虽然平均价格方法具备基国不变性、传递性及可加性等诸多优良性质，但它存在一个致命的缺陷：无法反映现实中普遍存在的消费替代效应，易受到替代偏差（substitution bias）的影响[①]（Kravis et al., 1982）。现实中，一个经济体的价格结构与支出结构存在内部自适性，即相对价格偏高的货物和服务的消费量将相对偏低，而相对价格偏低的货物和服务的消费量将相对偏高。平均价格方法无法反映各经济体消费者在面临世界平均价格时做出的真实支出决策，而仅选择对各经济体的实物量进行直接加权。

Nuxoll（1994）的研究发现，由于发达经济体在大部分支出项目中都占有绝对优势，因此由 GK 法计算得到的世界平均价格结构较为偏倚发达经济体的价格结构。在使用偏倚发达经济体价格结构的世界平均价格对各经济体实物量进行加权计算时，得出的结果将会高估发展中经济体的支出水平，从而低估各经济体在支出水平上的差距。Hill（2000）、Dowrick 和 Akmal（2005）系统测度了 GK 法存在的这种替代偏差，结果显示，对于某些发展中经济体，GK 法的高估程度在 70%以上。

5. GK 法的拓展

从上述分析看出，在应用于经济发展水平和价格结构差异较大的经济体间比较时，GK 法存在较为严重的替代偏差效应，这将导致高估发展中经济体的实际经济发展水平，从而低估各经济体之间的实际经济发展差距。基于 GK 法计算结果进行的经济分析可能会得出误导性结论。

如何在保留 GK 法优良性质（尤其是可加性）的同时，对其存在的替代偏差进行有效处理就成了多边指数研究领域的热点话题。综观这类研究，学者主要沿着两个方向对此问题进行解决：第一个方向是通过使用更为合理的加权方法来计算世界平均价格以此减弱替代偏差的影响，由 Iklé（1972）最先提出，后经 Dikhanov（1994）和 Balk（2008）进一步发展的 IDB 方法正是基于此思路构建的；第二个方向是从经济指数方法角度入手，通过引入效用函数和支出函数的方式将消费替代效应纳入指数计算过程，以此来解决替代偏差问题，Neary（2004）基于经济指数框架构建的 GAIA 方法是此方向上的代表性方法。

1）从世界平均价格角度进行的拓展

IDB 方法沿袭了 GK 法的基本思路，使用帕氏指数计算购买力平价（这保证了计算结果满足可加性），但对世界平均价格的计算方法进行了修正。具体计算公式见式（2.26）和式（2.27）：

① 这种偏倚首先由 Gerschenkron（1951）发现，因此也被叫作 Gerschenkron 效应。

$$\pi_i=\left[\sum_{j=1}^{M}\left(\frac{p_{ij}}{\text{PPP}_j}\frac{e_{ij}}{\sum_{j=1}^{M}e_{ij}}\right)^{-1}\right]^{-1},\quad i=1,2,\cdots,N,\quad j=1,2,\cdots,M \tag{2.26}$$

$$\text{PPP}_j=\frac{\sum_{i=1}^{N}p_{ij}q_{ij}}{\sum_{i=1}^{N}\pi_i q_{ij}},\quad i=1,2,\cdots,N,\quad j=1,2,\cdots,M \tag{2.27}$$

其中，$e_{ij}=\frac{p_{ij}q_{ij}}{\sum_{i=1}^{N}p_{ij}q_{ij}}$，表示基于名义值计算的经济体 j 第 i 类支出所占的比重。

IDB 方法使用了支出比重这一指标对各经济体经购买力平价转换后的价格水平进行加权从而计算世界平均价格。很显然，各经济体在同种商品的支出比重（e_{ij}）之间的差异要远远小于实际消费量（q_{ij}）之间的差异。使用支出比重进行加权计算，这将大大减弱经济体量较大的经济体的价格结构对世界平均价格的影响。

IDB 方法所计算的世界平均价格不像 GK 法那样容易受到区域内经济体量较大经济体的价格结构的影响，因此比起 GK 法，IDB 方法所计算的世界平均价格更具备“平均”内涵（World Bank，2013a）。Deaton 和 Heston（2010）基于 2005 年轮 ICP 的基本分类数据，对 IDB 方法、GK 法和 GEKS 方法的计算结果进行了深入探讨。他们发现，GK 法计算结果存在明显的替代偏差效应，而 IDB 方法的计算结果受替代偏差效应的影响则大大减弱，且其计算结果和 GEKS 方法的计算结果较为接近。

2）从经济指数角度进行的拓展

在 GK 法中，各经济体经购买力平价转换后的实际经济总量可以使用式（2.28）表示：

$$Q_j=\sum_{i=1}^{N}\pi_i q_{ij} \tag{2.28}$$

可以看出，GK 法的实际经济总量是通过使用同一组世界平均价格对各经济体的支出数量进行加权计算得到的。GK 法并未考虑各经济体消费者在面临世界平均价格时可能做出的替代选择决策，也就是说，通过更多地消费世界平均价格相对较低的商品来替代世界平均价格相对较高的商品，消费者就可以在同等收入水平下改善自己的生活水平。

Neary（2004）在经济指数框架下提出的汇总方法——GAIA 方法，较为有效地解决了 GK 法存在的替代偏差问题。GAIA 方法建立在严谨的微观经济学消费者理论基础之上，可以刻画消费者在选择商品时表现出的消费替代效应，通过对代表性消费者支出函数的估计来求解各经济体在面临世界平均价格时对各种商品的最优消费量 q_{ij}^*。GAIA 方法基于这个最优消费量进行购买力平价和实际经济总量的计算。

GAIA 方法定义的购买力平价由式（2.29）给出：

$$\mathrm{PPP}_j = \frac{\sum_{i=1}^{N} p_{ij} q_{ij}}{\sum_{i=1}^{N} \pi_i^{\mathrm{GAIA}} q_{ij}^*}, \quad i = 1,2,\cdots,N, \quad j = 1,2,\cdots,M \tag{2.29}$$

借鉴 GK 法计算世界平均价格的思路，GAIA 方法基于式（2.30）进行世界平均价格的计算。

$$\pi_i^{\mathrm{GAIA}} = \frac{\sum_{j=1}^{M} \left(\frac{p_{ij}}{\mathrm{PPP}_j} \right) q_{ij}}{\sum_{j=1}^{M} q_{ij}^*}, \quad i = 1,2,\cdots,N, \quad j = 1,2,\cdots,M \tag{2.30}$$

可以看出，GAIA 方法和 GK 法的计算公式具有十分相似的形式。Neary（2004）证明，这个联立系统存在唯一解。此外，GAIA 方法也满足一系列的指数优良性质，其计算结果具备基国不变性、传递性和可加性。

Neary（2004）基于 1980 年轮 ICP 数据，Feenstra 等（2013b）基于 2005 年轮 ICP 数据从经验研究的角度验证了 GAIA 方法的优良性质及 GK 法在应用于国际比较时存在的偏误：比起 GAIA 方法，GK 法会系统地高估发展中经济体的实际经济总量，从而低估各经济体实际经济发展水平的差距。

2.3.3 GEKS 方法

1. GEKS 方法的提出和演变

GEKS 方法的基本思想最早由意大利统计学家、基尼系数的提出者 Gini 于 1931 年提出。Gini 在 1931 年文章“On the circular test of index numbers”中的焦点是如何构造具有传递性的时间价格指数。鉴于当时在国际上还未开展基于购买力平价方法的国际比较，他并未考虑将 GEKS 方法与国际比较研究相联系。GEKS 方法真正应用于国际比较要归功于匈牙利统计学家 O. Elteto 和 P. Koves 及波兰统计学家 B. Szulc。在 1964 年，O. Elteto 和 P. Koves 在匈牙利的统计学杂志 *Statistztikai Szemle* 上发表了题为“On an index computation problem in international comparisons”

的文章。同一年，B. Szulc 独立在波兰的统计学杂志 *Przeglad Statysticzny* 上发表了题为“Index numbers of multilateral regional comparisons”的文章。在此之后，东欧的一些社会主义国家开始尝试性地使用 GEKS 方法进行地区间的经济总量比较研究。由于发表时并未使用英语，Elteto 和 Koves 及 Szulc 的研究成果当时并未受到国际比较领域主流学者的关注。GEKS 方法得到国际学术界的关注主要得益于国际收入与财富研究协会的前任主席 Drechsler 的引荐。Drechsler 在 1973 年发表于 *Review of Income and Wealth* 上的文章“Weighting of index numbers in multilateral international comparisons”中介绍了 Elteto 和 Koves 及 Szulc 所提出的这个方法，并将其命名为 EKS 方法[①]。自此之后，西方学界才开始了解这个方法。

2. GEKS 方法的原理

GEKS 方法是以双边指数为基础，通过对最终的比较结果施加传递性约束条件构造的多边指数方法。GEKS 方法的起点是各经济体之间使用 Fisher 指数计算的双边比较矩阵[②]。

$$F_{M\times M}=\begin{bmatrix} F_{11} & F_{12} & \cdots & F_{1M} \\ F_{21} & F_{22} & \cdots & F_{2M} \\ \vdots & \vdots & & \vdots \\ F_{M1} & F_{M2} & \cdots & F_{MM} \end{bmatrix}$$

其中，F_{ij} 表示 i、j 两经济体之间使用 Fisher 指数计算的购买力平价。基于 Fisher 指数计算的上述购买力平价并不满足我们在国际比较中所要求的传递性。不满足传递性将导致 $F_{M\times M}$ 内部出现不一致性。

GEKS 方法的核心思想是通过对上述基于 Fisher 指数构建的矩阵 $F_{M\times M}$ 进行转换，以获得一个新的比较矩阵（记为 $\text{PPP}_{M\times M}$），且要求在这个新的矩阵中，不同经济体间的购买力平价比较结果（PPP_{ij}）既要满足传递性要求，同时又要在总体上尽可能小的偏离 Fisher 双边比较结果（F_{ij}）。

$$\text{PPP}_{M\times M}=\begin{bmatrix} \text{PPP}_{11} & \text{PPP}_{12} & \cdots & \text{PPP}_{1M} \\ \text{PPP}_{21} & \text{PPP}_{22} & \cdots & \text{PPP}_{2M} \\ \vdots & \vdots & & \vdots \\ \text{PPP}_{M1} & \text{PPP}_{M2} & \cdots & \text{PPP}_{MM} \end{bmatrix}$$

① 事实上，Gini 在 1931 年的文章中已明确提出与 EKS 方法相同思想的指数方法，但 EKS 方法的提出者在方法提出之时并未掌握这个情况。后期，为了肯定 Gini 在方法上的贡献，Balk（2008）建议使用 GEKS 方法替代以往 EKS 方法的命名方式。

② 通常来说，在国际比较中，实际经济规模的比较是通过间接法得到的，即使用名义经济总量除以购买力平价从而得到实际经济规模。因此，在这里我们只探究购买力平价指数的编制。

GEKS 方法的计算思路可以使用式（2.31）和式（2.32）进行表达。最小化离差平方和：

$$\min\left\{\sum_i\sum_j(\ln \mathrm{PPP}_{ij}-\ln F_{ij})^2\right\} \tag{2.31}$$

约束条件为

$$\mathrm{PPP}_{ij}=\mathrm{PPP}_{il}\times\mathrm{PPP}_{lj} \tag{2.32}$$

其中，l 表示任一参与比较的经济体。为了更为清晰地看出 GEKS 方法的实质，我们将使用传递性的等价条件对式（2.31）进行变形。

Rao 和 Banerjee（1986）的研究给出了上述矩阵中购买力平价指数（PPP_{ij}）满足传递性所需要的充分必要条件。他们指出，一个指数如果要满足传递性要求，那么当且仅当存在 M 个实数使得式（2.33）成立：

$$\mathrm{PPP}_{ij}=\frac{\eta_i}{\eta_j} \tag{2.33}$$

将传递性约束的等价条件代入最小化的方程，此时，上述最优化条件可以简化为式（2.34）：

$$\sum_i\sum_j(\ln\eta_i-\ln\eta_j-\ln F_{ij})^2 \tag{2.34}$$

假设 $\eta_i^*=\ln\eta_i$，$\eta_j^*=\ln\eta_j$，则：

$$\sum_i\sum_j(\eta_i^*-\eta_j^*-\ln F_{ij})^2 \tag{2.35}$$

通过计算一阶条件，即可得到 $\hat{\eta}_i^*$ 的结果。此时，

$$\mathrm{GEKS}_{ij}=\frac{\exp(\hat{\eta}_i^*)}{\exp(\hat{\eta}_j^*)}=\prod_{l=1}^{M}[F_{il}\cdot F_{lj}]^{\frac{1}{M}} \tag{2.36}$$

从 GEKS 方法的构造原理和最终的指数计算公式可以看出，GEKS 方法的计算结果具备基国不变性、传递性和特征性。更为重要的是，使用 GEKS 方法进行总量汇总时，利用了所有参与经济体的双边 Fisher 指数，这种处理方式在很大程度上解决了 GK 法仅使用世界平均价格对支出进行加权的弊端，避免了 GK 法存在的替代偏差。而且由于 GEKS 方法是基于 Fisher 指数构建的，它保留了 Fisher 指数的诸多优良性质：GEKS 方法为最优指数（superlative index），它可以对任意的二阶可微分的位似效用函数进行二阶逼近，此时，它可以等价于一类经济指数（Diewert，1999）。但是，GEKS 方法也存在缺陷：最终计算结果并不具备可加性。基于 GEKS 方法获取的实际支出数据无法保证总量层次与支出结构的内在一致性，因此在进行诸如支出结构的国际比较时，将出现一定的不一致性。

3. GEKS 方法在国际比较中的应用

当前，由世界银行主导的 2005 年轮和 2011 年轮 ICP 对基本分类以上层次的汇总方法进行了调整，放弃了前六轮一直使用的 GK 法，转而使用 GEKS 方法。世界银行 2013 年出版的 ICP 官方手册中从如下三个方面给出了理由：①作为一种多边比较方法，GEKS 方法在最大程度上保留了特征性这一性质，而 GK 法的特征性较差；②GEKS 方法赋予每个经济体以相同的权重，其计算结果在很大程度上避免了替代偏差效应的影响；③全球贫困研究是 ICP 的重要应用领域，由于 GK 法存在高估发展中经济体真实经济实力的倾向，因此应用时可能会得出误导性结论，而 GEKS 方法能较好避免这种情况发生（World Bank，2013a）。

除 ICP 以外，从 1980 年开始由欧盟和经合组织经济体发起的区域比较项目对 GEKS 方法的理论研究和在实践中的应用也起到了很大的推动作用。自 1980 年起，欧盟和经合组织经济体开始基于购买力平价法进行区域层面的经济总量比较。从第一轮比较开始，欧盟和经合组织就选择使用 GEKS 方法进行基本分类层面购买力平价的汇总计算。在 1990 年轮的比较中，基本分类以上层面的汇总计算也开始选用 GEKS 方法[①]。欧盟委员会更是于 2007 年在欧洲议会上以立法的形式将 GEKS 方法确定为计算购买力平价的法定方法[②]。欧盟统计局在其 2012 年出版的购买力平价方法手册中详述了选择 GEKS 方法作为基本分类及以上层面汇总方法的缘由，他们也特别强调了 GEKS 方法计算结果具备的特征性及其不受替代偏差效应的影响（Eurostat and OECD，2012）。

4. GEKS 方法的扩展

1）加权 GEKS 方法

从式（2.36）可以看出，GEKS 方法使用的是几何平均法对 Fisher 指数进行加权计算。这意味着，在最终的指数计算中，任意两个经济体间的双边比较结果都被赋予了相同的权重。实际上，这种赋权方法与现实情况存在较大出入。从国际比较的实践可知，经济发展水平和经济结构越接近，经济体间比较的结果就越可靠，而在经济发展水平和经济结构差异较大的经济体间进行比较时，比较结果的误差较大。Deaton（2012）系统研究了 Fisher 指数在应用于双边比较时存在的误差大小。他的计算表明，美国和加拿大的双边比较结果的误差约为 10%，而美

① 之前的两轮比较——1980 年轮和 1985 年轮——是采用 GK 法进行基本分类以上层面购买力平价的汇总计算。

② 欧洲议会于 2007 年 12 月 11 日通过了（EC）No-1445/2007 决议。决议规定了成员国在提供购买力平价基础信息及购买力平价计算与发布方面的一般准则。详细信息可参考：http://eur-lex.europa.eu/legal-content/EN/TXT/?uri=celex:32007R1445[2015-10-31]。

国和中国的双边比较结果的误差则达到 30%。一些较落后的发展中经济体与美国的双边比较结果的误差甚至接近 50%。上述论断说明，GEKS 方法使用的几何赋权方法存在问题，一个更为可取的办法是，根据 Fisher 双边比较结果的可靠程度赋予其相应的权重，可靠程度高则赋予其较高的权重，可靠程度低则赋予其较低的权重。

基于上述思想，Rao（2009）借助于指数的随机方法提出了加权 GEKS 方法。其基本思路如式（2.37）和式（2.38）所示：

$$\ln F_{ij} = \eta_i - \eta_j + u_{ij} \tag{2.37}$$

$$E(u_{ij}) = 0\,,\quad \mathrm{var}(u_{ij}) = \frac{\sigma^2}{w_{ij}} \tag{2.38}$$

w_{ij} 用于反映 Fisher 指数计算结果的可靠性。可靠性的度量并没有一个统一的标准，可以从多个角度对其进行衡量，其中较为重要的几种度量方法有：Hill（1999）提出的距离函数方法；Selvanathan 和 Rao（1992）提出的经济距离方法；Kravis 等（1982）提出的价格结构相似度方法。

目前，利用加权 GEKS 方法进行的应用研究还较少，仅有的一些研究结果都表明，加权 GEKS 方法与原始 GEKS 方法的计算结果并没有预期中相差那么大，两者十分接近（Rao and Timmer，2003；Hill and Timmer，2006）。Rao（2009）总结了出现上述结果可能的原因：上述研究使用的样本都是经合组织经济体，这些经济体的经济结构差异本身就较小，这将导致加权对最终计算结果的影响有限。但他也进一步指出，我们对加权 GEKS 方法的理论性质和实践认识仍较为有限，这方面的研究还待扩展。

2）用于基本分类层次汇总计算的 GEKS 方法

上述介绍的 GEKS 方法都是应用于基本分类以上层次汇总计算的，实际上，GEKS 方法也可用于基本分类层次购买力平价计算。在应用到基本分类层次购买力平价计算时，GEKS 方法使用的数据是基本分类里包括的规格品价格数据，最终计算结果为某一基本分类的各经济体购买力平价值。

从 1980 年起的第一轮区域比较到近期的 2011 年轮比较，欧盟和经合组织一直采用 GEKS 方法进行基本分类层面购买力平价的汇总计算。但值得说明的是，欧盟和经合组织区域比较使用的 GEKS 方法在原始 GEKS 方法基础上，加入了代表性（representativity）规格品的概念，并将其融入指数计算的过程。在欧盟统计局的购买力平价方法手册中，称其为 GEKS* 方法①。GEKS* 方法的思路可以概括如下。

① 之所以这么称谓，是由于代表性规格品在收集过程中需要加上星号（*），而非代表性规格品则不需标示。

（1）参与比较的各经济体需要在提供的统一采价清单中标记出代表性规格品。

（2）选择在经济体 i 具有代表性且在经济体 j 也进行了采价的规格品，并将这些规格品的集合记为 N_{ij}^{R} 。利用这些规格品的价格数据计算 i 和 j 两经济体的帕氏-Jevons 价格指数：

$$\text{Jevons}_{ij}^{\text{P}} = \prod_{\alpha \in N_{ij}^{R}} \left(\frac{p_{\alpha i}}{p_{\alpha j}} \right)^{\frac{1}{N_{ij}^{R}}} \tag{2.39}$$

（3）选择在经济体 j 具有代表性且在经济体 i 也进行了采价的规格品，并将这些规格品的集合记为 N_{ji}^{R} 。利用这些规格品的价格数据计算 i 和 j 两经济体的拉氏-Jevons 价格指数：

$$\text{Jevons}_{ij}^{\text{L}} = \prod_{\alpha \in N_{ji}^{R}} \left(\frac{p_{\alpha i}}{p_{\alpha j}} \right)^{\frac{1}{N_{ji}^{R}}} \tag{2.40}$$

（4）计算 Fisher-Jevons 指数（ $\text{Jevons}_{ij}^{\text{F}} = \left(\text{Jevons}_{ij}^{\text{L}} \cdot \text{Jevons}_{ij}^{\text{P}} \right)^{\frac{1}{2}}$ ），并使用 GEKS 方法对 Fisher-Jevons 进行变换，使其具备传递性：

$$\text{GEKS}_{ij}^{*} = \prod_{l=1}^{M} \left(\text{Jevons}_{il}^{\text{F}} \cdot \text{Jevons}_{lj}^{\text{F}} \right)^{\frac{1}{M}} \tag{2.41}$$

Sergeev（2003）的研究指出，在使用 GEKS*方法进行比较时，如果一个经济体的代表性规格品数量众多，而另外一个经济体的代表性规格品较少，则对于代表性规格品较多的经济体来说，Fisher-Jevons 指数会产生较为严重的向下偏倚，即低估代表性规格品较多的经济体的价格水平。为了解决此问题，他提出了 GEKS*（S）方法。目前，欧盟–经合组织的区域比较虽然仍使用 GEKS*方法进行基本分类层次购买力平价的计算，但已经开始尝试使用 GEKS*（S）方法对 GEKS*方法的计算结果进行交叉验证。

2.3.4 CPD 方法

1. CPD 方法的提出

与 GK 法和 GEKS 方法不同的是，CPD 方法在提出之时是专门用来处理基本分类层次购买力平价计算的。在国际比较中，一般情况下我们无法获取基本分类以下层次的支出数据，只能依据价格数据进行汇总计算。这也是基本分类层次的汇总方法显著区别于基本分类以上层次汇总方法的地方。在进行基本分类层次购买力平价计算时，一般都是按照各个基本分类分别进行，通过基本分类里包括的各个经济体不同规格品价格水平的比较来获取基本分类层次的购买力平价。

一个比较典型的用于计算基本分类购买力平价的价格数据表如表 2.3 所示。

表 2.3　用于计算基本分类购买力平价的价格数据

规格品	经济体 1	经济体 2	…	经济体 M
1	p_{11}	p_{12}	…	p_{1M}
2	p_{21}	p_{22}	…	p_{2M}
⋮	⋮	⋮		⋮
A	p_{A1}	p_{A2}	…	p_{AM}

$p_{\alpha i}$ 表示第 i 个经济体在第 α 种规格品上的全国平均价格。在表 2.3 中，当所有经济体在所有规格品上都存在价格数据时，我们称此表是完备（complete）的。此时，依据 Jevons 指数就可以计算出各经济体在此基本分类上的购买力平价。计算公式为

$$\mathrm{PPP}_{ij}=\prod_{\alpha=1}^{A}\left(\frac{p_{\alpha i}}{p_{\alpha j}}\right)^{\frac{1}{A}} \tag{2.42}$$

在规格品价格数据完备的情况下，Jevons 指数满足多个重要指数性质，主要有基国不变性、传递性。

在实际中，表 2.3 完备的情况几乎很少存在，某些经济体的一些规格品价格数据往往存在缺失①。当表 2.3 某些位置的价格数据存在缺失时，表 2.3 是不完备（incomplete）的。如果仍使用 Jevons 指数计算基本分类购买力平价，则存在两方面的问题：一方面，只有两个经济体都采价的规格品价格数据才能被 Jevons 指数利用，那些无法匹配的价格数据将无法被利用；另一方面，此时基于 Jevons 指数所计算的基本分类购买力平价仅满足基国不变性，并不满足传递性。

Summers 在 1973 年提出的 CPD 方法很好地解决了在价格数据表不完备的情况下基本分类购买力平价的计算问题。Summers（1973）指出："直接将那些无法匹配的规格品价格数据扔掉显然是非常无效的做法，CPD 方法以一种非常经济的方式利用了价格数据表中的所有信息（即使是那些无法匹配的数据也被利用）。"此外，CPD 方法的计算结果还满足基国不变性及传递性。

2. CPD 方法的原理

CPD 方法是一种基于 Hedonic 质量调整思想的回归方法。CPD 方法假设，i

① 缺失的原因主要有两种：一是有些经济体并不消费该规格品，导致此规格品价格缺失；二是采价困难导致价格数据缺失。

和 j 两经济体在任意规格品（ α ）上的价格之比（ $p_{\alpha i}/p_{\alpha j}$ ）都围绕两经济体在此基本分类上的购买力平价（ $\mathrm{PPP}_{ij}=\mathrm{PPP}_i/\mathrm{PPP}_j$ ）波动，可以使用式（2.43）来描述这种关系：

$$\frac{p_{\alpha i}}{p_{\alpha j}}=\frac{\mathrm{PPP}_i}{\mathrm{PPP}_j}\times u_{ij}^{\alpha} \tag{2.43}$$

其中， u_{ij}^{α} 表示均值为 0，方差为 σ^2 的对数正态分布。

对式（2.43）进行对数变换，可得

$$\ln\left(\frac{p_{\alpha i}}{p_{\alpha j}}\right)=\ln\mathrm{PPP}_i-\ln\mathrm{PPP}_j+\ln u_{ij}^{\alpha} \tag{2.44}$$

设 $P_{ij}^{\alpha}=\ln\left(\frac{p_{\alpha i}}{p_{\alpha j}}\right)$， $\eta_i=\ln\mathrm{PPP}_i$， $\eta_j=\ln\mathrm{PPP}_j$， $v_{ij}^{\alpha}=\ln u_{ij}^{\alpha}$，则，

$$P_{ij}^{\alpha}=\eta_i-\eta_j+v_{ij}^{\alpha} \tag{2.45}$$

根据传递性的充要条件可知，在式（2.43）设定时已经将传递性的约束纳入其中。Summers 十分深刻地论述道：“进行这种传递性设置不仅将使得计算结果具备一致性，更为重要的是，它还有可能对经济体间的直接比较信息进行补充。当 p_{1i} 或 p_{2j} 缺失时，传递性意味着， p_{1j}/p_{1k} 和 p_{2j}/p_{2k} 可以为我们提供关于缺失值 p_{1i}/p_{1j} 和 p_{2i}/p_{2j} 的相关信息。这表明，如果传递性的假设是合理的，那么我们就可以通过此假设来提高估计各经济体间购买力平价水平的精度。”从 Summers 的上述论述中可以看出，CPD 方法在进行基本分类购买力平价计算时，不仅利用了两经济体间直接匹配的价格数据，还通过传递性假设，利用了间接价格数据，这使得 CPD 方法更为充分地利用了价格数据表中提供的信息，提高了估计的精度。关于 CPD 方法的后续研究也证实了 Summers 的上述论断。

在价格数据表不完备的情况下，还可以利用 GEKS 方法将不具备传递性的 Jevons 指数转换为具备传递性的 GEKS-Jevons 指数①，但此时会存在信息损失。Rao（2004）的研究发现，在价格数据完备的情况下，GEKS 方法和 CPD 方法应用到基本分类购买力平价测算时，得到的估计结果是相同的，但当价格数据不完备时，情况出现了差别。在都使用不完备的价格数据时，GEKS 方法和 CPD 方法的测算结果存在显著的差异；但当 GEKS 方法的输入数据为使用 CPD 方法填补后的完备价格数据时，GEKS 的测算结果和 CPD 方法的测算结果②相同。这表明，CPD 方法确实在估计时利用了所有可用的信息，其估计的精度更高。

① 这里所说的 GEKS-Jevons 方法与上节所给出的 GEKS*方法在计算思路上基本一致。

② 此时，CPD 方法的测算结果仍是基于不完备数据集给出的。

3. 对 CPD 方法的进一步探讨

我们还可以直接从随机指数角度对价格数据的生成机制进行解释。这也是 CPD 方法目前最为常用的形式。任意一个经济体某一规格品的价格水平（$p_{\alpha i}$）受三部分因素的影响，第一是这个经济体的总体价格水平（PPP_i），第二是所属规格品类别总体价格水平（p_α），第三是随机扰动项（$u_{\alpha i}$）。$p_{\alpha i}$ 可以使用上述三个影响因素的乘积来表示：

$$p_{\alpha i} = \text{PPP}_i p_\alpha u_{\alpha i} \tag{2.46}$$

这里，我们假设 $u_{\alpha i}$ 服从均值为 0，方差为 σ^2 的对数正态分布。

对式（2.46）两边同时进行对数变换，可得

$$\ln p_{\alpha i} = \ln \text{PPP}_i + \ln p_\alpha + \ln u_{\alpha i} \tag{2.47}$$

假设 $\eta_i = \ln \text{PPP}_i$，$\pi_\alpha = \ln p_\alpha$，$v_{\alpha i} = \ln u_{\alpha i}$。则式（2.47）变为

$$\ln p_{\alpha i} = \eta_i + \pi_\alpha + v_{\alpha i} \tag{2.48}$$

为了使用回归方法对上式中我们关心的参数进行估计，我们使用虚拟变量的形式对式（2.48）进行重新表达：

$$y_{\alpha i} = \ln p_{\alpha i} = \eta_1 D_1 + \eta_2 D_2 + \cdots + \eta_M D_M + \pi_1 D_1^* + \pi_2 D_2^* + \cdots + \pi_N D_N^* + u_{\alpha i} \tag{2.49}$$

其中，D_i 和 D_α^* 分别表示经济体和规格品类别的虚拟变量。当选取的价格数据为 $p_{\alpha i}$ 时，仅有第 i 个经济体和第 α 种规格品的虚拟变量取值为 1（$D_i = 1$，$D_\alpha^* = 1$），其余的经济体及规格品的虚拟变量都取值为 0。

Rao（2004）对基于式（2.49）所进行的 CPD 方法的参数估计问题进行了探讨。他的研究可总结如下。

（1）当表 2.3 中的价格数据完备时，CPD 方法可以得到唯一的估计结果，CPD 方法所估计的 i 和 j 两经济体的购买力平价为

$$\text{PPP}_{ij} = \frac{\text{PPP}_i}{\text{PPP}_j} = \frac{\exp(\hat{\eta}_i)}{\exp(\hat{\eta}_j)} = \prod_{\alpha=1}^{A}\left[\frac{p_{\alpha i}}{p_{\alpha j}}\right]^{\frac{1}{A}} \tag{2.50}$$

可以看出，当价格数据表完备时，CPD 方法的估计结果和 Jevons 指数的计算结果是一致的，且满足基国不变性、传递性。

（2）当表 2.3 中的价格数据不完备时，也即某些经济体的一些规格品的价格数据存在缺失时，CPD 方法可能存在无解的情况。Rao 基于图理论视角给出了此种情况下 CPD 方法存在解的充分必要条件：在价格数据表连通（connected）的情况下[①]，CPD 方法存在唯一解。他还进一步指出，在实际应用中，价格数据表不

① Rao 给出了一个不连通的例子，当价格数据表中的经济体可以分为如下两组，其中一组经济体的所有采价规格品都未在另一组经济体进行采价，此时，价格数据表就是不连通的。

连通的情形并不常见，因此，CPD 方法在大多数情况下总能给出适当的估计结果。

4. CPD 方法在国际比较中的应用及后续扩展研究

1）CPD 方法在国际比较中的应用

CPD 方法作为一种经典的基本分类购买力平价计算方法，从第一轮 ICP 开始就得到重视，并广泛地应用到九轮 ICP 之中。Kravis 等（1982）系统总结了 CPD 方法在应用于基本分类购买力平价计算时的主要优点：①基于回归方程的方法计算基本分类购买力平价，计算简便高效；②利用了所有经济体提供的采价信息；③计算得到的基本分类购买力平价满足基国不变性和传递性；④可以获取所估计基本分类购买力平价的置信区间等精度信息。

2）CPD 方法的扩展研究

A. 加入代表性变量的 CPD 方法——CPRD 方法

CPRD[①]方法通过在基本模型中加入代表性商品的虚拟变量对 CPD 方法进行扩展。这种想法最早由 Cuthbert J 和 Cuthbert M（1988）提出。之所以进行这种扩展，主要是考虑到在每一个基本分类内部，都有消费量较大的代表性规格品，这类规格品的价格往往要低于非代表性规格品的价格。如果不将这种影响规格品价格的因素考虑在内，则会导致回归方程的估计系数存在偏差。基于此，Cuthbert J 和 Cuthbert M（1988）建议，除在 CPD 模型中考虑总体价格水平和规格品类别价格水平的影响之外，还应将反映代表性规格品的虚拟变量纳入回归方程。经过改进后的 CPD 模型如式（2.51）所示：

$$y_{\alpha i} = \ln p_{\alpha i} = \eta_1 D_1 + \eta_2 D_2 + \cdots + \eta_M D_M + \pi_1 D_1^* + \pi_2 D_2^* + \cdots + \pi_N D_N^* + \delta R + u_{\alpha i} \tag{2.51}$$

其中，R 表示代表性规格品的虚拟变量。当一种规格品被归为代表性规格品时，R=1；当一种规格品被划归为非代表性规格品时，R=0。

在 2005 年轮 ICP 中，除欧盟和经合组织区域以外，其他各区域都是使用 CPRD 方法进行基本分类层次购买力平价的计算。但从实施的效果来看，成效较差。这主要是由于对代表性商品的定义自身就存在很大不确定性，而且各经济体在实际确定代表性规格品时随意性较大，最终 CPRD 方法的实施效果并不理想（World Bank，2008）。

B. 加入重要性权重的 CPD 方法——CPD-W 方法

鉴于 CPRD 方法在 2005 年轮 ICP 中实施效果不佳，世界银行 ICP 的技术专家推荐 2011 年轮 ICP 采用 CPD-W 方法进行基本分类层次购买力平价计算。CPD-W 方法通过式（2.52）实现：

① CPRD 英文全称为 country product representative dummy。

$$\sum_{m=1}^{M}\sum_{\alpha=1}^{A} w_{\alpha i}\left(y_{\alpha i}-\eta_{i}-\pi_{\alpha}\right)^{2} \tag{2.52}$$

TAG 建议，当某种规格品被归入重要类别时，其权重 $w_{\alpha i}=3$；当某种规格品被归入次要类别时，其权重 $w_{\alpha i}=1$。世界银行 ICP 下辖的 TAG 基于 2011 年轮 ICP 数据对 CPD-W 方法的有效性进行了系统验证（World Bank，2014a）。他们的计算结果表明：①对重要规格品和次要规格品的划分具有合理性，计算结果显示，重要规格品的价格水平确实要低于次要规格品的价格水平；②如果规格品价格的相对高低可以反映规格品的稀缺程度的话，那么重要性权重的使用将在整体上提高比较结果的可靠性。他们的最终结论是推荐使用 CPD-W 方法进行基本分类汇总计算。

C. 用于基本分类以上层次汇总计算的加权 CPD 方法

从上述的文献梳理可以看出，CPD 方法在提出之时，是作为一种用于计算基本分类购买力平价的方法出现的，而且在此后的很长一段时间，CPD 方法一直是进行基本分类购买力平价计算的标准方法，并未有过使用它进行基本分类以上层次购买力平价计算的尝试。近些年来，澳大利亚昆士兰大学的 Prasada Rao 和英属哥伦比亚大学的 Erwin Diewert 进行的一系列研究将 CPD 方法的研究层次推上了一个新的高度，并重新燃起了学者对随机指数方法的兴趣。在他们的工作中，非常重要的两个方面是：一方面，他们将 CPD 方法的应用拓展到了基本分类以上层面；另一方面，他们建立了 CPD 方法和一系列用于基本分类以上层次汇总计算的方法的联系，如 GK 法、GEKS 方法、IDB 方法、Rao 方法，并基于 CPD 方法得到了上述方法在计算购买力平价时的误差大小（Rao，2004，2005，2009；Diewert，2005；Hajargasht and Rao，2010）。

2.3.5　多边指数汇总方法总结

本节按照提出和演变背景、方法原理、实际应用、优点和存在的问题及后续方法改进的研究思路对国际比较中最为重要的三种多边指数方法——GK 法、GEKS 方法和 CPD 方法——进行了系统梳理和评述。通过对文献的系统梳理和评述，主要得出如下结论。

第一，从指数优良性质角度来看这三种多边指数方法，可知 GK 法、GEKS 方法和 CPD 方法都巧妙地将传递性约束融入方法的构建过程之中，这也是多边指数方法的精髓所在。满足基国不变性和传递性是对多边指数方法的共同要求，这两个性质可以保证多边指数计算结果的一致性和唯一性。特征性和可加性无法同时满足，获取一种指数优良性质就要以牺牲另一种指数优良性质为代价。事实上，在本书考察的所有多边指数方法中，并没有一种方法可以满足所有的指数优良性质。

第二，多边指数方法存在日益融合的趋势。多边指数方法的融合可以从两个角度洞悉。一是基本分类以上层次和基本分类层次购买力平价计算方法在加速融合。GEKS 方法和 CPD 方法在提出之时，是分别应用于基本分类以上层次和基本分类层次购买力平价计算的，随着理论方法研究和国际比较实践的迅速推进，GEKS 方法的变形方法 GEKS*方法已被欧盟委员会设定为计算基本分类购买力平价的标准方法，加入支出权重的 CPD 方法也已经可被用于基本分类以上层次的购买力平价汇总计算。二是在随机指数框架下，通过对 CPD 方法进行扩展可以获得 GK 法、IDB 方法、GEKS 方法等多种多边指数方法的等价形式。由此也可以看出，随机指数方法的思想包容性和扩展性更强，是一个值得进一步探索的领域。

第三，国际比较的实践经验告诉我们，在实际比较中，多边指数的选择是一个权衡的结果。多边指数的选择需要通盘考虑如下三方面的因素：应用场合，即参与比较经济体的数量和经济结构特征；实际需求，即数据用途及政策目的；理论性质，即不同汇总方法的优良性质。在前六轮 ICP 中，GK 法一直被选为基本分类以上层次的汇总计算方法，但由于参与经济体的不断增多，GK 法存在的替代偏差效应开始显现，这导致发展中经济体的实际经济总量被普遍高估。对发展中经济体的这种普遍高估将会低估在 1 美元贫困线下的全球贫困人口数量，从而误导全球减贫政策的制定。虽然基于 GK 法的计算结果具备可加性，较利于进行各经济体间经济结构的比较分析，但关于替代偏差及政策制定方面的考虑显然最终占了上风，ICP 在 2005 年轮和 2011 年轮的比较中将基本分类以上层次的汇总方法替换为 GEKS 方法。GEKS 方法一方面不受替代偏差效应的影响，另一方面也更符合全球减贫政策的制定意图。可以预期，随着多边指数方法理论的发展，会有更多具备优良指数性质的方法被提出，但在最终方法的选择上，仍旧需要在应用场合、实际需求及理论性质三方面进行谨慎权衡。

第 3 章　ICP 实际经济规模测算结果探析

ICP 是一项由世界银行主导的，致力于使用购买力平价方法进行全球各经济体实际经济总量比较的国际统计合作项目。ICP 是当前国际比较研究领域中最为权威的数据来源，其提供的购买力平价数据被广泛应用于学术研究和政策讨论。由于本书的测算研究正是基于 ICP 提供的基础数据进行的，因此我们有必要对 ICP 的主要经济指标、测算结果、数据合理性、局限性及应用范围进行深入探究。

在本章中，我们将从如下四个方面来对 ICP 提供的数据进行详细探究：①ICP 提供的主要经济指标解析；②2011 年轮 ICP 测算结果的初步解析；③ICP 数据的总体合理性研究；④ICP 数据的局限性及应用范围。

3.1　ICP 提供的主要经济指标解析

ICP 致力于使用购买力平价方法进行各经济体间的实际经济规模比较，其提供的主要经济指标有购买力平价、实际支出（real expenditure）和价格水平指数。本节将对上述三个指标的定义、计算方法和用途进行详细的分析。

3.1.1　购买力平价

ICP 的官方手册中对购买力平价是这样定义的：一单位基国货币可以在基国购买一定量的一篮子货物和服务，则购买力平价是指在本国购买上述同一篮子的货物和服务所需要的本国货币量（World Bank，2013a）。从统计角度来看，购买力平价是一种空间价格指数，是通过在不同经济体购买同样一篮子货物和服务所需要的货币支出的比值进行计算，其反映的是经济体间价格水平的相对值。基于购买力平价，我们可以将各经济体以本币度量的经济指标转换为同种货币单位进行度量，并同时消除物价因素的影响，从而使得实际经济总量的比较成为可能。

从购买力平价的定义可以看出，计算购买力平价需要选择进行比较的基国及确定一篮子货物和服务包括的具体内容。在 ICP 中，基国一般选取的是美国，因此，基准货币就是美元。ICP 是从支出法角度计算购买力平价的，根据一篮子货物和服务包含的内容的差别，购买力平价的计算可以在不同层次上展开。从规格品层次开始（如大米、面包、牛奶），到基本分类层次（如食物和非酒精饮料），再到主要支出总量（如实际个人消费支出），最终是 GDP 总量层次。

在 ICP 中，购买力平价的计算需要收集各经济体基本分类以上层次的支出数据及具备可比性与代表性的货物和服务的价格数据，并在此基础上选用指数汇总方法进行最终结果的计算。购买力平价实质是通过一套复杂统计方法计算出来的价格折算因子。

3.1.2 实际支出

通过使用相应的购买力平价数据对名义支出指标进行调整后，得到的新指标称为实际支出指标。名义支出指标一般都使用本币表示，并且其还内含了经济体的物价水平因素，将经过购买力平价调整后得到的实际支出指标，转化为使用基国货币单位和基国价格水平表示，这消除了不同经济体间的物价水平差异，因此冠其以“实际”之名。在 ICP 中，最为重要的实际支出指标是实际 GDP 及实际人均 GDP。实际 GDP 主要用于各经济体经济总量及国际经济地位的比较，实际人均 GDP 和实际人均消费主要用于各经济体人民实际生活水平比较。

除实际 GDP 和实际人均 GDP 比较之外，ICP 还可以进行详细的分类支出的国际比较。在 GDP 总量层次下，ICP 提供了实际个人消费支出、政府公共消费支出和固定资本形成总额这三个支出总量数据。

实际个人消费支出是 ICP 中一个较为特别的支出指标，其主要是用来衡量不同经济体居民的物质生活水平[①]。实际个人消费支出包括住户所消费的用以满足他们需求的所有货物和服务。住户购买的货物和服务——住户最终消费支出，只构成实际个人消费支出的一部分，实际个人消费支出还包括由政府和非营利组织提供给住户的可供其最终消费之用的货物和服务的支出。因此，相比于住户最终消费支出指标，实际个人消费支出更能反映居民的实际物质生活水平。

ICP 中的政府公共消费支出剔除了提供给个人消费者所用的支出数额，其主

① 这里的物质生活水平是指住户为了满足个人需求消费的所有货物和服务。

要包括提供给全体公民的公共服务支出，如国防、法律、行政及环保等服务项目。因此，相比于一般的政府支出指标，ICP 中的政府公共消费支出更强调公共性这个特点，其也可以更为恰当地反映政府在公共事业上的支出水平。

ICP 使用固定资本形成总额衡量投资支出。投资支出主要包括机器和设备的购置及建筑服务。

3.1.3　价格水平指数

ICP 使用价格水平指数来判断不同经济体间的物价水平。购买力平价作为一种空间价格指数，并不能直接用于物价水平的比较。这主要是由于购买力平价也是有度量单位的，一般都以各经济体的货币单位为度量单位①，因此不同经济体间在进行物价水平比较时需要将购买力平价转换成统一的度量单位。ICP 中首先使用各经济体的货币与美元间的汇率（使用 EX 表示）来进行这种转换：$\text{PLI}_{\text{US}} = \dfrac{\text{PPP}}{\text{EX}} \times 100$。此时获得的是以美国为基准国的价格水平。ICP 在此基础上，将上式进行调整以获取使用世界平均价格作为基准的价格水平指数：$\text{PLI}_{\text{S}} = \text{PLI}_{\text{US}} \times \dfrac{\text{GDP}_{\text{PPP}}}{\text{GDP}_{\text{EX}}}$，其中 GDP_{PPP} 是经购买力平价调整后的世界经济总量，GDP_{EX} 是经汇率调整后的世界经济总量。

和购买力平价相似，价格水平指数也可以在规格品层次、基本分类层次、支出总量乃至 GDP 总量层次上进行计算。以巨无霸汉堡为例，我们介绍价格水平指数的含义。2014 年 1 月在中国购买一个巨无霸汉堡的价格是 16.6 元，在美国的价格是 4.6 美元。巨无霸汉堡的购买力平价为 $\text{PPP}_{\text{bigmac}} = \dfrac{16.6}{4.6} = 3.6$ 人民币/美元。2014 年 1 月的人民币美元汇率为 6.1 人民币/美元，则中美巨无霸汉堡的价格水平指数为 $\text{PLI}_{\text{bigmac}} = \dfrac{3.6}{6.1} \times 100 = 59.0$。这表明，分别在中国和美国购买一个同样的巨无霸汉堡，在中国的花费只是在美国的 59.0%。现在我们所关心的不只是巨无霸汉堡一种商品的价格水平，而是 GDP 支出法中包括的一篮子货物和服务的价格水平，但是道理是相通的②。一个经济体 GDP 的价格水平指数大于 100，表明此经

① 2011 年中国和美国间的购买力平价为 3.51 人民币/美元，英国和美国间的购买力平价为 0.698 英镑/美元，由此看出，度量单位的不同致使购买力平价无法直接用于价格水平的比较。

② 对价格水平指数可以做如下理解：假设在中国市场购买价值为 E（人民币）的商品组合，根据相应的购买力平价，在美国市场购买相同的商品组合需要花费 E/PPP（美元）。现在，在中国市场，我们不使用人民币直接购买上述商品组合了，转而先将人民币换为美元再购买，则需要的美元是 E/EX（美元）。现在我们在中美市场购买同样的一组商品都是使用的美元计价单位了，因此，中美物价水平之比为 $\dfrac{E}{\text{EX}} \Big/ \dfrac{E}{\text{PPP}} \times 100 = \dfrac{\text{PPP}}{\text{EX}} \times 100$，即价格水平指数。

济体的一般价格水平要高于世界平均价格水平；一个经济体 GDP 的价格水平指数小于 100，表明此经济体的价格水平要低于世界平均价格水平。

3.2 ICP 测算结果的初步解析

世界银行于 2014 年 4 月底公布了 2011 年轮 ICP 的最终结果。公布的数据显示，按购买力平价法计算的 2011 年世界经济总量达到 90.7 万亿美元，比用汇率法计算的 70.3 万亿美元高出约 29.0%。购买力平价是一种空间价格指数，利用 ICP 提供的这种空间价格指数作为货币转换因子，我们可以将各经济体以本币度量的经济总量指标转换为使用统一货币单位度量的经济总量指标，并同时消除各经济体价格因素的影响，从而进行实际经济总量及实际人均水平的比较。传统的汇率法并未考虑对各经济体经济总量中内含的价格因素进行调整，因此在应用到国际经济比较时，汇率法得出的结果常出现扭曲和不真实。目前，ICP 提供的购买力平价及各经济体可比经济总量数据已经成为国际比较研究领域最为权威的数据。本节通过对 ICP 提供的主要指标的解析来比较 2011 年全球各经济体实际经济总量及国际地位，并进行主要支出项目及人民实际生活水平、物价水平的国际比较。

3.2.1 实际 GDP 和实际人均 GDP

首先，我们将依据 ICP 对区域的划分方式，从区域视角对经济总量规模和经济发展水平进行比较。表 3.1 中给出了各 ICP 区域 GDP 和人均值的统计数据。

表 3.1 各区域 GDP 及人均水平

区域和组织	区域 GDP/万亿美元		各区域 GDP 占世界比重		人均水平/美元		人均水平/世界平均水平	
	基于购买力平价	基于汇率	基于购买力平价	基于汇率	基于购买力平价	基于汇率	基于购买力平价	基于汇率
非洲	4.115 1	1.870 4	4.5%	2.7%	4 043.9	1 838.0	30.0%	17.6%
亚太	27.235 6	12.604 3	30.0%	17.9%	7 621.1	3 526.9	56.6%	33.8%
独联体	4.310 3	2.401 3	4.8%	3.4%	17 716.3	9 870.2	131.6%	94.6%
欧盟-经合组织	48.686 6	49.253 0	53.7%	70.1%	33 675.5	34 067.3	250.2%	326.4%
拉丁美洲	4.940 8	3.719 1	5.5%	5.3%	12 442.6	9 365.8	92.4%	89.7%
加勒比地区	0.109 3	0.077 5	0.1%	0.1%	16 351.1	11 586.4	121.5%	111.0%

续表

区域和组织	区域GDP/万亿美元		各区域GDP占世界比重		人均水平/美元		人均水平/世界平均水平	
	基于购买力平价	基于汇率	基于购买力平价	基于汇率	基于购买力平价	基于汇率	基于购买力平价	基于汇率
西亚	4.119 5	1.978 3	4.5%	2.8%	17 499.3	8 403.5	130.0%	80.5%
世界总体	90.646 6	70.293 7	100%	100%	13 464.8	10 434.6	100%	100%

注：①数据取自2011年轮ICP报告，并经整理所得。在2011年轮ICP中，独联体和欧盟–经合组织均包括俄罗斯，西亚和非洲均包括埃及，因此，七大区域的数据加总要略大于世界总体数据。下文表中所用的区域数据同上所述；②由于太平洋岛屿各经济体的缺失数据较多且经济体量较小，因此未将其数据加入表3.1和表3.3

从经济总量来看，世界经济发展仍呈现出较明显的不平衡性。2011年欧盟–经合组织的实际GDP在各区域中排名第一，为48.6866万亿美元，占到世界实际GDP的53.7%。亚太地区紧随其后，为27.2356万亿美元，占世界实际GDP的30.0%。其他五个区域的实际GDP占世界总量的比重不足20%。

从经济发展水平来看，发达经济体与不发达经济体间仍存在较大的差距。欧盟–经合组织的实际人均生产总值最高，为33 675.5美元，约为世界平均水平的2.5倍，其次是独联体、西亚和加勒比地区。虽然亚太地区在世界经济总量中占比较大，但是总体经济发展水平还较低，亚太地区的实际人均生产总值为世界平均水平的56.6%。非洲地区的实际人均水平在各区域中是最低的，仅为世界平均水平的30.0%。

在这里，我们需要特别关注的是，实际指标与名义指标值间的差异①。在非洲和亚太地区，实际GDP和实际人均生产总值是相应名义值的2.2倍。而在欧盟–经合组织区域，实际GDP和实际人均生产总值要略低于相应的名义值。这表明，基于汇率法计算的名义指标值低估了发展中经济体在世界经济中的地位和发展水平，基于购买力平价计算的实际指标值大幅度地提升了发展中经济体在世界经济版图中的地位。发展中经济体名义指标值与实际指标值存在较大差异的原因是发展中经济体的价格水平远低于世界平均价格水平，即价格水平指数<1。

基于汇率法计算的名义指标值并未考虑不同发展程度经济体间的价格水平差异，这将导致低估发展中经济体的经济总量，高估发达经济体的经济总量。经购买力平价计算得到的实际总量指标消除了不同经济体存在的价格水平差异。

下面我们将从经济体的视角对实际GDP排名靠前的经济体的经济总量规模、

① 对任意一个经济体来说，名义 $\text{GDP}=\frac{\text{GDP}}{\text{EX}}$，$\text{实际GDP}=\frac{\text{GDP}}{\text{PPP}}$，则 $\frac{\text{名义GDP}}{\text{实际GDP}}\times 100=\frac{\text{PPP}}{\text{EX}}\times 100=\text{PLI}$。对于发展中经济体来说，价格水平指数<100，即实际GDP>名义GDP，如果使用名义GDP进行经济总量比较将低估它们的实际总量；对于发达经济体而言，价格水平指数>100，即实际GDP<名义GDP，如果使用名义GDP进行经济总量比较将高估它们的实际总量。

占世界经济总量比重及人均水平进行详细分析。表 3.2 给出了 2011 年实际 GDP 排名前十位的经济体的相关数据。

表 3.2　实际 GDP 排名前十位的经济体概况

GDP 排名（购买力平价）	经济体	GDP/万亿美元		占世界经济总量比重		人均 GDP 排名（购买力平价）
		基于购买力平价	基于汇率	基于购买力平价	基于汇率	
1	美国	15.5338	15.5338	17.1%	22.1%	12
2	中国	13.4959	7.3219	14.9%	10.4%	99
3	印度	5.7575	1.8640	6.4%	2.7%	127
4	日本	4.3798	5.8970	4.8%	8.4%	33
5	德国	3.3521	3.6281	3.7%	5.2%	24
6	俄罗斯	3.2169	1.9010	3.5%	2.7%	55
7	巴西	2.8163	2.4766	3.1%	3.5%	80
8	法国	2.3696	2.7822	2.6%	4.0%	30
9	英国	2.2014	2.4618	2.4%	3.5%	32
10	印度尼西亚	2.0581	0.8463	2.3%	1.2%	107

可以看出，2011 年，经济总量排名世界前十位的经济体中，发达经济体和发展中经济体各占一半，它们的实际 GDP 总量占到世界总量的 60.9%①。这五大发达经济体是美国、日本、德国、法国和英国，占世界 GDP 总量的 30.6%；五大发展中经济体是中国、印度、俄罗斯、巴西和印度尼西亚，占世界 GDP 总量的 30.2%。具体来看，美国仍然是世界上最大的经济体，实际 GDP 为 15.5338 万亿美元，占到世界 GDP 总量的 17.1%。中国经济在经历了改革开放 40 多年来的高速发展后，到 2011 年实际 GDP 总量已经稳居世界第二位，为 13.4959 万亿美元，占到世界 GDP 总量的 14.9%。2011 年中国的实际经济规模已经为美国的 86.9%。印度取代日本，成为世界第三大经济体。

发展中经济体实际 GDP 排名与实际人均 GDP 排名反差巨大。与实际 GDP 总量排名靠前形成鲜明对比的是，上述五个发展中经济体的实际人均 GDP 排名都相当落后，排名最为靠前的俄罗斯也仅为第 55 名。作为世界第二大经济体和第三大经济体的中国和印度，2011 年的实际人均 GDP 排名仅为第 99 位和第 127 位。这也从侧面说明，虽然发展中大国在经济发展总量上取得了巨大的成就，但是经济发展水平仍较为落后。

① 按照表中所列比重小数相加为 60.8%。该数据（60.9%）是根据各国经济总量加总除以全球总量得出的，因此存在一定的四舍五入的误差。

如本节所分析，由于发展中经济体价格水平偏低，如果使用名义 GDP 进行比较将低估发展中经济体的经济总量规模。从表 3.2 可以看出，如果将印度和印度尼西亚使用名义 GDP 进行国际比较将严重低估它们在世界经济版图中的地位。

3.2.2 分类实际支出

在实际 GDP 和相应人均水平分析的基础上，本节将从分类支出的角度对各区域及主要经济体的实际个人消费支出、政府公共消费支出、固定资本形成总额进行探析。表 3.3 中给出了相应的统计数据。

表 3.3 三大支出项目比较

区域、组织和经济体	实际个人消费支出		政府公共消费支出		固定资本形成总额	
	人均额/美元	占世界人均水平比重	人均额/美元	占世界人均水平比重	人均额/美元	占世界人均水平比重
不同区域						
非洲	2 785.9	32.2%	554.7	45.1%	709.8	22.6%
亚太	4 083.4	47.2%	552.1	44.9%	2 514.8	80.1%
独联体	12 285.9	142.1%	1 856.1	150.9%	2 227.5	71.0%
欧盟-经合组织	23 930.2	276.8%	3 173.7	258.0%	6 402.6	204.0%
拉丁美洲	8 560.7	99.0%	1 263.8	102.7%	2 503.8	79.8%
加勒比地区	10 867.4	125.7%	1 770.8	144.0%	3 574.6	113.9%
西亚	8 573.6	99.2%	2 016.8	164.0%	3 915.7	124.8%
主要经济体						
中国	4 330.6	50.1%	647.3	52.6%	4 265.2	135.9%
印度	3 023.4	35.0%	406.2	33.0%	1 172.1	37.3%
巴西	9 906.6	114.6%	1 647.7	133.9%	3 178.2	101.3%
美国	37 389.8	432.4%	5 034.6	409.3%	9 064.3	288.8%
英国	26 146.9	302.4%	3 222.9	261.9%	5 603.2	178.5%
日本	24 447.1	282.2%	3 288.4	267.3%	6 878.4	219.1%

注：表中比重数据是根据原始数据计算得出，因此若用表格数据计算会存在一定误差

1. 实际个人消费支出

从不同区域来看，七大区域的实际个人消费支出可以明显分为四个层次。第

一层次是欧盟-经合组织，其人均实际个人消费支出在各区域中遥遥领先，为23 930.2 美元，约为世界平均水平的 2.8 倍。第二层次是独联体和加勒比地区。这两个区域的人均实际个人消费支出超过世界人均水平，超出的幅度在 25%到 50%之间。第三层次是拉丁美洲和西亚。这两个区域的人均实际个人消费支出略低于世界平均水平。第四层次是非洲和亚太。这两个区域的人均实际个人消费支出水平最低。平均来看，不足世界平均水平的 50%，非洲仅为世界平均水平的 32.2%。

从不同经济体数据来看，2011 年人均实际个人消费水平排名前三位的经济体是百慕大、美国、开曼群岛，人均实际个人消费支出都超过了 32 000 美元。排名最后三位的经济体都位于非洲，分别是尼日尔、布隆迪、科摩罗，人均实际个人消费支出均不足 800 美元。虽然中国实际经济总量在 2011 年已经跃居世界第二位，但是人民实际物质生活水平仍维持在较低层次。中国 2011 年的人均实际个人支出为 4330.6 美元，仅占到世界平均水平的 50.1%。而美国 2011 年的人均实际个人消费支出为 37 389.8 美元，为中国的 8.6 倍之多，两者之间相差悬殊。中国虽然在改革开放以来的经济发展中取得了举世瞩目的成就，经济总量已经跃居世界前列，但是从最根本的人民实际生活角度来看，中国仍处于发展中经济体的行列，这一基本属性仍未发生本质性变化。

2. 政府公共消费支出

从人均水平来看，欧盟-经合组织经济体的政府提供的公共服务最多，为3173.7 美元，是世界平均水平的 2.6 倍。西亚、独联体和加勒比地区的人均政府公共消费支出较为接近，分别为 2016.8 美元、1856.1 美元和 1770.8 美元。拉丁美洲经济体的人均政府公共消费支出略高于世界平均水平，为 1263.8 美元。非洲和亚太区域是人均政府公共消费支出水平最低的地区，人均水平不足世界平均水平的 50%。引起我们注意的是，亚太地区的人均实际个人消费支出要高出非洲地区约 50%，但由政府提供的公共消费支出反而略低于非洲地区。亚太地区经济体的政府在公共事业上的开支偏低。

3. 固定资本形成总额

从 2011 年数据来看，除非洲以外，其他六大区域的人均固定资本形成总额均超过 2000 美元。

亚太地区经济体的投资倾向较为明显。我们以固定资本形成总额比实际个人消费支出来衡量投资与消费的结构状况。亚太地区经济体的投资倾向最高，投资与消费之比高达 61.6%。其次是西亚地区，相应值为 45.7%。投资倾向最低的区域是独联体，投资与消费之比不足 20%。

从主要经济体数据来看，中国、印度和巴西的投资与消费之比分别为 98.5%、

38.8%、32.1%。美国、英国和日本分别为 24.2%、21.4%、28.1%。可以看出，发展中经济体的支出结构中投资占比较高，这也从侧面说明，目前发展中经济体的经济发展仍以投资拉动为主。

3.2.3　价格水平指数

从总体数据来看，177 个经济体中，价格水平指数高于 100 的经济体有 35 个，低于 100 的为 142 个。这表明，世界上绝大多数经济体的价格水平要低于世界平均价格水平，而价格水平高于 100 的经济体基本都集中于欧盟-经合组织。

以人均 GDP 等于 14 000 美元和价格水平指数等于 100（世界平均水平）为分割线，可以将 177 个经济体分为三组，如图 3.1 所示。对于实际人均 GDP 低于 14 000 美元的经济体而言，随着人均实际 GDP 的增加，价格水平指数呈现出缓慢增长态势，但都低于世界平均水平。当人均 GDP 越过 14 000 美元的门槛后，价格水平呈现出两种不同的趋势：对于经济规模较大的发达经济体而言，随着人均 GDP 的上升，价格水平指数迅速攀升（如英国、法国、日本、澳大利亚），并远远超出世界平均水平；对于一些发展中经济体（如俄罗斯、墨西哥）和经济规模较小的发达经济体（如新加坡）而言，人均 GDP 的上升并未带来价格水平指数的迅速提高，这些经济体的价格水平指数仍旧低于世界平均水平。中国 2011 年的人均实际 GDP 为 10 057 美元，低于 14 000 美元的分界点，因此，中国属于图 3.1 左下方的分组，其价格水平指数低于世界平均水平，为 70.0。

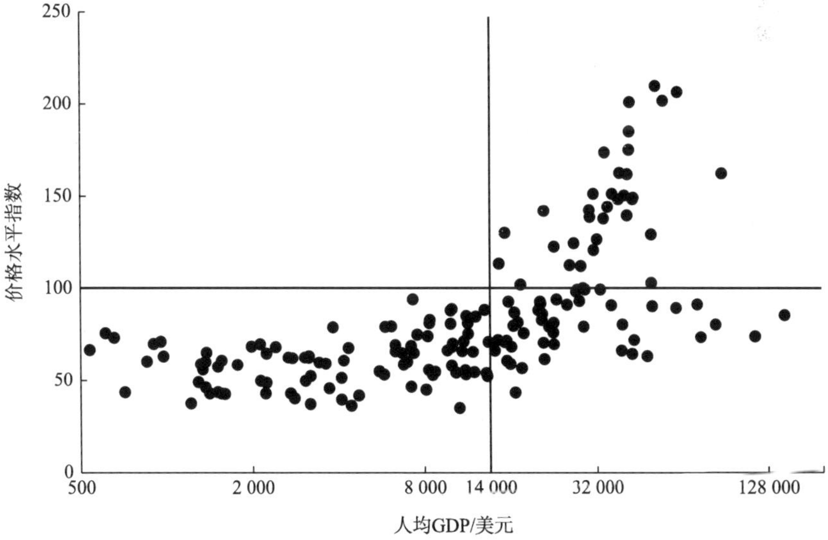

图 3.1　177 个经济体 GDP 总量的价格水平指数和人均 GDP 的散点图

3.2.4 2011 年轮 ICP 的比较结论

本节基于 2011 年轮 ICP 提供的空间价格指数——购买力平价，进行了 2011 年全球各经济体实际 GDP 和实际人均 GDP、分类实际支出、价格水平指数的国际比较。得出的主要结论有如下四点。

（1）对于发展中经济体而言，基于购买力平价计算得到的实际 GDP 普遍高于基于汇率法计算得到的名义 GDP。这表明，在进行国际经济比较时，传统的汇率法会低估发展中经济体在世界经济版图中的实际位置。从中国的情况来看，2011 年其实际 GDP 总量比名义 GDP 总量高出 84.3%。

（2）中国、印度和巴西等发展中大国的经济总量跃升迅速，但实际经济发展水平和人民生活水平仍旧落后。中国 2011 年的实际 GDP 总量已经稳居世界第 2 位，为 13.4959 万亿美元，但实际人均 GDP 仅排在世界第 99 位，人均实际个人消费支出仅为世界平均水平的 50.1%，总量和人均量的世界排名反差巨大。

（3）从分类支出来看，发展中经济体具有较高的投资倾向，而个人消费和政府公共开支偏低。从固定资本形成总额除以实际个人消费支出的比例来看，2011 年中国此指数已接近 1，而发达经济体，如美国、英国等国，此比例均低于 0.3。

（4）从以价格水平指数衡量的各经济体价格水平来看，发展中经济体的价格水平普遍低于世界平均值，而发达经济体的价格水平则普遍高于世界平均值。这种现象主要是由于发展中经济体与服务相关的价格水平相对较低。

3.3 ICP 数据的总体合理性研究

ICP 测算数据历来饱受争议，宏观测度领域的先驱 Maddison 教授就曾质疑 ICP 测算数据的合理性问题。由于本书后续章节的测算研究将基于 2005 年轮和 2011 年轮 ICP 的基期数据，因此，基期测算数据是否具备合理性对本书研究结论的可靠性意义重大。本节我们将对 2005 年轮和 2011 年轮 ICP 基期数据的合理性问题进行系统研究。

3.3.1 来自理论和经验事实的证据

1. 理论角度的证据——巴拉萨-萨缪尔森效应

巴拉萨和萨缪尔森分别于 1964 年独立地提出了“高收入国家的价格水平系统

性地高于低收入国家的价格水平”的假设，并从经济理论角度给出了这个假设的证明，这就是后来国际经济学中著名的巴拉萨–萨缪尔森效应（Balassa，1964；Samuelson，1964）。

巴拉萨–萨缪尔森效应的经济理论逻辑如下：首先我们将所有国家生产的货物和服务分为可贸易品和非贸易品。一般而言，一国经济发展水平越高，其在可贸易品上的劳动生产率水平也就越高，但是非贸易品的劳动生产率水平并不会因经济发展水平的高低而有较大差异。在经济发展水平较高的国家，可贸易品生产中劳动的边际产品较高，这意味着这些国家的可贸易品部门具有较高的工资率水平。而又因生产要素在一国内部可以自由流动，因此可贸易品部门的工资率水平将会对非贸易部门的工资率水平产生影响，拉高非贸易品的价格水平，这将导致这些国家具有较高的总体价格水平。我们可以用同样的逻辑得知，在经济发展水平较低的国家，非贸易品的价格将会相对被拉低，因此这些国家的总体价格水平相对较低。由上述内容可以得出巴拉萨–萨缪尔森效应一个重要的结论——高收入国家的总体价格水平要系统性地高于低收入国家的价格水平。

基于 ICP 基准年的数据，Kravis、Heston 和 Summers 构建了多国连续年份的国际可比数据集——宾大世界表。在巴拉萨–萨缪尔森效应发表 30 周年的纪念文集中，萨缪尔森使用宾大世界表对其理论进行了回顾和经验分析。宾大世界表提供的数据从经验角度证实了巴拉萨–萨缪尔森效应的存在。

2. 经验角度的证据——宾大效应

对宾大世界表数据的深入分析还诞生了新的经验理论宾大效应。宾大效应基于如下事实构建：相比于发达经济体，在经济发展水平较低的经济体使用汇率法转换得到的经济总量远低于使用购买力平价法转换得到的经济总量。这表明，使用汇率法进行国际比较将会系统夸大经济发展水平较高的经济体和经济发展水平较低的经济体间的经济总量差距。每一轮的 ICP 数据都验证了宾大效应的存在。

3.3.2　基于 2005 年轮和 2011 年轮 ICP 数据的验证

本节我们将构建计量经济学模型来系统研究 2005 年轮和 2011 年轮 ICP 数据是否呈现出如巴拉萨–萨缪尔森效应所述的系统性特征，并在此基础上探究 ICP 基期数据的合理性。

通过上节对巴拉萨–萨缪尔森效应的分析，我们可以将其所述的规律总结如下：一个经济体的经济发展水平越高，则该经济体的总体价格水平就越高。使用回归方程对其进行重新表述，可得

$$\ln\_\mathrm{PLI}_j = \alpha + \beta \ln\_\mathrm{GDP}_j + \varepsilon_j \tag{3.1}$$

其中，PLI_j 表示经济体 j 的价格水平指数，其计算公式为 $\mathrm{PLI}_j = \frac{\mathrm{PPP}_j}{\mathrm{EX}_j} \times 100$；$\mathrm{PPP}_j$ 表示以美国为基国的购买力平价指数；EX_j 表示以美元表示的汇率；GDP_j 表示经 EX_j 调整后的人均 GDP。考虑到截面数据可能存在的异方差，我们在回归时对 PLI_j 和 GDP_j 分别取了自然对数。

方程（3.1）从线性影响角度描述了经济发展水平与价格水平之间的关系，但近期的学者研究发现（Hassan，2016），巴拉萨–萨缪尔森效应所述的这种影响关系并非一种简单的线性关系，而更有可能是一种非线性的影响关系。借鉴 Hassan（2016）的处理方法，我们将在方程（3.1）的基础上，加入人均 GDP 的二次项，以考察经济发展水平与价格水平之间可能存在的非线性影响关系。具体的回归方程如式（3.2）所示：

$$\ln\_\mathrm{PLI}_j = \alpha + \beta \ln\_\mathrm{GDP}_j + \gamma (\ln\_\mathrm{GDP}_j)^2 + \varepsilon_j \tag{3.2}$$

基于 2005 年轮和 2011 年轮 ICP 数据，我们可以对回归方程（3.1）和回归方程（3.2）进行估计。进一步，我们可以对如下问题进行回答：2005 年轮和 2011 年轮 ICP 的基期数据能否呈现出如巴拉萨–萨缪尔森效应所述的系统性特征？如果回归方程的结果可以证实人均 GDP 与价格水平之间存在显著的影响关系，那么我们就可以说，在当前情况下，巴拉萨–萨缪尔森效应能够描述 ICP 基期数据的基本特征，ICP 基期数据从总体上来说具备合理性。

1. 2005 年轮 ICP 数据的验证

表 3.4 给出了基于 2005 年轮 ICP 数据的估计结果，其中，第二列是回归方程（3.1）的估计结果，第三列是回归方程（3.2）的估计结果。从回归方程（3.1）的结果来看，人均 GDP 的系数在 1%的水平上显著为正，这表明，一个经济体的经济发展水平和价格水平之间存在显著的正向影响关系，即随着一个经济体经济发展水平的提高，其总体价格水平也在不断提高。回归方程（3.2）在回归方程（3.1）的基础上加入了人均 GDP 的二次项。从回归结果来看，人均 GDP 和人均 GDP 的二次项都在 1%的水平下显著，且人均 GDP 的二次项的加入显著提高了 R^2。方程（3.2）的估计结果表明，经济发展水平和价格水平之间确实存在一种非线性的影响关系。综合来看，回归方程（3.1）和回归方程（3.2）的估计结果一致表明，2005 年轮 ICP 数据存在巴拉萨–萨缪尔森效应。这也同样说明，巴拉萨–萨缪尔森效应能够描述 2005 年轮 ICP 基期数据的基本特征，2005 年轮 ICP 基期数据从总体上来说具备合理性。

表 3.4　巴拉萨–萨缪尔森效应的估计结果（基于 2005 年轮 ICP 数据）

变量	ln_PLI	ln_PLI
ln_GDP	0.216*** （17.14）	−0.502*** （−4.41）
ln_GDP^2		0.044*** （6.35）
常数项	2.232*** （21.33）	5.038*** （11.12）
N	144	144
R^2	0.713	0.786
调整 R^2	0.711	0.783

注：括号中是估计值的 t 统计量。考虑到截面数据可能存在的异方差问题，我们在计量模型的估计中使用的是稳健（robust）方法

***表示 p 值<0.01

上述回归方程的估计结果证实了 2005 年轮 ICP 数据呈现出巴拉萨–萨缪尔森效应描述的系统性特征，为了更为清晰地理解这种系统性特征，我们在图 3.2 中给出了人均 GDP 和价格水平指数的散点图及二次拟合曲线和相应的 95%的置信区间。从拟合曲线来看，二次曲线可以较好地拟合人均 GDP 与价格水平指数之间存在的非线性影响关系。从置信区间的图像来看，除个别经济体的散点外，几乎所有的散点都落在了 95%的置信区间之内。由此我们进一步证实了，2005 年轮 ICP 数据确实呈现出系统性特征，测算得到的数据存在合理性。

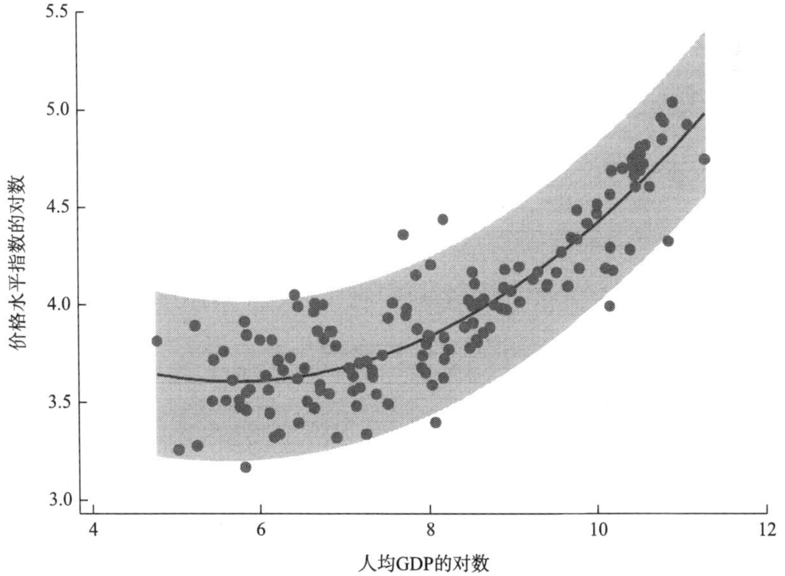

图 3.2　人均 GDP 和价格水平指数的散点图、拟合曲线及置信区间（2005 年轮 ICP 数据）

2. 2011 年轮 ICP 数据的验证

表 3.5 给出了基于 2011 年轮 ICP 数据的估计结果，其中，第二列是回归方程（3.1）的估计结果，第三列是回归方程（3.2）的估计结果。从回归方程（3.1）的结果来看，人均 GDP 的系数在 1%的水平上显著为正，这表明，一个经济体的经济发展水平和价格水平之间存在显著的正向影响关系，即随着一个经济体经济发展水平的提高，其总体价格水平也在不断提高。回归方程（3.2）在回归方程（3.1）的基础上加入了人均 GDP 的二次项。从回归结果来看，人均 GDP 和人均 GDP 的二次项都在 1%的水平下显著，且人均 GDP 的二次项的加入显著提高了 R^2。方程（3.2）的估计结果表明，经济发展水平和价格水平之间确实存在一种非线性的影响关系。综合来看，回归方程（3.1）和回归方程（3.2）的估计结果一致表明，2011 年轮 ICP 数据存在巴拉萨–萨缪尔森效应。这也同样说明，巴拉萨–萨缪尔森效应能够描述 2011 年轮 ICP 基期数据的基本特征，2011 年轮 ICP 基期数据从总体上来说具备合理性。

表 3.5　巴拉萨–萨缪尔森效应的估计结果（基于 2011 年轮 ICP 数据）

变量	ln_PLI	ln_PLI
ln_GDP	0.205*** （14.31）	−0.582*** （−4.09）
ln_GDP^2		0.046*** （5.40）
常数项	2.289*** （18.41）	5.558*** （9.47）
N	177	177
R^2	0.635	0.709
调整 R^2	0.633	0.706

注：括号中是估计值的 t 统计量。考虑到截面数据可能存在的异方差问题，我们在计量模型的估计中使用的是稳健（robust）方法

***表示 p 值<0.01

上述回归方程的估计结果证实了 2011 年轮 ICP 数据呈现出巴拉萨–萨缪尔森效应描述的系统性特征，为了更为清晰地理解这种系统性特征，我们在图 3.3 中给出了人均 GDP 和价格水平指数的散点图及二次拟合曲线和相应的 95%的置信区间。从拟合曲线来看，二次曲线可以较好地拟合人均 GDP 与价格水平之间存在的非线性影响关系。从置信区间的图像来看，除个别经济体的散点外，几乎所有的散点都落在了 95% 的置信区间之内。由此我们进一步证实了 2011 年轮 ICP 数据确实呈现出系统性特征，测算得到的数据存在合理性。

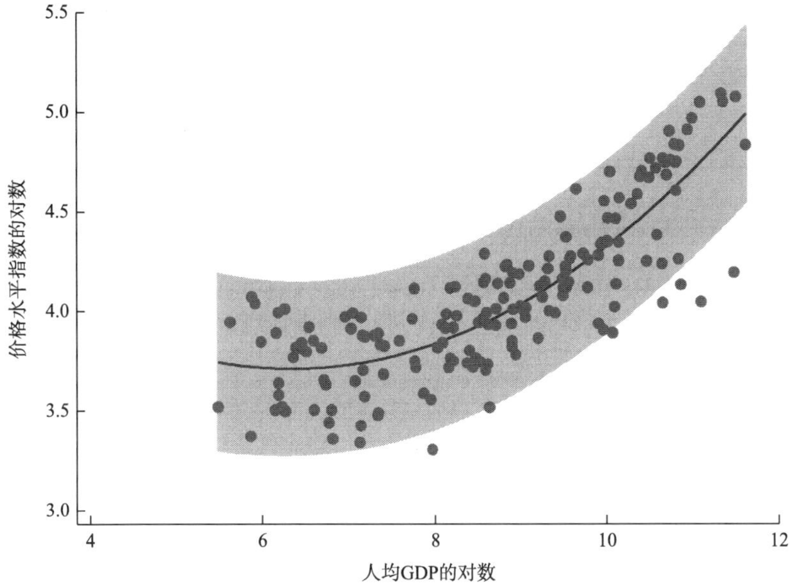

图 3.3　人均 GDP 和价格水平指数的散点图、拟合曲线及置信区间（2011 年轮 ICP 数据）

3.4　ICP 数据的局限性及应用范围

3.3 节的研究从总体角度给出了 2005 年轮和 2011 年轮 ICP 测算数据存在的合理性，但这仅表明从总体来看，ICP 数据具有较强的结构性特点，当我们具体到每个经济体的比较数据时，ICP 提供的数据还存在一定的局限性。

3.4.1　ICP 数据的局限性

（1）购买力平价是一种通过复杂统计方法计算出来的估计值，其精度受到价格抽样误差、支出数据误差及汇总方法等诸多因素的影响。根据 ICP 以往的经验分析发现，在具有相似经济结构的经济体间进行比较时，购买力平价数据的可靠性较强，而在经济结构差异较大的经济体间进行比较时，购买力平价数据存在误差。Deaton（2012a）的研究表明，当参加比较的经济体间支出结构和采价价格存在较大差异时，以拉氏指数和帕氏指数之比来衡量的散布指数取值也较大，这将导致基于 GEKS 方法的多边比较结果存在较大误差。根据 Deaton 的估算，美国和加拿大间的 GDP 总量层次购买力平价的标准误为 2.5%，而中国和美国间的购买力平价的标准误则在 7%左右。因此，在利用 ICP 数据进行经济结构差异较大的经济体间的比较时（如中美比较），需要对可能存在的误差有所警惕。

（2）GDP 总量层次的购买力平价并不能被解释为实际均衡汇率，也不能用于判断一个经济体的汇率是否被高估或者低估。GDP 总量层次的购买力平价是为进行不同经济体间 GDP 总量的比较而设计的，在计算过程中包括了大量非贸易品的支出和价格数据，而汇率主要反映的是贸易品的相对价格水平波动，因此，GDP 总量层次的购买力平价既不能看作实际均衡汇率，也不能用于判断一个经济体汇率是否被高估或低估。

（3）ICP 不同年轮之间的购买力平价不能进行直接比较。ICP 的主要目的是在特定基准年对不同经济体的实际经济总量水平进行比较，并未有用于不同年轮之间结果比较的企图。不能进行不同年轮之间比较的主要原因如下。第一，在每一轮 ICP 中，参加的经济体都有所不同。ICP 使用的是多边比较方法，这使得每一轮比较中任意两个经济体间的比较结果都会受到这一轮比较中所有参与经济体的影响。显然，每一轮参与经济体的不同会导致不同年轮间的多边比较结果失去可比性。第二，不同年轮 ICP 在方法上存在诸多差异。以 2011 年轮 ICP 为例，相比起 2005 年轮 ICP，2011 年轮 ICP 在区域链接、基本分类购买力平价计算、比较难点领域等方面都进行了重大调整和改进。不同年轮在方法上存在的差异自然会导致比较结果没有可比的基础。

（4）2011 年轮 ICP 在总量层面使用的是 GEKS 方法。基于 GEKS 方法得到的总量层面的购买力平价满足传递性和基国不变性，但是并不具备可加性。由于不满足可加性要求，2011 年轮 ICP 得到的实际支出数据无法保证总量层次与支出结构的内在一致性，因此并不适合进行支出结构的国际比较。

3.4.2 ICP 数据的应用范围

虽然 ICP 目前仍有这样那样令人不满意的地方，但无法否认的是，在更好的估计方法诞生以前，ICP 仍是进行国际比较研究最为科学和可靠的数据来源。2015 年诺贝尔经济学奖得主 Angus Deaton 在谈及 ICP 数据的重要性时，说道："目前为止，没有一种宏观数据的重要性能和 ICP 所提供的数据相提并论。"从这番评价可以看出 ICP 数据的重要价值。

购买力平价、价格水平指数，以及基于购买力平价计算得到的实际支出数据目前已经广泛应用于学术研究、统计数据编制和政策制定。ICP 数据的主要使用者是国际组织，包括世界银行、国际货币基金组织、联合国和其附属机构、经合组织及欧盟。但是随着 ICP 在数据发布频率和覆盖面上的提升，越来越多的政府机构、大学及研究部门开始使用购买力平价数据。

来自国际组织及世界各地的研究者使用购买力平价数据进行学术研究及政策分析。从这个角度来看，主要应用范围如下：①使用基于购买力平价转换得到的实际支出数据，进行不同经济体间经济规模、物质生活水平、消费水平、投资水平、政府支出及经济总体生产率的比较；②使用价格水平指数对比不同经济体的价格水平、价格结构及价格收敛；③使用实际 GDP 来对一些经济指标进行标准化处理，如单位 GDP 的碳排放量、单位 GDP 的能源消耗量等。

购买力平价数据已经被众多国际组织和研究机构用于编制统计数据。联合国每年编制的人类发展指数（Human Development Index，HDI），世界银行每年公布的世界发展指标，国际货币基金组织每年编撰的世界经济展望及荷兰格罗宁根大学发布的宾大世界表 8.0 都使用了 ICP 提供的购买力平价数据进行统计数据的编制（World Bank，2013a；International Monetary Fund，2013；Feenstra et al.，2015）。

欧盟和国际货币基金组织还依据购买力平价数据进行相关的政策制定。欧盟委员会根据购买力平价调整后的 GDP 数据来决定分配给成员国的结构基金数量，以此降低成员国间的不平等。国际货币基金组织使用购买力平价调整后的 GDP 数据进行配额公式的计算，以此决定成员国须交纳的会费、可获得的特别提款权的份额及其在国际货币基金组织决策时的投票权重。

3.5　本 章 小 结

世界银行主导的 ICP 是当前国际比较研究领域中最为权威的数据来源方，其提供的购买力平价数据被广泛应用于学术研究和政策讨论。由于本书的测算研究正是基于 ICP 基础数据进行的，因此我们对 2005 年轮和 2011 年轮 ICP 的测算结果、数据合理性、数据局限性及数据应用范围进行了系统探讨。

通过对 2011 年轮 ICP 基期测算结果的深入解析，本章得出的主要研究结论有：①对于发展中经济体而言，基于购买力平价计算得到的实际 GDP 普遍高于基于汇率法计算得到的名义 GDP。这表明，在进行国际经济比较时，传统的汇率法将会低估发展中经济体在世界经济版图中的实际位置。从中国的情况来看，其 2011 年实际 GDP 总量比名义 GDP 总量高出 84.3%。②中国、印度和巴西等发展中大国的经济总量跃升迅速，但实际经济发展水平和人民生活水平仍旧相对落后。中国 2011 年的实际 GDP 总量已经稳居世界第 2 位，约为 13.5 万亿美元，但实际人均 GDP 仅排在世界第 99 位，人均实际个人消费支出仅为世界平均水平的 50.1%，总量和人均量的世界排名反差巨大。③从支出结构角度来看，发展中经济体的投资比例较高，具有较高的投资倾向，而个人消费和政府公共开支偏低。使用固定资本形成总额除以实际个人消费支出的比例来衡量投资与消费的结构，2011 年中国此比例已接近 1，而发达经济体，如美国、英国等国此比例均低于 0.3。④从以价格水平指数衡量的各经济体价格水平来看，发展中经济体的价格水平普遍低于世界平均值，而发达经济体的价格水平则普遍高于世界平均值。这种现象主要是由发展中经济体与服务相关的价格水平相对较低造成的。

本章利用 2005 年轮和 2011 年轮 ICP 的基期数据，构建计量经济学模型，研究了 ICP 基期数据的总体合理性。研究结果表明：巴拉萨–萨缪尔森效应能够描述 2005 年轮和 2011 年轮 ICP 基期数据的基本特征，2005 年轮和 2011 年轮 ICP 基期数据从总体上来说具备合理性。拟合曲线和置信区间的图示也同样证实了上述结论。

第 4 章　ICP 基期测算结果偏差分析

2011 年轮 ICP 的测算结果已于 2014 年 4 月正式公布。2011 年轮 ICP 比较结果显示，2011 年中国基于购买力平价调整后的人均 GDP 为 10 057 美元，这一结果相较世界发展指标 2013 年版的结果（基于 2005 年轮 ICP 编制）上调幅度为 20.8%。该比较结果一经发布，立即引起新一轮全球对 ICP 测算结果合理性和准确性的热议。

正如国际比较研究领域的先驱 Deaton 和 Heston（2010）所述："汇总方法的选择不同，则各经济体之间的相对经济规模也会产生差异。"在 ICP 中，汇总方法的选择对最终比较结果会产生至关重要的影响。在本章中，我们将从实际个人消费支出数据入手，考察汇总方法的选择对基期比较结果的影响，并着重探讨 ICP 使用的总量汇总方法 GK 法和 GEKS 方法存在的测算偏差。

4.1　基期测算结果偏差的理论分析

4.1.1　问题的提出

购买力平价的计算是 ICP 的基础工作。基于购买力平价，我们可以将各经济体以本币度量的经济指标转换为同种货币单位进行度量，并同时消除物价因素的影响，从而使得实际经济总量的比较成为可能。在 ICP 中，购买力平价的计算需要收集各经济体基本分类以上的支出数据及具备可比性与代表性的货物和服务的价格数据，并在此基础上选用指数汇总方法进行最终结果的计算。购买力平价实质是通过一套复杂统计方法计算出来的价格折算因子。由于价格抽样误差、支出数据误差及汇总方法选择等诸多因素的影响，购买力平价测算结果可能会出现一定偏差。从以往 ICP 的测算结果来看，同一个经济体在不同基期的测算结果常呈现出较大的波动性（对于发展中经济体而言，这种波动性更大），因此 ICP 的测算结果历来饱受争议。Maddison 就曾多次质疑 ICP 数据的可靠性和准确性（Maddison，2009）。

2011 年轮 ICP 比较结果已由世界银行于 2014 年 7 月公布。相比于世界发展指标 2013 年版提供的相应数据，2011 年轮 ICP 数据显示，发展中经济体的人均 GDP 经购买力平价调整后普遍大幅上调。从中国的情况来看，世界发展指标 2013 年版提供的数据显示，2011 年中国基于购买力平价调整后的人均 GDP 为 8322 美元，而 2011 年轮 ICP 比较结果则显示，2011 年中国基于购买力平价调整后的人均 GDP 为 10 057 美元。2011 年轮 ICP 的比较结果相较世界发展指标 2013 年版的结果上调幅度为 20.8%（World Bank，2013b，2014a）。2011 年轮 ICP 数据一经发布，立即引起新一轮全球对 ICP 测算结果合理性和准确性的热议。

正如国际比较研究领域的先驱 Deaton 和 Heston（2010）所述："汇总方法的选择不同，则各经济体之间的相对经济规模也会产生差异。"世界银行 2013 年出版的 ICP 官方手册《测度世界经济的真实规模——ICP 的框架、方法与结果》中，有三分之一的篇幅都是在讨论与汇总方法相关的议题（World Bank，2013a）。可以肯定的是，汇总方法在 ICP 中占有重要地位，其对购买力平价计算结果会产生重要影响[①]。按照汇总层次的不同，ICP 的汇总方法可以分为基本分类汇总方法和总量汇总方法[②]，本章着重关注总量汇总方法的选择对 2011 年轮 ICP 比较结果产生的影响。具体来讲，本章采用 GAIA 方法对 2011 年轮 ICP 的人均实际个人消费支出[③]结果进行重新测算，对比 ICP 前六轮使用的 GK 法、2005 年轮和 2011 年轮采用的 GEKS 方法与新的 GAIA 方法在测算结果上的差异，并重点关注和回答如下三个问题：①2011 年轮 ICP 采用的 GEKS 方法会不会导致计算的人均实际个人消费支出呈现出偏差？②中国的人均实际个人消费支出是否存在估计的偏差，偏差的方向和程度如何？③如果存在这种偏差，其对人均实际个人消费支出差距的

① 为保证价格数据和支出数据的代表性、可比性和可靠性，2011 年轮 ICP 已经建立起较为严格的数据收集机制和数据质量控制机制，数据误差对最终比较结果产生的影响将大为降低（World Bank，2013a）。因此，本书暂不对价格数据及支出数据存在的误差可能对最终比较结果产生的影响展开讨论。

② 从 1970 年的第一轮比较到 2011 年的第八轮比较，ICP 一直基于 CPD 方法进行基本分类层次的汇总计算。而在总量汇总方法上，ICP 经历了从 GK 法向 GEKS 方法的转换：在前六轮比较中，总量汇总都是基于 GK 法进行的，而 2005 年轮和 2011 年轮 ICP 则转向使用 GEKS 方法。可以看出，基本分类汇总方法的选择存在较为一致的意见，而总量汇总方法的选择则一直是争论的焦点。

③ 本章之所以选取人均实际个人消费支出作为比较对象有如下几点考虑：①相比于人均 GDP，人均实际个人消费支出更能反映各经济体居民的实际生活水平；②实际个人消费支出在 GDP 中所占比重较大，具备良好的代表性，从 2011 年轮 ICP 的比较结果来看，各经济体实际个人消费支出占 GDP 比重的均值为 70.1%；③GAIA 方法的理论基础源于微观经济学的消费者理论，基于 GAIA 方法进行总量汇总时，利用实际个人消费支出数据和价格数据更为符合其理论基础假设。

度量会产生何种影响？

4.1.2　文献回顾

ICP 中最早使用的总量层次的多边指数方法是 GK 法，且此方法在前六轮的国际比较中得到广泛应用。Hill（1997）系统地研究了国际比较中使用的多边指数方法，并将 GK 法归类为平均价格方法。平均价格方法具备一系列的优良指数性质，如基国不变性、传递性及可加性等，但它存在一个明显的缺陷：无法反映消费替代效应，计算结果易受到替代偏差的影响（Kravis et al.，1982）。从价格与支出的相互关系来看，一个经济体的价格结构及其支出结构往往存在内部的自适性，即一种货物或服务的价格如果相对偏高，那么其消费量将相对偏低，与此对应的是，一种货物或服务的价格如果相对偏低，则其消费量将相对偏高。平均价格方法仅选择使用一组代表性的世界平均价格对不同经济体的实际支出数量进行加权计算，并未将现实中存在的消费替代效应纳入考量。Nuxoll（1994）的研究表明，GK 法的计算结果将会高估发展中经济体的支出水平。Hill（2000）及 Dowrick 和 Akmal（2005）对 GK 法存在的替代偏差效应进行了测度。测算结果发现，GK 法系统地高估了发展中经济体的真实支出水平，对一些经济体的高估程度在 70%以上。

GK 法存在的缺陷致使国际组织和学者开始将眼光转向其他种类的多边指数方法。其中，GEKS 方法受到的关注度无疑是最高的。GEKS 方法基于双边 Fisher 指数构造。GEKS 方法计算购买力平价时，基于所有参与经济体的双边 Fisher 指数，这在很大程度上解决了 GK 法使用世界平均价格对支出数量进行加权的弊端，避免了 GK 法存在的替代偏差。此外，由于 GEKS 方法是基于 Fisher 指数构建的，它还保留了诸多 Fisher 指数的优良性质（Diewert，1999）。正是基于上述优点，世界银行在 2005 年轮和 2011 年轮选择使用 GEKS 方法进行总量层次购买力平价计算（World Bank，2013a）。

Neary（2004）基于经济指数框架，提出了一种新的多边指数方法 GAIA 方法，并在此框架下研究了 GK 法、GEKS 方法和 GAIA 方法三种方法之间的内在关系。他的研究理清了这三者间存在的重要理论联系。从经济指数框架下来看，GK 法与 GEKS 方法是在特定偏好假设下 GAIA 方法的特例。具体来说：①在偏好为列昂惕夫形式时，GAIA 方法计算的实际收入与 GK 法相同；②在偏好为位似形式时，GAIA 方法计算的实际收入与 GEKS 方法相同。从经济指数框架下对这三种方法间关系的考察使得我们更深刻地认识到 GK 法和 GEKS 方法的理论基础：GK 法和 GEKS 方法都是建立在一定的偏好假设基础之上的。当假设的偏好与现实世界中观察的真实偏好相一致时，所使用的汇总方法才能得出较为真实的比较结果，而如果假设的偏好与实际的偏好存在较大差异，比较结果就可能出现偏误。Crawford 和 Neary（2008）利用 GARP[①]方法研究了 ICP 数据呈现出的偏好类型，发现 ICP 数据呈现的偏好是非位似（non-homothetic）的，并拒绝了列昂惕夫偏好和位似偏好的形式。这一研究严重挑战了使用 GK 法和 GEKS 方法进行国际比较的理论基础。Neary（2004）基于 1980 年轮 ICP 数据、Feenstra 等（2013b）基于 2005 年轮 ICP 数据从经验研究的角度进一步证实 GK 法和 GEKS 方法在应用于国际比较时存在的偏误：相较于 GAIA 方法，GK 法和 GEKS 方法都会系统地高估发展中经济体的实际支出水平，从而低估各经济体在支出水平上的差距。

与 GK 法和 GEKS 方法相比，GAIA 方法有如下两个方面的优点：①建立在严谨的微观经济学消费者理论基础之上，可以刻画消费者在选择货物和服务时表现出的替代效应，从而解决了 GK 法存在的替代偏差问题；②相比于 GK 法和 GEKS 方法分别需要在列昂惕夫偏好和位似偏好下才能得出较为准确的国际比较结果，GAIA 方法可通过 ICP 的基础数据来估计偏好的类型，从而使得选择的偏好类型尽可能地接近真实数据反映的情况，因而比较结果更加接近真实的状况。

4.2　基于经济指数方法构建偏差分析框架

由上文的综述可知，GK 法在应用到国际比较时易受到替代偏差效应的影响，存在高估发展中经济体真实支出水平的风险。GEKS 方法在应用到真实支出比较时，内含了位似形式支出函数的前提假设，而这种前提假设并不符合 ICP 数据呈现出的实际支出特征。Neary（2004）基于经济指数框架构建的 GAIA 方法较好地处理了 GK 法和 GEKS 方法存在的问题。GAIA 方法建立在以效用函数为基础的微观经济学理论之上，从而可以刻画现实中普遍存在的消费替代效应。GAIA 方法考虑通过对代表性消费者非位似形式支出函数的估计来求解各经济体在面临世界平均价格时对各种商品的最优消费量，从而将替代效应纳入真实支出的计算过程。GAIA 方法基于这个最优消费量进行购买力平价和真实支出计算。

本章将基于 GAIA 方法的基本框架，借鉴 Feenstra 等（2009b，2013b）对 GAIA 方法的最新改进研究，选取 AIDS 支出函数，结合 Geary-Konüs 价格指数及 Allen 物量指数，重新测算 2011 年轮 ICP 的人均实际个人消费支出。

---

① GARP 即 general axiom of revealed preference，显示性偏好一般定理。

4.2.1　GAIA 方法的基本框架

假设参与国际比较的经济体共有 M 个，使用 $j=1,2,\cdots,M$ 来表示，进行比较的货物和服务的数量为 N，使用 $i=1,2,\cdots,N$ 来表示。分别使用 $N\times1$ 维的向量 $\boldsymbol{p}_j$ 和 $\boldsymbol{q}_j$ 来记录第 j 个经济体的价格和物量数据，则经济体 j 使用本币表示的支出总额为 $z_j=\boldsymbol{p}_j'\boldsymbol{q}_j$。我们遵循经济指数方法的一般框架，首先假定存在一个代表性消费者，在效用函数为 $U(\cdot)$ 的情形下，其支出函数可以表示为

$$e(\boldsymbol{p},u)=\min_{\boldsymbol{q}}\left\{\boldsymbol{p}'\boldsymbol{q}:U(\boldsymbol{q})\geqslant u\right\} \tag{4.1}$$

式（4.1）表明，在给定价格向量 $\boldsymbol{p}$ 和效用水平 u 时，代表性消费者需要对货物和服务的购买量进行最优化选择，以使其最终支出达到最小。经济指数方法假设我们所观察到的各经济体支出总量和支出结构都服从这种最优化行为，即

$$z_j=\boldsymbol{p}_j'\boldsymbol{q}_j=e(\boldsymbol{p}_j,u_j)=\min_{\boldsymbol{q}_j}\left\{\boldsymbol{p}_j'\boldsymbol{q}_j:U(\boldsymbol{q}_j)\geqslant u_j\right\} \tag{4.2}$$

在 GAIA 方法中，经济体 j 的购买力平价使用 Geary-Konüs 指数公式进行计算：

$$\mathrm{PPP}_j=\frac{e(\boldsymbol{p}_j,u_j)}{e(\boldsymbol{\pi},u_j)}=\frac{\sum_{i=1}^{N}p_{ij}q_{ij}}{\sum_{i=1}^{N}\pi_i q_{ij}^*} \tag{4.3}$$

则经济体 j 的实际支出可以表示为

$$E_j=\frac{z_j}{\mathrm{PPP}_j}=\sum_{i=1}^{N}\pi_i q_{ij}^*=e(\boldsymbol{\pi},u_j)\ ,\quad i=1,\cdots,N\ ,\quad j=1,\cdots,M \tag{4.4}$$

其中，$\boldsymbol{\pi}$ 表示 $N\times1$ 维的世界平均价格向量；q_{ij}^* 表示虚拟支出量，它所代表的含义是当代表性消费者面临世界平均价格时，如果仍想达到经济体 j 的效用水平 u_j，则其需要消费的货物和服务的量；E_j 表示其在这种最优化行为下所需的最小支出。

根据式（4.4）可知，任意两经济体 j、k 间的实际消费支出之比可以使用 Allen 物量指数表示：

$$\frac{E_j}{E_k}=\frac{e(\boldsymbol{\pi},u_j)}{e(\boldsymbol{\pi},u_k)} \tag{4.5}$$

可以看出，基于式（4.5）进行的国际比较需要对支出函数 $e(\boldsymbol{\pi},u_j)$ 进行估计。按照支出函数形式及参考价格（$\boldsymbol{\pi}$）的差异，支出函数有多种不同的选择。

4.2.2 支出函数的设定

参考 Feenstra 等（2013b）的做法，我们选取的支出函数为 Deaton 和 Muellbauer（1980）提出的 AIDS[①]。AIDS 具备重要的理论性质，它可以对任何的需求系统给出一阶近似。此外，AIDS 所设定的函数形式和已知的家庭预算数据具备一致性。AIDS 的具体形式如式（4.6）所示：

$$\ln e(\boldsymbol{p}_j,u_j)=\ln g(\boldsymbol{p}_j)+b(\boldsymbol{p}_j)\ln(u_j) \tag{4.6}$$

其中，$\ln g(\boldsymbol{p}_j)=\alpha_0+\sum_{i=1}^{N}\alpha_i\ln p_{ij}+\frac{1}{2}\sum_{i=1}^{N}\sum_{h=1}^{N}\gamma_{ih}\ln p_{ij}\ln p_{hj}$；$b(\boldsymbol{p}_j)=\eta\prod_i p_{ij}^{\beta_i}$。

利用 Samuelson 和 Swamy（1974）提出的币值缩减（money- metric scaling）[②]方法对式（4.6）进行简化，此时要求$\alpha_0=0,\ \eta=1$。此外，为了保证支出函数满足关于价格的线性齐次条件，还需要对其他系数进行约束：$\sum_i\alpha_i=1$，$\sum_i\beta_i=\sum_h\gamma_{ih}=0$。

因此，在支出函数为 AIDS 形式时，任意两经济体j、k间的实际支出之比，可以简化为

$$\frac{E_j}{E_k}=\frac{e(\boldsymbol{\pi},u_j)}{e(\boldsymbol{\pi},u_k)}=\left(\frac{u_j}{u_k}\right)^{b(\boldsymbol{\pi})} \tag{4.7}$$

当支出函数选择为 AIDS，世界平均价格为$\boldsymbol{\pi}$时，我们可以基于式（4.7）进行实际支出的国际比较。可以看出，进行式（4.7）的计算需要两组数据：一是各经济体在当前支出水平下获取的效用值u_j；二是世界平均价格水平$\boldsymbol{\pi}$。基于 2011 年轮 ICP 数据，我们可以对式（4.6）未知参数进行估计，进而计算出效用值[③]，而世界平均价格则可以通过 GAIA 联立系统得出。

4.2.3 支出函数中相关参数的估计

式（4.6）中含有无法直接观测到的效用水平u，因此无法直接使用式（4.6）进行计量模型的估计。基于微观经济学中的 Shephard 引理，我们对式（4.6）进行

---

① AIDS 还具备其他优点：满足选择公理（axiom of choice），并不需要线性恩格尔曲线的假设就可以进行不同消费者间的加总。

② 币值缩减方法要求选择一组价格$\boldsymbol{p}^*$使得支出额$e(\boldsymbol{p},u)$等于效用值u。一般情况下，我们选择$\boldsymbol{p}^*$为单位向量，此时要求$e(1,u)=u$。将此约束代入式（4.6）即得$\alpha_0+\eta\ln u=\ln u$。为了使这个等式对所有的效用水平都成立，则必须有如下的约束：$\alpha_0=0,\ \eta=1$。

③ 通过对式（4.6）的调整，可知：$u_j=[e(\boldsymbol{p}_j,u_j)/g(\boldsymbol{p}_j)]^{\frac{1}{b(\boldsymbol{p}_j)}}$，而$e(\boldsymbol{p}_j,u_j)=z_j$，则$u_j=[z_j/g(\boldsymbol{p}_j)]^{\frac{1}{b(\boldsymbol{p}_j)}}$。

变换。

由 Shephard 引理可知：$\partial e(\boldsymbol{p}_j,u_j)/\partial p_{ij}=q_{ij}$，两边同时乘以 $p_{ij}/e(\boldsymbol{p}_j,u_j)$，可得

$$\frac{\partial \ln e(\boldsymbol{p}_j,u_j)}{\partial \ln p_{ij}}=\frac{\partial e(\boldsymbol{p}_j,u_j)}{e(\boldsymbol{p}_j,u_j)}\bigg/\frac{\partial p_{ij}}{p_{ij}}=\frac{p_{ij}q_{ij}}{e(\boldsymbol{p}_j,u_j)}=w_{ij} \tag{4.8}$$

其中，w_{ij} 表示经济体 j 的第 i 种货物或服务在其支出总量中所占的份额。我们对式（4.6）两侧同时取 $\ln p_{ij}$ 的一阶偏导数，可得

$$w_{ij}=\alpha_i+\sum_{h=1}^{N}\gamma_{ih}\ln p_{hj}+\beta_i b(\boldsymbol{p}_j)\ln(u_j) \tag{4.9}$$

由式（4.6）知：

$$b(\boldsymbol{p}_j)\ln(u_j)=\ln[z_j/g(\boldsymbol{p}_j)] \tag{4.10}$$

将式（4.10）代入式（4.9）可以得到使用支出份额表示的 AIDS：

$$w_{ij}=\alpha_i+\sum_{h=1}^{N}\gamma_{ih}\ln p_{hj}+\beta_i\ln\left[\frac{z_j}{g(\boldsymbol{p}_j)}\right] \tag{4.11}$$

由于 $\ln[z_j/g(\boldsymbol{p}_j)]$ 中包括了待估参数，方程（4.11）为一个非线性方程，无法使用传统的计量方法对其进行估计。估计非线性模型的参数最常使用的是数值逼近方法。具体步骤如下。

首先，选择 α_i，γ_{ih}，β_i 的初始值。借鉴 Feenstra 等（2013b）的处理方法，我们使用 Stone 价格指数作为 $g(\boldsymbol{p}_j)$ 的逼近值，并将其代入式（4.11）。此时，$\ln[z_j/g(\boldsymbol{p}_j)]$ 不再包含待估参数。这样使得我们可以利用普通最小二乘法（ordinary least square，OLS）对式（4.11）进行估计，得到初始估计值 $\alpha_i^{(0)}$，$\beta_i^{(0)},\gamma_{i1}^{(0)},\cdots,\gamma_{iN}^{(0)}$。

其次，利用数值逼近方法获取参数的新估计值。将获得的初始值代入式（4.11）进行数值逼近计算，可以得到一组新的参数估计值 $\alpha_i^{(k)}$，$\beta_i^{(k)},\gamma_{i1}^{(k)},\cdots,\gamma_{iN}^{(k)}$，$k\geqslant 1$。

最后，比较前后两轮的参数估计值，如果：

$$\left\|(\alpha_i^{(k)},\ \beta_i^{(k)},\gamma_{i1}^{(k)},\cdots,\gamma_{iN}^{(k)})-(\alpha_i^{(k-1)},\ \beta_i^{(k-1)},\gamma_{i1}^{(k-1)},\cdots,\gamma_{iN}^{(k-1)})\right\|\leqslant\varepsilon \tag{4.12}$$

这里 ε 是事先给定的一个阈值（本书中取为 10^{-14}），则表明第 k 轮数值逼近所得到的参数估计结果已趋于收敛。如果式（4.11）不成立，则继续将第 k 轮得到的参数估计值代入式（4.11）进行新一轮的数值逼近，直到参数估计值收敛为止。

4.2.4　世界平均价格的计算

在支出函数确定以后，我们还需要估计世界平均价格水平 $\boldsymbol{\pi}$。在 GAIA 系统中，世界平均价格通过一个联立方程给出。

GAIA 方法所定义的购买力平价由式（4.13）给出：

$$\mathrm{PPP}_j=\frac{\sum_{i=1}^{N}p_{ij}q_{ij}}{\sum_{i=1}^{N}\pi_i^{\mathrm{GAIA}}q_{ij}^{*}}=\frac{e(\boldsymbol{p}_j,u_j)}{e(\pi^{\mathrm{GAIA}},u_j)} \tag{4.13}$$

借鉴 GK 法计算世界平均价格的思路，GAIA 方法基于式（4.14）进行世界平均价格的计算。

$$\pi_i^{\mathrm{GAIA}}=\frac{\sum_{j=1}^{M}\left(\frac{p_{ij}}{\mathrm{PPP}_j}\right)q_{ij}}{\sum_{j=1}^{M}q_{ij}^{*}} \tag{4.14}$$

可以看出，GAIA 系统中购买力平价的计算需要使用世界平均价格数据，而世界平均价格的计算也需要用到购买力平价数据，因此式（4.13）和式（4.14）共同组成一个联立系统。Neary（2004）证明，这个联立系统存在唯一解。这确保我们可以获得唯一的一组世界平均价格。

4.3　基期测算结果偏差的实证分析

4.3.1　数据来源

本章所用的数据来自世界银行 2011 年轮 ICP。2011 年轮 ICP 由世界银行 ICP 全球办公室领导，通过与 8 个区域性机构①的密切协调与合作，最终在全球 199 个经济体开展了比较。ICP 提供的主要指标包括：2011 年全球 199 个经济体 GDP 总量层次及支出细类的购买力平价、实际支出和人均实际支出。

我们选取的价格和支出数据来源于 ICP 中的实际个人消费支出。ICP 中使用实际个人消费支出这一新的总量指标来综合反映居民消费水平。ICP 所定义的实际个人消费支出包括住户所消费的用以满足他们需求的所有货物和服务。现实中，住户所购买的货物和服务——住户最终消费支出，只构成实际个人消费支出的一部分，实际个人消费支出还包括由政府和非营利组织提供给住户的可供其最终消费之用的货物和服务的支出。因此，相比起 GDP 支出法核算中常用的住户最终消费支出指标，ICP 提供的实际个人消费支出更能反映居民的实际物质生活水平。实际个人消费支出可以划分为如下 12 个类别：食品和非酒精饮料、酒精饮料和

① 8 个区域和组织包括非洲、亚太、独联体、拉丁美洲、加勒比地区、西亚、太平洋岛屿，以及欧盟-经合组织。

烟草、衣着、房租水电暖、家具、医疗服务、交通、通信、娱乐、教育、餐饮及其他货物和服务。我们使用各经济体在这 12 个类别上的人均实际个人消费支出来表示支出的物量水平①，使用经过汇率平减的购买力平价来表示相应的价格水平②。

在 199 个参与比较的经济体中，有 28 个经济体③在这 12 个类别上的价格和物量数据存在缺失情况，因此，最终数据包括了全球 171 个经济体。

4.3.2　支出函数的估计结果

AIDS 模型需要按照货物和服务的不同类型分别进行估计。基于调整后的 AIDS 模型，即式（4.11），我们分别估计了实际个人消费支出下 12 类货物和服务的模型系数，估计结果见表 4.1。由表 4.1 的结果我们可以得知，2011 年世界各经济体的支出结构是如何随着支出总额和不同类型的货物和服务价格的变动而变动。

从支出总额对支出结构的影响来看，其基本符合恩格尔定律描述的特征，即随着支出总额的上升，代表性消费者用来购买食品的支出比例在不断下降。具体来看，随着支出总额的上升，食品和非酒精饮料、酒精饮料和烟草、衣着、家具的支出在总支出中的比重呈现出下降的趋势。其中，食品和非酒精饮料及衣着的支出下降最为明显。支出总额每上升 1%，代表性消费者在食品和非酒精饮料上的支出比重就下降 0.243%，在衣着上的支出比重则下降 0.009%。而其他八大类的支出（主要是服务类型的支出）则随着支出总额的上升呈现出比重不断增加的趋势。上述的估计结果表明，随着代表性消费者支出总额的增加（即生活水平的提高），他会逐步降低生活必需品，如食品和非酒精饮料、衣着等，在支出总额中的比例，而增加服务类消费如交通、娱乐等在支出总额中的比例。通过上面的分析可以看出：AIDS 模型的估计结果较好地描述了 2011 年轮 ICP 数据中所体现出的代表性消费者的支出模式。

---

① 在 ICP 中，人均实际个人消费支出是经过购买力平价调整后的支出数额，因此，具备物量水平的意义。

② ICP 中所提供的购买力平价指数仍包含有各经济体的货币单位，因此，这种价格指数不具备经济体间的可比性。基于 ICP 中价格水平指数的构建方法，我们可以使用汇率对各经济体实际个人消费支出下所包括的 12 类购买力平价指数进行平减，以获得相应分类的价格水平指数。价格水平指数不含有货币度量单位，在各经济体间及不同类别间，具备可比性。

③ 具体来说，这 28 个经济体包括 20 个太平洋岛国和其他 8 个经济体（科摩罗、海地、坦桑尼亚、也门、赞比亚、津巴布韦、古巴、荷属博奈尔岛）。

表 4.1　AIDS 模型的参数估计结果

支出类别	α	β	γ_1	γ_2	γ_3	γ_4	γ_5	γ_6	γ_7	γ_8	γ_9	γ_{10}	γ_{11}	γ_{12}
食品和非酒精饮料	0.177	−0.243	0.011	−0.022	−0.002	−0.056	−0.009	−0.059	0.030	0.027	−0.015	−0.020	0.051	0.062
酒精饮料和烟草	0.029	−0.002	−0.022	−0.024	0.000	−0.001	0.000	−0.035	0.051	0.008	0.013	0.012	0.015	−0.018
衣着	0.043	−0.009	−0.002	0.000	−0.009	−0.014	−0.001	−0.007	−0.027	0.005	0.005	0.004	0.044	0.002
房租水电暖	0.184	0.051	−0.056	−0.001	−0.014	0.102	0.011	−0.022	−0.027	−0.020	0.003	−0.023	0.018	0.028
家具	0.049	−0.005	−0.009	0.000	−0.001	0.011	0.012	0.006	−0.016	0.015	0.004	0.002	−0.002	−0.022
医疗服务	0.086	0.030	−0.059	−0.035	−0.007	−0.022	0.006	0.038	0.033	0.012	0.003	0.007	0.010	0.012
交通	0.105	0.044	0.030	0.051	−0.027	−0.027	−0.016	0.033	−0.029	−0.017	0.050	−0.045	−0.017	0.013
通信	0.032	0.016	0.027	0.008	0.005	−0.020	0.015	0.012	−0.017	0.005	0.000	−0.018	−0.004	−0.013
娱乐	0.060	0.035	−0.015	0.013	0.005	0.003	0.004	0.003	0.050	0.000	−0.039	0.024	−0.012	−0.037
教育	0.075	0.001	−0.020	0.012	0.004	−0.023	0.002	0.007	−0.045	−0.018	0.024	0.028	0.015	0.013
餐饮	0.056	0.021	0.051	0.015	0.044	0.018	−0.002	0.010	−0.017	−0.004	−0.012	0.015	−0.086	−0.032
其他货物和服务	0.103	0.060	0.062	−0.018	0.002	0.028	−0.022	0.012	0.013	−0.013	−0.037	0.013	−0.032	−0.009

4.3.3　世界平均价格的计算

基于 Neary 所开发的计算 GK 和 GAIA 世界平均价格的程序[①]，利用 2011 年 171 个经济体的 12 类货物和服务的价格与支出数据，我们计算得到了 2011 年的 GK 和 GAIA 世界平均价格，具体结果如表 4.2 所示。

表 4.2　GK 和 GAIA 世界平均价格

汇总方法	食品和非酒精饮料	酒精饮料和烟草	衣着	房租水电暖	家具	医疗服务	交通	通信	娱乐	教育	餐饮	其他货物和服务
GK	0.989	0.880	0.952	0.978	0.938	1.025	0.910	0.910	0.911	0.935	0.898	1
GAIA	1.012	1.048	1.674	1.258	0.764	1.44	1.145	0.924	1.075	0.979	1.352	1

从表 4.2 可以看出，GK 法所得到的世界平均价格与 GAIA 方法所得到的世界平均价格存在一定结构上的差异。在 GK 世界平均价格中，相对价格水平较高的项目是医疗服务、食品和非酒精饮料、房租水电暖；相对价格水平较低的项目是酒精饮料和烟草、餐饮。而在 GAIA 世界平均价格中，相对价格水平较高的项目是衣着、医疗服务和餐饮；相对价格水平较低的项目是家具、教育、通信。

为了进一步分析由 GK 法和 GAIA 方法所得到的世界平均价格的特征，我们分别计算了这两组世界平均价格与各经济体价格结构的相关系数。计算结果表明，GK 法所得到的世界平均价格更接近于发达经济体的价格结构，而 GAIA 方法所得到的世界平均价格则与发展中经济体的价格结构较为相近。与 GK 法所得到的世界平均价格结构最为接近的经济体有：日本（相关系数为 0.653）和意大利（0.499）。与 GAIA 方法所得到的世界平均价格结构最为接近的经济体有：巴拉圭（相关系数为 0.617）和巴拿马（0.603）。

上述计算和分析表明，使用 GK 法计算的 2011 年世界平均价格偏向发达经济体的价格结构。因此，如果使用 GK 法进行 2011 年轮的国际比较可能仍将会受到替代偏差问题的影响，从而高估发展中经济体的实际支出水平。

4.3.4　汇总方法的差异对比较结果的影响分析

1. GK 法和 GEKS 方法计算结果的比较分析

根据国际比较研究的一般惯例，我们将美国视为比较的基准国。为了分析的

① 程序来源于 http://users.ox.ac.uk/~econ0211/gaia/gaia.htm[2014-09-20]，并根据研究的需要对 GAUSS 源代码进行了多处调整。

需要，我们将美国 2011 年的人均实际个人消费支出标准化为 100，其他经济体的数据表示的含义都是与美国相比的比例。

Deaton 和 Heston（2010）基于 L-P 离散度①考察了价格结构差异和替代偏差之间存在的联系。他们的研究发现，一个经济体的 L-P 离散度越高，该经济体的价格结构与基国的价格结构差异就越大，这会导致基于 GK 法进行总量汇总计算时更容易受到替代偏差的影响。本书借鉴这种分析思路，计算了 171 个经济体的 L-P 离散度。表 4.3 的第 2 列给出了 L-P 离散度最大的 10 个经济体、L-P 离散度最小的 10 个经济体及发展中大国的相应值。

表 4.3　不同汇总方法下的人均实际个人消费支出比较结果

经济体	L-P 离散度	汇率法	GEKS 方法	GK 法	GAIA 方法	GK/GEKS	GEKS/GAIA
L-P 离散度最大的 10 个经济体							
缅甸	1.573	1.702	6.059	6.820	4.979	112.549	121.706
吉尔吉斯斯坦	1.384	3.029	9.994	10.806	8.428	108.130	118.573
越南	1.354	2.612	8.061	8.680	7.216	107.683	111.705
阿尔巴尼亚	1.330	9.124	20.145	21.535	19.347	106.899	104.126
乌克兰	1.321	7.561	22.124	23.612	21.437	106.725	103.208
伊拉克	1.307	6.019	14.143	15.183	12.830	107.357	110.229
格鲁吉亚	1.297	6.756	17.364	18.664	15.736	107.487	110.348
塔吉克斯坦	1.294	2.429	7.674	8.242	6.366	107.404	120.541
蒙古国	1.281	5.994	14.763	15.476	13.579	104.831	108.717
伊朗	1.280	8.855	22.485	23.889	22.137	106.245	101.569
L-P 离散度最小的 10 个经济体							
西班牙	1.013	62.321	61.899	61.353	60.302	99.118	102.648
斯洛文尼亚	1.007	48.200	54.061	53.391	54.269	98.761	99.615
秘鲁	1.007	10.120	19.369	19.024	18.984	98.222	102.027
法国	1.007	84.516	72.462	71.660	71.324	98.893	101.595
塞浦路斯	1.006	64.292	67.078	66.860	68.316	99.675	98.187
英国	1.005	81.699	70.504	70.258	68.709	99.651	102.613
意大利	1.003	71.524	66.312	65.421	65.552	98.658	101.158
奥地利	1.002	90.054	77.744	77.694	77.403	99.936	100.441

① 以美国为基国的拉氏价格指数和帕氏价格指数的比值。

续表

经济体	L-P 离散度	汇率法	GEKS 方法	GK 法	GAIA 方法	GK/GEKS	GEKS/GAIA
L-P 离散度最小的 10 个经济体							
希腊	1.001	58.616	60.741	60.077	60.669	98.907	100.119
加拿大	1.001	92.777	72.076	71.853	73.235	99.690	98.417
发展中大国							
俄罗斯	1.109	20.080	40.680	40.807	41.993	100.312	96.873
印度	1.015	2.421	8.036	7.981	7.921	99.320	101.441
中国	1.099	6.249	12.075	12.288	11.366	101.762	106.240
印度尼西亚	1.018	5.456	12.980	12.968	12.178	99.904	106.592
巴西	1.102	23.498	26.536	26.802	27.375	101.001	96.935

Hill（2000）的研究表明，GEKS 方法并不受替代偏差问题的影响，因此在分析 GK 法存在的替代偏差时，我们以 GEKS 方法为基准，来考察 GK 法的偏离程度。我们使用 GK 法与 GEKS 法比较结果的比值来衡量这种偏离，具体计算结果如表 4.3 第 7 列所示。

由表 4.3 可知：L-P 离散度较小的经济体基本都是发达经济体，这些经济体基于 GK 法计算的人均实际个人消费支出都要低于基于 GEKS 方法计算的值；L-P 离散度较大的经济体都是发展中经济体，这些经济体基于 GK 法计算的人均实际个人消费支出都要高于基于 GEKS 方法计算的值，而且随着 L-P 离散度的增加，GK/GEKS 的值有上升的趋势。具体来看，L-P 离散度最小的经济体是加拿大，其基于 GK 法计算的人均实际个人消费支出略微低于 GEKS 方法所计算的值；L-P 离散度最大的经济体是缅甸，其基于 GK 法计算的人均实际个人消费支出高于 GEKS 法所计算的值，超出幅度达到 12.5%；对于中国而言，其基于 GK 法计算的人均实际个人消费支出略高于 GEKS 法所计算的值，超出幅度为 1.8%。

上述分析表明，GK 法存在的替代偏差问题导致其低估了发达经济体的人均实际个人消费支出水平，高估了经济总量较小的发展中经济体的人均实际个人消费支出水平。由此可见，在 2011 年轮中，如果使用 GK 法进行总量汇总计算，则对发达经济体及经济总量较小的发展中经济体进行国际比较时仍会受到替代偏差的影响。

2. GEKS 方法和 GAIA 方法测算结果的比较分析

1）GEKS 方法比较结果存在偏差的理论分析

由 Neary（2004）的研究可知，在基于 GEKS 方法进行的真实支出的比较中，隐含了位似形式支出函数的潜在假设。如果位似形式的支出函数可以较好地刻画各经济体的真实支出结构，GEKS 方法的比较结果则较为准确，而如果各经济体的真实支出结构无法使用位似形式的支出函数进行较为准确的刻画，那么基于 GEKS 方法进行的真实支出比较将会产生较大的偏差。Crawford 和 Neary（2008）的研究发现，ICP 数据呈现出的偏好更接近非位似形式。因此，在实际数据隐含的偏好为非位似形式时，仍使用 GEKS 方法进行购买力平价计算，可能会导致比较结果出现较大程度的扭曲。

2）GEKS 方法比较结果存在偏差的经验证据

基于上述讨论，本节我们将着重回答如下三个问题：①基于 2011 年轮 ICP 数据，具有位似形式支出函数假设的位似 GAIA（homothetic Geary-Allen international accounts，HGAIA）方法还可以较好地拟合 GEKS 方法的比较结果吗？如果两者测算结果较为接近，这将表明，GEKS 方法在进行真实支出比较时，隐含了位似形式支出函数的潜在假设。②2011 年轮 ICP 数据是否呈现出位似形式的支出结构特征呢？如果 2011 年轮 ICP 数据呈现出非位似形式的支出结构特征，那么基于 GEKS 方法得到的 2011 年轮 ICP 比较结果就可能存在较大的偏差。③如果 2011 年轮 ICP 数据呈现出非位似形式的支出结构特征，那么本书使用的 AIDS 支出函数是否能够捕捉到这种非位似形式的支出结构特征呢？

首先我们来对问题①进行解答。

位似形式的支出函数是我们计算基准结果时所用的 AIDS 支出函数的特例。具有位似函数形式的支出函数假定各经济体在某一类别货物和服务上的支出份额并不受人均名义支出总额的影响，其具体形式如式（4.15）所示：

$$w_{ij} = \alpha_i + \sum_{h=1}^{N} \gamma_{ih} \ln p_{hj} \tag{4.15}$$

可以看出，当假定支出函数具有位似函数形式时，一个经济体在某一类别货物和服务上的支出份额仅受到其他类别货物和服务价格水平相对高低的影响，并未考虑人均名义支出总额对支出结构可能产生的重要影响。需要特别指出的是，由于并未考虑人均名义支出份额的变动对支出结构的重要影响，因此 HGAIA 方法的比较结果中各经济体支出结构都是固定不变的。

为了考察 GEKS 方法和 HGAIA 方法所得到的比较结果的差异，我们绘制了图 4.1，横轴表示不同经济体并按照名义人均 GDP（经汇率法调整）的高低进行降序排列[①]，纵轴表示各个经济体 GEKS 方法比较结果与 HGAIA 方法比较结果之比。由图 4.1 可以看出，各经济体基于 GEKS 方法得到的比较结果和基于 HGAIA

① 横轴最左侧的为名义人均 GDP 最高的经济体——百慕大，最右侧的是名义人均 GDP 最低的经济体——布隆迪。

方法得到的比较结果较为接近，各个经济体 GEKS 方法比较结果与 HGAIA 方法比较结果之比的均值为 0.99，比值基本在 0.9～1.1 波动，且比值与经济发展水平之间并未呈现出明显的相关性。这表明，在 2011 年轮 ICP 中，基于位似形式支出函数假设的 HGAIA 方法可以较好地拟合 GEKS 方法的比较结果。此结果与 Neary（2004）基于 1980 年轮 ICP 基础数据的经验研究结果相一致。

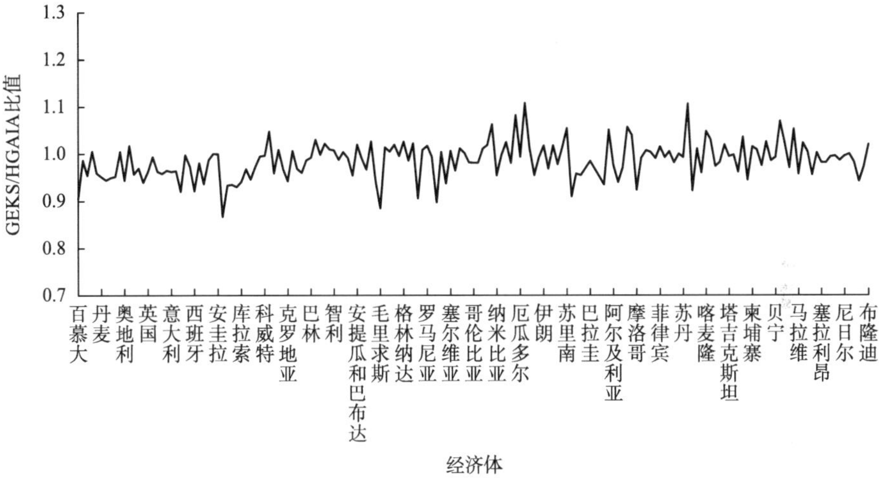

图 4.1　GEKS/HGAIA 的趋势图

上面我们利用 2011 年轮 ICP 数据，验证了基于位似形式支出函数假设的 HGAIA 方法可以较好地拟合 GEKS 方法的比较结果。这表明，2011 年轮 ICP 使用的 GEKS 方法，其计算过程中隐含了位似形式支出函数的潜在假设。而位似形式支出函数假设的正确与否直接关系到 GEKS 方法测算结果的准确性。

为了验证 2011 年轮 ICP 数据的支出特征，并进一步探讨本章使用的 AIDS 支出函数是否能够捕捉到真实数据中的支出结构特征，我们绘制了图 4.2。

利用世界银行提供的 2011 年轮 ICP 的基础数据，图 4.2 分别给出了基于 GAIA 方法计算得到的各经济体食品支出在支出总额中的比重及基于名义数据计算得到的各经济体食品支出在支出总额中的比重，并对名义人均 GDP（经汇率法调整）数值进行降序排列。

可以清晰地看出，随着名义人均 GDP 的降低，基于名义数据计算得到的各经济体食品支出在支出总额中的比重整体呈现出不断上升的趋势。名义人均 GDP 最高的 10 个经济体，它们的食品支出平均份额仅为 7.98%；而名义人均 GDP 最低的 10 个经济体，其食品支出的平均份额高达 45.15%，差距悬殊。各经济体在食品支出份额

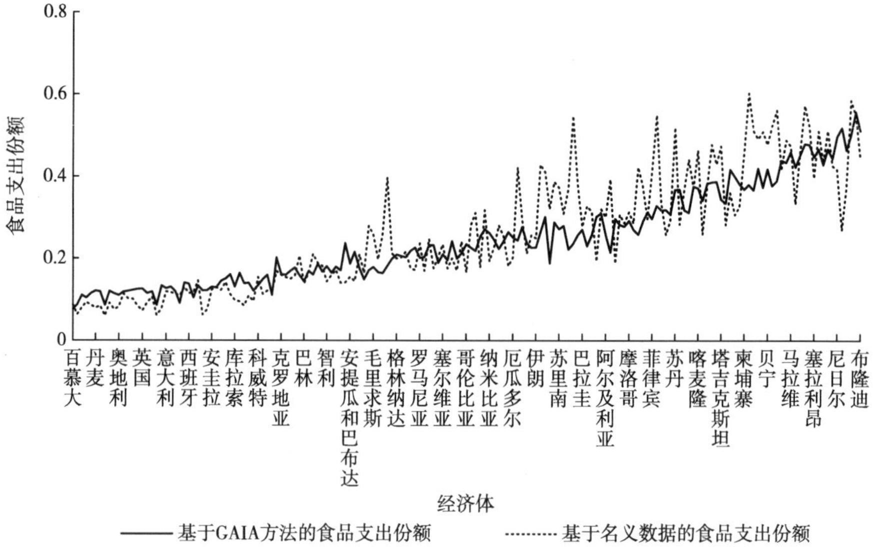

图 4.2　食品支出份额变动趋势

上的变动与人均 GDP 之间存在显著的负向关联，符合恩格尔定律阐述的特征[①]。基于名义数据的分析结果表明，2011 年各经济体食品支出份额的变动特征呈现出明显的非位似形式。这说明，HGAIA 方法依赖的位似形式支出函数假设与现实并不相符，基于 HGAIA 方法获取的比较结果可能存在较大的偏差。而上文的分析已经表明，HGAIA 方法的比较结果与 GEKS 方法的比较结果十分接近。这将综合导致，GEKS 方法的比较结果存在较大偏差。

此外，我们还给出了 GAIA 方法计算得到的各经济体食品支出在支出总额中的比重。可以看出，基于 GAIA 方法计算得到的食品支出份额变动趋势与基于名义数据计算得到的食品支出份额变动趋势具有较强的一致性。这表明，本书基于 GAIA 方法获取的食品支出份额数据可以较好地刻画名义数据中表现出的非位似特征。因此，基于 GAIA 方法进行的真实支出比较将更为可靠。

3）GEKS 方法比较结果的偏差分析

本节我们将比较 GEKS 方法和 GAIA 方法测算结果的差异。我们将 GAIA 方法得到的比较结果视为基准，以此来观察 GEKS 方法比较结果偏离 GAIA 方法比较结果的程度。

我们使用 GEKS 方法与 GAIA 方法比较结果的比值来衡量偏离的程度，具体

---

① 我们也探究了其他类别支出项目的份额与人均 GDP 之间的影响关系，健康支出份额、交通支出份额、通信支出份额、娱乐支出份额与名义人均 GDP 之间存在显著的正向影响关系，即随着人均 GDP 的提高，居民将增加在这些支出项目上的支出比重。

计算结果见表 4.3 第 8 列。从表 4.3 可以看出，对于发达经济体来说，这个比值相差不大（在 5%以内波动），且偏差并不存在一致的方向性；而对于经济总量较小的发展中经济体来说，上述比值出现了较大的波动性，且存在一致的向上偏差，其中，塔吉克斯坦和缅甸的偏差程度在 20% 以上。

为了系统地考察 GEKS 方法和 GAIA 方法所得到的比较结果的差异，我们绘制了图 4.3，横轴表示不同经济体并按照名义人均 GDP（经汇率法调整）的高低进行降序排列，纵轴表示各个经济体 GEKS 方法比较结果与 GAIA 方法比较结果之比。如图 4.3 所示，我们可以看出，随着名义人均 GDP 的下降，GEKS/GAIA 总体呈现出先平缓后迅速抬升的趋势：对于名义人均 GDP 排名世界前 88 位的经济体而言（使用竖线条进行了标识），由 GEKS 方法计算得到的人均实际个人消费支出与 GAIA 方法所得到的结果较为接近；而对于名义人均 GDP 排名在世界 88 位以后的经济体而言，由 GEKS 方法计算得到的人均实际个人消费支出系统地高于 GAIA 方法计算的结果。这表明，若以 GAIA 方法的比较结果作为基准，那么使用 GEKS 方法得到的比较结果将会系统地高估发展中经济体的人均实际个人消费支出水平，而且名义人均 GDP 越低，这种高估的可能性就越大。

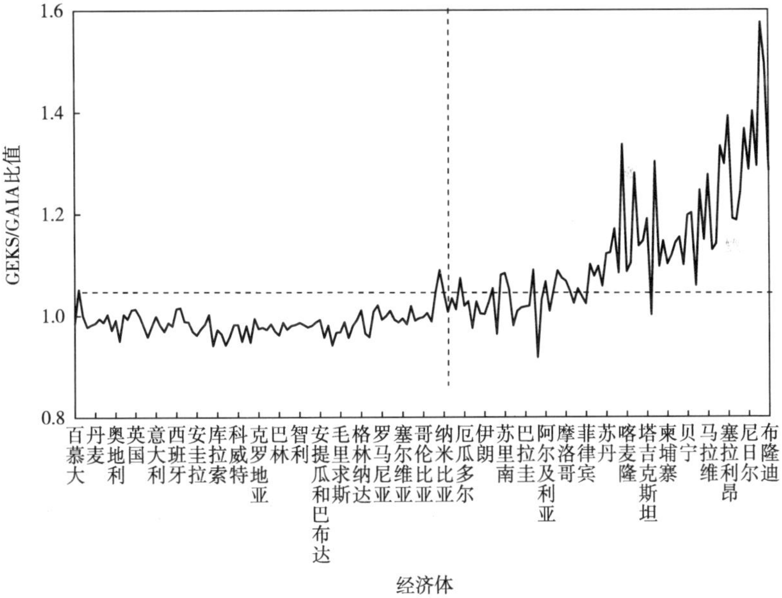

图 4.3　GEKS/GAIA 的趋势图

我们按照高估程度的差异，以 10%为组距，对高估水平在 5%以上的经济体进行了分类，具体的分类结果如表 4.4 所示。由表 4.4 可知，高估比例位于 5%～15%的经济体最多，为 31 个。中国属于此分组，高估程度为 6.24%。可以看出，随着高估程度的上升，相应分组包含的经济体的数量也在降低。高估程度为 15%～25%的经济体为 12 个，高估程度为 25%～35%的经济体的数量为 10 个，高估比例超过 35%的经济体仅有 6 个，且都位于非洲地区，其中高估程度最高的经济体是几内亚，高估的比例为 59.5%。

表 4.4　GEKS 相比 GAIA 的高估程度

高估比例	经济体
5%～15%	洪都拉斯、波斯瓦纳、纳米比亚、摩尔多瓦、中国、佛得角、印度尼西亚、安哥拉、不丹、尼泊尔、阿尔及利亚、摩洛哥、蒙古国、伯利兹、玻利维亚、赤道几内亚、苏里南、巴基斯坦、喀麦隆、伊拉克、加蓬、格鲁吉亚、吉布提、尼加拉瓜、孟加拉国、柬埔寨、越南、毛里塔尼亚、苏丹、乌干达、莱索托
15%～25%	塞内加尔、马里、老挝、肯尼亚、卢旺达、乍得、吉尔吉斯斯坦、马达加斯加、几内亚比绍、塔吉克斯坦、贝宁、缅甸
25%～35%	布基纳法索、多哥、马拉维、尼日利亚、布隆迪、尼日尔、埃塞俄比亚、莫桑比克、刚果（布）、中非共和国
35%～45%	加纳、冈比亚、塞拉利昂、利比亚
45%以上	刚果（金）、几内亚

3. 总量汇总方法差异对衡量各经济体支出差距的影响

我们分别使用变异系数、基尼系数、泰尔指数及阿特金森指数计算了 GK 法、GEKS 方法及 GAIA 方法测算结果下的支出差距度量值。具体的计算结果如表 4.5 所示。

表 4.5　各经济体人均实际个人消费支出差距的度量

指标	汇率法	GK 法	GEKS 方法	GAIA 方法
变异系数	1.250	0.821	0.823	0.839
基尼系数	0.600	0.451	0.452	0.463
泰尔指数	0.623	0.334	0.336	0.355
阿特金森指数（0.25）	0.155	0.086	0.087	0.092
阿特金森指数（0.5）	0.305	0.177	0.178	0.190
阿特金森指数（0.75）	0.443	0.271	0.272	0.293

不同的度量指标可一致得出如下结论。

第一，基于汇率法计算的人均实际个人消费支出差距最大，并远远高于基于购买力平价法（经 GEKS 方法、GK 法或 GAIA 方法转换）计算的相应值。由于巴拉萨–萨缪尔森效应的存在，汇率法会低估发展中经济体的货币购买力。这就导致使用汇率法进行国际比较时，会低估发展中经济体的实际支出水平，从而高估各经济体的支出差距。

第二，由 GK 法衡量的人均实际个人消费支出差距是最小的。替代偏差问题的存在使得 GK 法会高估发展中经济体的人均实际个人消费支出。因此，GK 法会低估各经济体在人均实际个人消费支出上的差距。

第三，汇率法高估了各经济体在人均实际个人消费支出上的差距，而 GK 法则低估了这种差距，一个较为合理的度量应位于这两者之间。GEKS 方法和 GAIA 方法的度量值恰好都位于这两者之间。但上一小节的分析告诉我们，在 2011 年轮 ICP 中，GEKS 方法系统地高估了发展中经济体的人均实际个人消费支出水平，因此，GEKS 方法度量的人均实际个人消费支出差距也存在偏高的问题。由此看来，相较于 GK 法和 GEKS 方法，基于 GAIA 方法度量的人均实际个人消费支出差距更具有合理性。

4.4　本章小结

从经济指数框架下来看，GK 法是在偏好为列昂惕夫形式时 GAIA 方法的特例，而 GEKS 方法是在偏好为位似形式时 GAIA 方法的特例。仅当国际比较所用的基础数据呈现出上述相应偏好时，GK 法和 GEKS 方法所得到的比较结果才是较为准确的。相比于 GK 法和 GEKS 方法，GAIA 方法可通过 ICP 的基础数据来估计偏好的类型，从而使得所选择的偏好类型尽可能地接近真实数据所反映的情况，因而比较的结果更加接近真实的状况。

基于 2011 年轮 ICP 提供的 171 个经济体的居民实际消费支出和价格数据，我们使用经济指数 GAIA 方法得到了 2011 年各经济体人均实际个人消费支出的比较结果，并将其与 GK 法及 GEKS 方法得到的比较结果进行了系统比较。本章的研究主要得出了如下结论。

第一，在 2011 年轮 ICP 中，如果使用 GK 法进行总量汇总计算，仍将会受到替代偏差的影响。替代偏差的存在使得 GK 法一方面低估了发达经济体的人均实际个人消费支出水平，另一方面高估了经济总量相对较小的发展中经济体的人均实际个人消费支出水平。需要特别指出的是，由于发展中大国的经济体量巨大，其受替代偏差的影响相对较小。

第二，2011 年轮 ICP 采用的 GEKS 方法普遍地高估了发展中经济体的人均实际个人消费支出水平。对于名义人均 GDP 排名世界前 88 位的经济体而言，由 GEKS 方法计算得到的人均实际个人消费支出水平与 GAIA 方法所得到的结果较为接近；而对于名义人均 GDP 排名在世界 88 位以后的经济体而言，由 GEKS 方法计算得到的人均实际个人消费支出水平系统地高于 GAIA 方法所计算的结果。其中，中国被高估的程度为 6.24%。

第三，GK 法和 GEKS 方法都低估了各经济体在人均实际个人消费支出水平上的差距，基于 GAIA 方法度量的支出差距更具有合理性。这就提示我们，在使用 2011 年轮 ICP 数据进行全球不平等方面的研究时，要特别注意它可能会导致的低估问题。

ICP 定期发布的数据已被国际组织、各经济体政府及学者广泛应用于政策制定、学术研究等诸多领域。因此 2011 年轮 ICP 数据所存在的对发展中经济体的普遍高估影响重大。在政策制定方面，这将会影响到对全球贫困人口的估算。对发展中经济体的这种普遍高估将会低估在 1 美元贫困线下的全球贫困人口数量，这将会误导全球减贫政策的制定。在学术研究方面，经济增长文献中最为常用的数据集——宾大世界表——就是基于 ICP 基准年份数据编制的（Feenstra et al., 2015）。基准年份数据所存在的偏差将会导致宾大世界表数据也存在这种偏差，进而影响到基于宾大世界表进行的研究的可靠性。

第 5 章 实际经济规模测算新框架的构建

ICP 是从支出法角度进行国际比较的，支出法比较结果所衡量的实际 GDP 着眼于反映一个经济体的实际购买力或者生活水平。实际上，实际经济规模的国际比较还可以从生产法角度进行，生产法所衡量的实际 GDP 更着眼于度量一个经济体的生产能力及其所具备的生产可能性边界。在全球经济一体化持续深入及国际贸易活动日益频繁的背景下，一个经济体的生产能力和实际购买能力可能存在较大分异。参与国际贸易，并且出口相对价高的商品而进口相对价格低廉的商品，一个经济体就可以在生产能力没有提高的情况下增加同等收入所能购买到的商品。可以看出，生产法国际比较与支出法国际比较并不简单是两个测算角度的差异问题，实际上，它们之间的差异具有十分重要的理论和实际含义。在国际比较中区分生产法和支出法，并分别测算，具有十分重要的意义。

本章将基于投入产出方法，利用 GK 法多边比较的思路，构建一致性的框架，进行基准年份的生产法和支出法实际 GDP 的测算。在基准年份测算框架的基础上，使用 Törnqvist 指数方法将基准年份的比较结果外推至非基准年份。基于本章提出的测算框架，我们可以对如下三个问题进行一致性的测算：①基准年份生产法国际比较；②基准年份支出法国际比较；③非基准年份生产法和支出法的国际比较。

5.1 在实际经济规模测算中区分生产法和支出法的必要性分析

5.1.1 SNA 对生产法和支出法实际 GDP 概念的区分

SNA 为我们测算生产法实际 GDP 和支出法实际 GDP 提供了最根本的指导。

SNA 1993 年版（United Nations，1993）首次区分了生产法实际 GDP 和支出法实际 GDP 的概念，SNA 2008 年版（United Nations，2008）中进一步肯定了区分这两个概念的重要性①，并给出了相应的计算公式：

$$\mathrm{GDP}_t^{\mathrm{o}}=\frac{C_t+I_t+G_t}{P_t}+\frac{X_t}{P_t^{\mathrm{x}}}-\frac{M_t}{P_t^{\mathrm{m}}}\tag{5.1}$$

$$\mathrm{GDP}_t^{\mathrm{e}}=\frac{C_t+I_t+G_t}{P_t}+\frac{X_t-M_t}{P_t}\tag{5.2}$$

其中，$\mathrm{GDP}_t^{\mathrm{o}}$ 表示第 t 年生产法实际 GDP；$\mathrm{GDP}_t^{\mathrm{e}}$ 表示第 t 年支出法实际 GDP；C_t、I_t、G_t、X_t 和 M_t 分别表示第 t 年的居民最终消费支出、投资支出（固定资本形成总额）、政府支出、出口和进口的名义值；P_t、P_t^{x} 和 P_t^{m} 分别表示国内最终支出价格指数、出口价格指数和进口价格指数。

虽然从名义值来看，生产法 GDP 恒等于支出法 GDP，但是从实际值来看，这两者之间存在显著的差异。由式（5.1）和式（5.2）知，生产法实际 GDP 和支出法实际 GDP 的差别主要来源于对名义进出口值的处理。在生产法实际 GDP 的计算过程中，将进出口货物和服务的价格变动看成一种价格现象，分别使用进口和出口的价格指数对名义进口值和名义出口值进行处理以消除这种价格变动对生产法实际 GDP 的影响；在支出法实际 GDP 的计算中，是使用最终支出价格指数②对名义进出口值进行统一处理，进出口货物和服务的价格变动最终会影响支出法实际 GDP 的高低。Fennstra 等（2009a）给出了理解生产法实际 GDP 和支出法实际 GDP 的一个经典例子。假设有一个只生产两种商品的开放经济体（这两种商品记为 *A* 和 *B*），其出口商品 *A*，进口商品 *B*。如果商品 *A* 的出口价格相对于商品 *B* 的进口价格上升，则可以看出，此时产出水平仍保持不变，即以生产法衡量实际 GDP 保持不变，而以支出法衡量的实际 GDP 则出现了上升。由此可见，在现实中如果一个经济体进出口产品价格在短期内出现大幅波动，则可能导致其生产法实际 GDP 和支出法实际 GDP 产生较大的分异。

---

① SNA 2008 年版（United Nations，2008）在 15.185 段对此问题进行了详细阐述。“在一个没有出口或进口的封闭的经济体内，GDP 等于最终消费加资本形成之和，该总和被称为国内最终支出。GDP 也是经济体中由生产产生的收入值。虽然收入不能表示为价格和物量的乘积，但是如果能缩减 GDP，那么，缩减的 GDP 一定就是按实际价值计算的收入值。然而，在包括进口和出口之后，GDP 与国内最终支出不再是同一的，缩减 GDP 时必须同时考虑到进口和出口及国内最终支出的缩减。”

② 在支出法实际 GDP 的计算中该使用何种价格指数对名义进出口值进行处理，已有很多文献进行讨论，到目前为止尚未形成一致性的看法。Denison（1981）使用进口价格指数，Eurostat（1996）使用进出口产品的综合价格指数，Duguay（2006）和 Kohli（2006）使用国内最终支出价格指数。Kohli（2004b，2006，2007）在一系列的研究中都是使用国内最终支出价格指数来计算支出法实际 GDP。本书借鉴他的处理方式，使用最终支出价格指数对名义进出口值进行处理。

5.1.2 测算方法的演进

从测算的实践来看，美国国民经济分析局（Bureau of Economic Analysis，BEA）最早开展了生产法实际 GDP 和支出法实际 GDP 的测算工作（Denison，1981）。20 世纪 70 年代和 20 世纪 80 年代的两次石油危机（各经济体进口石油价格暴涨）重创了美国经济，传统的生产法实际 GDP 测算遵循国民经济核算的基本方法，将进出口价格变动视为一种价格现象予以剔除，这种测算方法无法反映进口油价大幅攀升引起的美国国内实际购买能力的大幅下降，这使得 BEA 意识到了仅从生产法角度对实际 GDP 进行测度存在很大弊端。在此基础上，BEA 于 1981 年第一次提出了 command-basis① GDP，从支出法角度测度实际 GDP，以此来反映进口价格变动所引起的实际购买力的变动。随后，许多发达经济体（如加拿大、澳大利亚）和区域组织（如欧盟）的统计部门也开始使用拉氏物量指数对生产法实际 GDP 和支出法实际 GDP 进行测算。但后来的测算实践表明，拉氏物量指数在应用于实际 GDP 测算时存在两个重要的缺陷：①拉氏物量指数是固定基期指数，随着时间的推移，基期相对价格模式与近期经济环境的相关性会越来越差，继续使用这样的基期相对价格来测度物量变化会产生较大误差；②拉氏物量指数无法反映消费替代效应，易受替代偏差的影响，这可能会导致低估实际 GDP 的变动（United Nations，2008）。

鉴于拉氏物量指数在测算实际 GDP 时存在的缺陷，Kohli（2004a）提出了基于超越对数②形式的生产函数框架并利用 Törnqvist 指数进行实际 GDP 测算的方法。Kohli（2004）提出的这个方法具有以下两个优点：①当 GDP 函数为超越对数形式时，基于 Törnqvist 价格指数计算的 GDP 物量指数是精确的（exact），这赋予了 GDP 物量指数更多的经济学含义；②Diewert（1976）的研究表明，在众多指数中，Törnqvist 指数是为数极少具有最优指数性质的指数，不受替代偏差效应的影响。基于这一最新的方法，Kohli（2006，2007）对生产法实际 GDP 和支出法实际 GDP 指数序列进行了测算，发现从长期来看，这两者的累积差异能占到实际 GDP 总量的 20%。

Kohli 提出的方法仅解决了指数测算问题，他的方法从本质上来说，仍是一种基于时间维度价格指数从单个经济体的视角进行测算的方法。实际上我们知道，

① Denison（1981）对此做了较为详细的注解，command-basis 可以理解为 command over goods and services resulting from current production，即在当前生产能力下可以掌控的货物和服务的消费量。

② Kohli（1978）首次将超越对数形式的 GDP 函数引入到研究中，他的研究表明，超越对数函数是一种非常灵活的函数形式，可以对任意的 GDP 函数进行二阶近似。

国内最终使用的货物和服务来自国内市场，而进出口的货物和服务则来自许多不同的经济体，进出口的货物和服务必然内含了不同经济体的价格水平差异，其价格结构与国内最终使用的货物和服务的价格结构可能存在显著差异。仅基于单个经济体的视角进行生产法和支出法实际 GDP 核算时，无法对这种空间价格差异进行控制，此时的核算将会有较大的误差。如果想要有效地处理此问题，我们需要借助国际比较中的多边比较方法来对这种空间价格差异进行调整。

目前，基于购买力平价法构建的国际比较框架得到国际组织和学者的普遍认可。按照比较角度的差异，基于购买力平价法的国际比较研究分化为两个分支：一是从支出法 GDP 角度进行比较的 ICP，二是从生产法 GDP 角度进行比较的 ICOP。由于 ICP 与 ICOP 在比较基期、比较方法、基础数据及参与国数量上存在诸多差异①，我们无法直接利用 ICP 和 ICOP 的数据进行生产法实际 GDP 和支出法实际 GDP 的比较（World Bank，2013a；Timmer et al.，2007；Inklaar and Timmer，2008；O'Mahony and Timmer，2009）。

为了解决在国际比较情形下进行生产法实际 GDP 和支出法实际 GDP 比较的难题，Feenstra 等（2009，2015）提出了一种基于投入产出框架、利用多边比较方法 GK 法，对生产法实际 GDP 和支出法实际 GDP 进行一致性测度和比较的国际比较方法。Feenstra 等（2009a，2015）的方法有如下几点优势：①投入产出框架的使用保证我们可以在一致性的框架下对生产法实际 GDP 和支出法实际 GDP 进行同时测算；②扩展的 GK 法的运用使得生产法实际 GDP 的测算更为简化，基于扩展的 GK 法对各经济体生产法购买力平价进行测算时，仅需使用最终支出、进口和出口的购买力平价数据，并不需要各经济体中间投入的购买力平价数据，避免了 ICOP 测算方法中的一些难题。

5.2　生产法和支出法测算框架的整合——基于 I-O 方法

5.2.1　基于 I-O 方法整合生产法和支出法测算框架

假设一个经济体用于最终消费、投资及政府支出目的的货物和服务共有 M

① ICP 在基本分类以下层次使用 CPD 方法进行汇总计算，在基本分类及以上层次采用 GEKS 方法进行汇总计算。ICP 需要收集的数据包括：各经济体基本分类支出数额及能够代表这些基本分类的商品和服务的价格水平。2005 年轮 ICP 参加经济体的数量为 146 个，2011 年轮 ICP 的参加经济体数量达到 199 个。ICOP 使用 UVR 方法进行各层次的汇总计算。数据主要来源于各经济体的工业普查，所需要的基本数据包括：分部门的产出和中间投入及构成这些产出和中间投入的货物和服务的单位价值。ICOP 目前的覆盖面相对较窄，主要包括欧盟和经合组织经济体的行业和总量可比数据。

种，分别使用 $i=1,\cdots,M$ 来表示。用于上述目的的货物和服务都来自国内市场，属于非贸易品。一个经济体在生产中所使用的中间投入有 N 种，分别使用 $i=M+1,\cdots,M+N$ 来表示。这 N 种中间投入的货物和服务既可以来自国内市场生产，也可以通过进出口贸易活动获得。这里我们借鉴 Diewert 和 Morrison（1986）及 Kohli（2004b）对于进出口贸易品的处理方式，即将所有的进出口货物和服务都视为中间投入，则一个经济体所进口和出口的货物和服务同样有 N 种，而且进出口货物和服务并不计入可供最终消费、投资及政府支出之用的货物和服务之列①。

为了能在统一的框架下对国内需求、进出口贸易及生产活动进行协调一致的处理，我们需要使用投入产出方法。在投入产出框架中，最基本的等式是每种产品的总需求等于总供给。下面我们将对理论框架进行详细阐述。

假设参与国际比较的经济体有 C 个，使用 $j=1,2,\cdots,C$ 来表示。q_{ij} 表示经济体 j 第 i 种货物和服务的国内最终需求，z_{ij} 表示中间需求，y_{ij} 表示总产出，进口和出口分别用 m_{ij} 和 x_{ij} 来表示。上述五个指标都是物量水平的指标，我们假设它们都是非负的②。经济体 j 的总需求为 $q_{ij}+x_{ij}+z_{ij}$，总供给为 $y_{ij}+m_{ij}$。根据每种货物和服务的总供给等于总需求的基本等式，可知：

$$q_{ij}+x_{ij}+z_{ij}=y_{ij}+m_{ij},\quad i=1,\cdots,M+N \tag{5.3}$$

对式（5.3）进行恒等变形，可得

$$q_{ij}+x_{ij}-m_{ij}=y_{ij}-z_{ij},\quad i=1,\cdots,M+N \tag{5.4}$$

式（5.4）的右端 $y_{ij}-z_{ij}$ 表示的是每种货物和服务的净产出（net output），即总产出扣除中间需求后的平衡项。

将式（5.4）中的每一项指标乘以其所对应的价格并将所有类别的货物和服务进行加总就可以得到支出法所表示的名义 GDP 及生产法所表示的名义 GDP（使用本币表示）。首先我们对价格进行定义。在现实经济中，对于特定的货物和服务，其国内产出和消费的价格与进出口价格往往存在显著差异。基于此实际考虑，我

① 从实际情况来看，进出口决策都是由企业，并非住户部门做出的，而且在国际贸易往来中大量涉及的是原材料与中间品进出口。即使那些所谓的最终进口产品（如牛奶、水果）在进入一个经济体时也不能立即满足该国的最终消费需求，在很多情况下还需要经过该经济体生产部门的卸载、运输、分销和零售等环节才能被最终使用。一个经济体的出口产品对于其进口经济体而言，也具有同样的中间品性质。由此可见，从生产者角度来看，进出口产品具有非常显著的中间投入的特征。此外，在测算生产法实际 GDP 时，将进出口处理为中间投入，还具备如下的优势：我们可以将一个经济体视为一个生产总体，因此一个经济体用于生产过程的中间投入都来自其他经济体的进口货物和服务，这使得我们可以不考虑经济体内部中间投入。这样一来，我们不需要国内的中间投入数据，仅使用国内最终支出、进出口的相关数据就可以进行生产法实际 GDP 的国际比较，避免了 ICOP 方法从产业层面进行生产法实际 GDP 比较的困难。下文还将对此问题进行更为深入的解释。

② 需要特别指出的是，上述五个指标在某些类别的货物和服务上为 0。当 $i=M+1,\cdots,M+N$ 时，$q_{ij}=0$；当 $i=1,\cdots,M$ 时，$x_{ij}=m_{ij}=0$。

们使用 p_{ij} 表示经济体 j 第 i 种货物和服务的国内最终需求及中间需求的价格水平，进口货物和服务的价格水平与出口货物和服务的价格水平分别使用 p_{ij}^{m} 、 p_{ij}^{x} 来表示[①]。则用支出法所表示的名义 GDP 为

$$\mathrm{GDP}_j^{\mathrm{e}} = \sum_{i=1}^{M} p_{ij} q_{ij} + (X_j - M_j) \tag{5.5}$$

其中， $X_j = \sum_{i=M+1}^{M+N} p_{ij}^{\mathrm{x}} x_{ij}$ ； $M_j = \sum_{i=M+1}^{M+N} p_{ij}^{\mathrm{m}} m_{ij}$ 。

对式（5.4）进行恒等变形，我们可以将 q_{ij} 表示为

$$q_{ij} = (y_{ij} - z_{ij}) - (x_{ij} - m_{ij}) \tag{5.6}$$

将式（5.6）代入式（5.5）中，可以得到式（5.7）：

$$\sum_{i=1}^{M} p_{ij} q_{ij} + (X_j - M_j) = \sum_{i=1}^{M} p_{ij} [(y_{ij} - z_{ij}) - (x_{ij} - m_{ij})] + \sum_{i=M+1}^{M+N} (p_{ij}^{\mathrm{x}} x_{ij} - p_{ij}^{\mathrm{m}} m_{ij}) \tag{5.7}$$

当 i 属于可贸易的货物和服务分类时，即 $i = M+1,\cdots,M+N$ 时，相应的国内最终需求 q_{ij} 为 0，因此，我们可以继续对式（5.7）进行如式（5.8）所示的变换：

$$\sum_{i=1}^{M} p_{ij} q_{ij} + (X_j - M_j) = \sum_{i=1}^{M+N} p_{ij} [(y_{ij} - z_{ij}) - (x_{ij} - m_{ij})] + \sum_{i=M+1}^{M+N} (p_{ij}^{\mathrm{x}} x_{ij} - p_{ij}^{\mathrm{m}} m_{ij}) \tag{5.8}$$

当 i 属于非贸易的货物和服务分类时，即 $i = 1,\cdots,M$ 时，相应的进出口值为 0（ $x_{ij} = m_{ij} = 0$ ）。由此可知，式（5.8）右端的第一项展开后有如式（5.9）所示的形式：

$$\sum_{i=1}^{M+N} p_{ij} [(y_{ij} - z_{ij}) - (x_{ij} - m_{ij})] = \sum_{i=1}^{M+N} p_{ij} (y_{ij} - z_{ij}) - \sum_{i=M+1}^{M+N} p_{ij} (x_{ij} - m_{ij}) \tag{5.9}$$

将式（5.9）代入式（5.8）的右端，可得

$$\sum_{i=1}^{M} p_{ij} q_{ij} + (X_j - M_j) = \sum_{i=1}^{M+N} p_{ij} (y_{ij} - z_{ij}) + \sum_{i=M+1}^{M+N} [(p_{ij} - p_{ij}^{\mathrm{m}}) m_{ij} - (p_{ij} - p_{ij}^{\mathrm{x}}) x_{ij}] \tag{5.10}$$

我们可以将 $(p_{ij} - p_{ij}^{\mathrm{m}})$ 解释为进口关税（如果符号为负则是进出补贴），而将 $(p_{ij} - p_{ij}^{\mathrm{x}})$ 解释为出口补贴（如果符号为负，则为出口税）。基于此，我们可以将式（5.10）右侧的第二项理解为进口税减去出口补贴的差额。将此项与净产出值相加即可以得到生产法所衡量的名义 GDP：

$$\mathrm{GDP}_j^{\mathrm{o}} = \sum_{i=1}^{M+N} p_{ij} (y_{ij} - z_{ij}) + \sum_{i=M+1}^{M+N} [(p_{ij} - p_{ij}^{\mathrm{m}}) m_{ij} - (p_{ij} - p_{ij}^{\mathrm{x}}) x_{ij}] \tag{5.11}$$

基于式（5.5）、式（5.10）和式（5.11）可得，使用本币表示的支出法名义

① 这里所使用的进出口价格与 SNA 保持一致，都包括了生产税净额但扣除了补贴。

GDP 与生产法名义 GDP 相等。

上述推导在投入产出框架下探讨了支出法名义 GDP 和生产法名义 GDP 的核算问题。在国际比较中，我们需要使用购买力平价因子对各经济体的名义总量指标进行平减，从而消除各经济体经济总量中所内生的价格水平差异，并转换为统一的货币单位进行表示，这样才能进行实际经济规模的国际比较。Feenstra 等（2009a，2015）给出了一个基于投入产出核算框架、利用 GK 法多边国际比较的思路进行支出法和生产法国际比较的一致性框架。

使用 GK 法进行多边国际比较的核心是构造一组参考价格（reference price）。基于这一组参考价格我们可以将各经济体的名义 GDP 转换为具有国际可比性的实际 GDP。下面我们将分别从支出法和生产法两个角度给出使用参考价格所表示的实际 GDP。

1. 支出法实际 GDP 的国际比较

第 i 类国内最终支出的货物和服务的参考价格使用 π_i^{e} 来表示，$i=1,\cdots,M$。则经济体 j 基于 GK 法所衡量的支出法实际 GDP 为

$$\mathrm{CGDP}_j^{\mathrm{e}}=\sum_{i=1}^{M}\pi_i^{\mathrm{e}}q_{ij}+\frac{(X_j-M_j)\sum_{i=1}^{M}\pi_i^{\mathrm{e}}q_{ij}}{\sum_{i=1}^{M}p_{ij}q_{ij}} \tag{5.12}$$

2. 生产法实际 GDP 的国际比较

用于第 i 类国内最终支出及中间投入的货物和服务的参考价格使用 π_i^{o} 来表示，$i=1,\cdots,M+N$。进出口的货物和服务的参考价格分别使用 π_{ij}^{x} 和 π_{ij}^{m} 表示，$i=M+1,\cdots,M+N$。我们使用这一组参考价格来替换式（5.11）右端各经济体相应的名义价格指标。则 j 国基于 GK 法所计算的生产法实际 GDP 为

$$\mathrm{CGDP}_j^{\mathrm{o}}=\sum_{i=1}^{M+N}\pi_i^{\mathrm{o}}(y_{ij}-z_{ij})+\sum_{i=M+1}^{M+N}[(\pi_{ij}^{\mathrm{o}}-\pi_{ij}^{\mathrm{m}})m_{ij}-(\pi_{ij}^{\mathrm{o}}-\pi_{ij}^{\mathrm{x}})x_{ij}] \tag{5.13}$$

经过一定的化简，可以将上式简化为①

$$\mathrm{CGDP}_j^{\mathrm{o}}=\sum_{i=1}^{M}\pi_i^{\mathrm{o}}q_{ij}+\sum_{i=M+1}^{M+N}(\pi_i^{\mathrm{x}}x_{ij}-\pi_i^{\mathrm{m}}m_{ij}) \tag{5.14}$$

可以看出，基于式（5.13）进行生产法国际比较时，我们需要计算国内中间投入的参考价格（π_i^{o}，$i=M+1,\cdots,M+N$）。但当我们基于投入产出方法将式

---

① 由式（5.6）知，$y_{ij}-z_{ij}=q_{ij}+(x_{ij}-m_{ij})$。将上式代入式（5.13），并基于约束条件，式（5.13）经最终化简即可得到式（5.14）。

（5.13）进行重新化简后，基于式（5.14）进行的生产法国际比较已不再需要计算国内中间投入的参考价格。这表明，基于投入产出框架并利用 GK 法将为我们进行生产法国际比较提供一种“捷径”，这大大降低了生产法国际比较对数据的需求量。

以上给出了在投入产出框架下利用多边比较方法 GK 法进行支出法和生产法国际比较的基本框架。下面我们将详细给出支出法和生产法国际比较的测算框架。

5.2.2 支出法的测算框架

假设参与国际比较的经济体有 C 个，使用 $j=1,\cdots,C$ 来表示；一个经济体的最终消费、投资及政府支出共涉及 M 种货物和服务，分别使用 $i=1,\cdots,M$ 来表示；经济体 j 第 i 类货物和服务的物量水平可用 q_{ij} 来表示，其价格水平用 p_{ij} 来表示。基于多边比较方法 GK 法，我们可以计算出支出法购买力平价，然后利用支出法购买力平价对各经济体使用本币表示的名义 GDP 总量进行调整，进而得到具有可比性的支出法实际 GDP。从支出法角度来看，一个经济体的名义 GDP 由国内最终支出和净出口组成，使用式（5.15）表示：

$$\text{GDP}_j=\sum_{i=1}^{M}p_{ij}q_{ij}+(X_j-M_j) \tag{5.15}$$

参考价格（ π_i^{e} ）支出法购买力平价（ PPP_j^{e} ）通过联立系统式（5.16）和式（5.17）给出：

$$\pi_i^{\text{e}}=\frac{\sum_{j=1}^{C}\left(\frac{p_{ij}}{\text{PPP}_j^{\text{e}}}\right)q_{ij}}{\sum_{j=1}^{C}q_{ij}} \tag{5.16}$$

$$\text{PPP}_j^{\text{e}}=\frac{\sum_{i=1}^{M}p_{ij}q_{ij}}{\sum_{i=1}^{M}\pi_i^{\text{e}}q_{ij}} \tag{5.17}$$

基于式（5.15）～式（5.17），经济体 j 的支出法实际 GDP（ CGDP_j^{e} ）可以由式（5.18）得到：

$$\text{CGDP}_j^{\text{e}}=\frac{\text{GDP}_j}{\text{PPP}_j^{\text{e}}}=\sum_{i=1}^{M}\pi_i^{\text{e}}q_{ij}+\frac{(X_j-M_j)}{\text{PPP}_j^{\text{e}}} \tag{5.18}$$

5.2.3 生产法的测算框架

为了构建生产法实际 GDP 的测算框架，我们将参照 Diewert 和 Morrison（1986）及 Kohli（2004b）的生产函数方法，其实质是在开放经济条件下重新审视一个经济体的生产过程，将进出口看成中间投入。

假设参与国际比较的经济体有 C 个，使用 $j=1,2,\cdots,C$ 来表示。一个经济体用于最终消费、投资及政府支出目的的货物和服务共有 M 种，分别使用 $i=1,\cdots,M$ 来表示。这里我们假设用于上述目的的货物和服务都是非贸易品。一个经济体进口和出口的货物和服务有 N 种，分别使用 $i=M+1,\cdots,M+N$ 来表示。我们借鉴 Diewert 和 Morrison（1986）及 Kohli（2004b）对于贸易品的处理方式，即将所有的进出口货物和服务都视为中间投入，进出口货物和服务并不计入可供最终消费和投资之用的货物和服务之列。

由此，我们可以将一个经济体的货物和服务分为三类：①用于最终国内使用（final domestic demand）的货物和服务。使用 q_{ij} 表示第 i 种用于最终国内使用的货物和服务的物量水平，p_{ij} 表示其价格，$i=1,\cdots,M$。②用于出口（export）的货物和服务。使用 x_{ij} 表示第 i 种出口货物和服务的物量水平，p_{ij}^{x} 表示其价格水平，$i=M+1,\cdots,M+N$；③进口（import）货物和服务。使用 m_{ij} 表示第 i 种进口货物和服务的物量水平，p_{ij}^{m} 表示其价格，$i=M+1,\cdots,M+N$。

基于 GK 法的多边比较思路，Feenstra 等（2009a）提出了使用参考价格从生产角度进行国际比较的方法。与测算支出法实际 GDP 不同的是，测算生产法实际 GDP 需要使用不同的购买力平价因子对国内最终使用的货物和服务、进口及出口货物和服务分别进行调整，进而计算一个经济体的生产法实际 GDP。

从生产角度度量的一个经济体的实际 GDP（$\mathrm{CGDP}_j^{\mathrm{o}}$）如式（5.19）所示①：

$$\mathrm{CGDP}_j^{\mathrm{o}}=\frac{\sum_{i=1}^{M}p_{ij}q_{ij}}{\mathrm{PPP}_j^{\mathrm{o}}}+\frac{\sum_{i=M+1}^{M+N}p_{ij}^{\mathrm{x}}x_{ij}}{\mathrm{PPP}_j^{\mathrm{x}}}-\frac{\sum_{i=M+1}^{M+N}p_{ij}^{\mathrm{m}}m_{ij}}{\mathrm{PPP}_j^{\mathrm{m}}} \tag{5.19}$$

其中，$\mathrm{PPP}_j^{\mathrm{o}}$ 表示基于生产法计算的一个经济体 GDP 总量层次的购买力平价；$\mathrm{PPP}_j^{\mathrm{x}}$ 表示出口货物和服务的购买力平价；$\mathrm{PPP}_j^{\mathrm{m}}$ 表示进口货物和服务的购买力平价。

假设 π_i^{o}、π_i^{x} 和 π_i^{m} 分别为第 i 类货物和服务的最终国内使用、出口及进口的

① $X_j=\sum_{i=M+1}^{M+N}p_{ij}^{\mathrm{x}}x_{ij}$，$M_j=\sum_{i=M+1}^{M+N}p_{ij}^{\mathrm{m}}m_{ij}$。

参考价格，则一个经济体的 $\mathrm{PPP}_j^{\mathrm{o}}$ 、$\mathrm{PPP}_j^{\mathrm{x}}$ 和 $\mathrm{PPP}_j^{\mathrm{m}}$ 可以通过如式（5.20）～式（5.22）所示的帕氏价格指数进行计算：

$$\mathrm{PPP}_j^{\mathrm{o}}=\frac{\sum_{i=1}^{M}p_{ij}q_{ij}+\sum_{i=M+1}^{M+N}(p_{ij}^{\mathrm{x}}x_{ij}-p_{ij}^{\mathrm{m}}m_{ij})}{\sum_{i=1}^{M}\pi_i^{\mathrm{o}}q_{ij}+\sum_{i=M+1}^{M+N}(\pi_i^{\mathrm{x}}x_{ij}-\pi_i^{\mathrm{m}}m_{ij})} \tag{5.20}$$

$$\mathrm{PPP}_j^{\mathrm{x}}=\frac{\sum_{i=M+1}^{M+N}p_{ij}^{\mathrm{x}}x_{ij}}{\sum_{i=M+1}^{M+N}\pi_i^{\mathrm{x}}x_{ij}} \tag{5.21}$$

$$\mathrm{PPP}_j^{\mathrm{m}}=\frac{\sum_{i=M+1}^{M+N}p_{ij}^{\mathrm{m}}x_{ij}}{\sum_{i=M+1}^{M+N}\pi_i^{\mathrm{m}}x_{ij}} \tag{5.22}$$

参考价格 π_i^{o} 、π_i^{x} 和 π_i^{m} 可以通过式（5.23）～式（5.25）进行计算：

$$\pi_i^{\mathrm{o}}=\frac{\sum_{j=1}^{C}\left(\frac{p_{ij}}{\mathrm{PPP}_j^{\mathrm{o}}}\right)q_{ij}}{\sum_{j=1}^{C}q_{ij}} \tag{5.23}$$

$$\pi_i^{\mathrm{x}}=\frac{\sum_{j=1}^{C}\left(\frac{p_{ij}^{\mathrm{x}}}{\mathrm{PPP}_j^{\mathrm{o}}}\right)x_{ij}}{\sum_{j=1}^{C}x_{ij}} \tag{5.24}$$

$$\pi_i^{\mathrm{m}}=\frac{\sum_{j=1}^{C}\left(\frac{p_{ij}^{\mathrm{m}}}{\mathrm{PPP}_j^{\mathrm{o}}}\right)m_{ij}}{\sum_{j=1}^{C}m_{ij}} \tag{5.25}$$

可以看出，式（5.20）～式（5.25）组成了一个联立系统。相比起上文所述的用于测算支出法实际 GDP 的 GK 法框架，我们可以将用于测算生产法实际 GDP 的上述联立系统看成是拓展版的 GK 法。基于参考价格表示的生产法实际 GDP 为

$$\mathrm{CGDP}_j^{\mathrm{o}}=\sum_{i=1}^{M}\pi_i^{\mathrm{o}}q_{ij}+\sum_{i=M+1}^{M+N}(\pi_i^{\mathrm{x}}x_{ij}-\pi_i^{\mathrm{m}}m_{ij}) \tag{5.26}$$

5.3　非基准年份的推算方法——基于 Törnqvist 指数方法

基于上述理论框架，我们可以在每个年份上使用 GK 法及扩展的 GK 法来计算各经济体支出法实际 GDP 和生产法实际 GDP。Feenstra 等（2015）将通过此方式计算得到的不同年份各经济体的支出法实际 GDP 和生产法实际 GDP 称为现价支出法实际 GDP（CGDP_j^{e}）和现价生产法实际 GDP（CGDP_j^{o}）。之所以称之为现价，主要是因为此方法计算的支出法实际 GDP 和生产法实际 GDP 都是基于当年的参考价格计算得到的①。由计算的步骤可知，在每一年份上 GK 法和扩展的 GK 法所得到的参考价格各不相同，这就导致即使是同一经济体，其在不同年份上的支出法实际 GDP 和生产法实际 GDP 也存在不可比性②。为了解决此问题，我们将通过下述方法计算各经济体不变价的支出法实际 GDP 和生产法实际 GDP③。

（1）确定基期，并利用 GK 法和扩展的 GK 法计算基期各经济体的支出法实际 GDP 和生产法实际 GDP。在本书中，我们选取 2011 年作为基期。

（2）使用 Törnqvist 指数方法计算不变价支出法实际 GDP 和生产法实际 GDP 的增长率。

支出法 GDP 和生产法 GDP 的 Törnqvist 价格指数序列分别为

$$P_{j,t,t-1}^{\text{e}}=\exp\left(\ln\frac{\text{PPP}_{j,t}^{\text{e}}}{\text{PPP}_{j,t-1}^{\text{e}}}\right)\tag{5.27}$$

$$P_{j,t,t-1}^{\text{o}}=\exp\left(\sum_{i}\pm\frac{s_{j,t}^{i}+s_{j,t-1}^{i}}{2}\ln\frac{\text{PPP}_{j,t}^{i}}{\text{PPP}_{j,t-1}^{i}}\right),\quad i\in\{\text{o},\text{x},\text{m}\}\tag{5.28}$$

---

① 但是这里需要特别指出，Feenstra 等（2013a）定义的现价生产法实际 GDP 和支出法实际 GDP 在某一固定年份仍具备物量水平的可比性，这显然与国民核算账户中的现价概念并不相同。

② 以生产法实际 GDP 的计算为例来说明。由式（5.26）可知，一个经济体在（t−1）年和 t 年的生产法实际 GDP 分别为 $\text{CGDP}_{j,t}^{\text{o}}=\sum_{i=1}^{M}\pi_{i,t}^{\text{o}}q_{ij,t}+\sum_{i=M+1}^{M+N}(\pi_{i,t}^{\text{x}}x_{ij,t}-\pi_{i,t}^{\text{m}}m_{ij,t})$，$\text{CGDP}_{j,t-1}^{\text{o}}=\sum_{i=1}^{M}\pi_{i,t-1}^{\text{o}}q_{ij,t-1}+\sum_{i=M+1}^{M+N}(\pi_{i,t-1}^{\text{x}}x_{ij,t-1}-\pi_{i,t-1}^{\text{m}}m_{ij,t-1})$。而由参考价格的计算可知，$\pi_{i,t}^{\text{o}}$、$\pi_{i,t}^{\text{x}}$、$\pi_{i,t}^{\text{m}}$ 和 $\pi_{i,t-1}^{\text{o}}$、$\pi_{i,t-1}^{\text{x}}$、$\pi_{i,t-1}^{\text{m}}$ 存在差异，因此，$\text{CGDP}_{j,t}^{\text{o}}$ 和 $\text{CGDP}_{j,t-1}^{\text{o}}$ 存在不可比性。

③ 我们所使用的不变价计算方法的思路与 Feenstra 等（2013a）基本一致，但在方法细节上存在差异。主要区别在于，Feenstra 等（2013a）在计算生产法实际 GDP 和支出法实际 GDP 的增长率时，使用的是 Fisher 指数，本书采用的是 Törnqvist 指数。经过实际计算比较后发现，两种指数计算方法得出的不变价实际 GDP 差别较小。本书在此选取 Törnqvist 指数的原因主要有如下几点考虑：①具有最优指数的性质，Kohli（2004a）的研究发现，当 GDP 函数为超越对数形式时，基于 Törnqvist 价格指数计算的 GDP 物量指数是最优指数，Fisher 指数并不具备此特点；②便于进行下文的增长率分解研究，在 Diewert 和 Morrison（1986）提出的实际增长率分解框架中，基于 Törnqvist 指数方法，利用现有数据便可进行实际增长率分解，而基于 Fisher 指数方法还需要额外数据才能进行计算，且某些数据目前无法获取。

其中，$s^{\mathrm{o}}_{j,t}$、$s^{\mathrm{x}}_{j,t}$ 和 $s^{\mathrm{m}}_{j,t}$ 分别表示经济体 j 在第 t 年中最终国内使用、出口及进口占名义 GDP 的比重。

则不变价支出法实际 GDP 和不变价生产法实际 GDP 的增长率可以使用式（5.29）和式（5.30）进行计算：

$$\mathrm{RCGDP}^{\mathrm{e}}_{j,t,t-1}=\frac{\mathrm{GDP}_{j,t,t-1}}{P^{\mathrm{e}}_{j,t,t-1}} \tag{5.29}$$

$$\mathrm{RCGDP}^{\mathrm{o}}_{j,t,t-1}=\frac{\mathrm{GDP}_{j,t,t-1}}{P^{\mathrm{o}}_{j,t,t-1}} \tag{5.30}$$

（3）结合上述计算所得到的基期数据，通过实际增长率来对基期数据进行外推，由此获取各经济体在连续时间段上的不变价支出法实际 GDP 和不变价生产法实际 GDP。

5.4 本章小结

ICP 是从支出法角度进行国际比较的，支出法比较结果所衡量的实际 GDP 着眼于反映一个经济体的实际购买力或者生活水平。实际上，实际经济规模的国际比较还可以从生产法角度进行，生产法所衡量的实际 GDP 更着眼于度量一个经济体的生产能力及其所具备的生产可能性边界。在全球经济一体化持续深入及国际贸易活动日益频繁的背景下，一个经济体的生产能力和实际购买能力可能存在较大分异。参与国际贸易，并且出口相对价高的商品而进口相对价格低廉的商品，一个经济体就可以在生产能力没有提高的情况下增加同等收入所能购买到的商品。可以看出，生产法国际比较与支出法国际比较并不简单是两个测算角度的差异问题，实际上，它们之间的差异具有十分重要的理论和实际含义。

基于上述理论分析和现实考虑，本章基于投入产出框架，利用 GK 法多边比较的思路，构建了一致性的框架，进行基准年份的支出法和生产法国际比较。在基准年份测算框架的基础上，使用 Törnqvist 指数方法将基准年份的比较结果外推至非基准年份。上述测算框架具备的优势是：①我们可以在一致性的框架下同时对基准年和非基准年的支出法实际 GDP 和生产法实际 GDP 进行测算；②扩展的 GK 法的运用使得生产法实际 GDP 的测算更为简化，我们不再需要各经济体中间投入的购买力平价数据，即可对生产法购买力平价及其实际 GDP 进行测算。

第6章 中国经济的实际规模测算：2000～2017年

在本章中，我们将利用第5章构建的测算理论框架，在国际比较视野下重新审视和测算中国经济的实际生产能力和实际购买力，并在此基础上深入探究这两者间存在的差异及其原因。本章将首先使用2005年轮和2011年轮ICP的基础数据，分别计算中国2000～2017年生产法和支出法各分项的购买力平价因子，主要包括最终国内使用、进口及出口的货物和服务。紧接着利用上述分项购买力平价数据，并根据生产法实际GDP和支出法实际GDP计算公式的差异，分别选用相应的Törnqvist物量指数方法进行汇总计算，以此获取经购买力平价调整后的中国2000～2017年的生产法实际GDP和支出法实际GDP的增长率序列。最后，选定2011年作为基期，利用经购买力平价调整后的增长率序列对基期数据进行外推，获得最终的生产法实际GDP和支出法实际GDP序列。可以看出，本章使用的方法更符合在经济全球化背景下核算生产法实际GDP和支出法实际GDP的初衷，因此将更能准确反映中国经济的生产能力和实际购买力的实际状况。在此基础上，本章还基于超越对数形式的GDP函数框架，利用Törnqvist指数分解方法对中国生产法实际GDP和支出法实际GDP之间存在的差异进行了分解，详细探究了这种差异的来源。

6.1 研究背景

自改革开放以来，中国的国际贸易地位发生了巨大的变化。1978年，中国的货物进出口总额仅有206亿美元，在世界货物贸易中排名第32位，而到2013年，中国的货物进出口总额达到4.16万亿美元，比1978年增长了201倍，世界排名也一举跃升至全球第一。在国际贸易活动快速发展的背景下，中国经济的实际生产能力得到了巨大的提升，但我们不禁要问，贸易活动在提高中国经济生产能力的同时，究竟对经济体的实际购买力产生了什么影响？世界发展指标公布的数据显示，近年来中国的贸易条件持续恶化，这是不是意味着在中国经济的生产能力迅速提升的同时中国的实际购买力并没有得到相同程度的提高？中国的贸易利益是否在持续下降？

要回答上述问题，我们需要测算“生产法衡量的实际 GDP”与“支出法衡量的实际 GDP”。根据国民经济核算的三方等价原则可知，一个经济体以名义值表示的生产法 GDP 与支出法 GDP 应该是恒等的。但我们将关注的视角转向实际 GDP（消除了价格变动的 GDP）时，这个等式将发生根本性的变化。贸易条件的优劣将导致一个经济体的生产法实际 GDP 和支出法实际 GDP 出现显著分异。根据 SNA 的定义，生产法所衡量的实际 GDP 着眼于度量一个经济体的生产能力及其所具备的生产可能性边界，而支出法所衡量的实际 GDP 更着眼于反映一个经济体的实际购买力或者生活水平（United Nations，1993）。

欧美国家的统计部门从 20 世纪 80 年代就开始对生产法实际 GDP 和支出法实际 GDP 分别进行统计（Denison，1981；Eurostat，1996），而且国外学者也已经在测算方法上做了大量卓有成效的探讨。根据测算视角的不同，生产法和支出法实际 GDP 的测算方法可以分为两种。一种是基于单个经济体视角进行测算的方法，通过计算时间维度的价格指数序列然后对名义值进行平减。已经开展生产法和支出法实际 GDP 测算的经济体都是基于此方法。Kohli 在推动此方法的发展上做出了较为卓越的贡献，Kohli（2004a）提出了基于超越对数形式的生产函数框架，利用 Törnqvist 指数进行生产法和支出法实际 GDP 测算的方法，这是目前此视角下最为前沿的测算方法。另一种方法基于多国比较视角展开测算，使用空间价格指数（购买力平价因子）对名义值进行调整。实际上，一个经济体的生产能力和实际购买力之所以会出现异化正是源于生产活动和消费活动的全球化趋势，仅基于一个经济体的国民核算数据已经很难全面反映经济体间的贸易往来对生产活动和消费活动产生的广泛影响，基于此考虑，这种方法通过测算购买力平价因子来对名义值进行调整。目前这项研究由加州大学戴维斯分校的 Robert Feenstra 教授主导。Feenstra 等（2009a，2015）提出了在国际比较背景下基于 GK 法多边比较框架进行生产法和支出法实际 GDP 测算的方法，这种方法也构成了宾大世界表 8.0 的方法基础。

从我国目前的研究现状来看，我国国家统计局公布的实际 GDP 序列仅是从生产法角度给出的，还未对支出法实际 GDP 进行核算（许宪春，2010）。我国学术界长期以来对贸易利益问题十分关注（钱学锋和熊平，2010；孙文莉等，2013），但鲜有学者对生产法实际 GDP 和支出法实际 GDP 进行测算，这在很大程度上阻碍了对这一问题的深入而科学的探讨。仅有的测算研究来自林桂军和张玉芹（2007）及范志勇和毛学峰（2013）。前者利用海关总署提供的进出口价格数据并基于拉氏指数初步计算了我国 1995～2004 年生产法和支出法实际 GDP 的定基序列；后者利用世界发展指标的数据对我国 1980～2009 年生产法实际 GDP 和支出法实际 GDP 的增长率序列进行了核算。

我国学者已有的测算研究虽然为问题的探讨提供了一定的数据支撑，但还存在如下值得注意和改进的方面：①我国学者的测算研究仍仅限于第一种测算视角，还未有在国际比较视角下基于购买力平价方法测算中国经济的生产能力和实际购买力的研究；②已有的测算研究并未对中国生产法实际 GDP 和支出法实际 GDP 之间存在的差异进行深入的探究，而理解这种差异的源泉具有重要意义；③使用的进出口价格指数并未对进出口产品质量的变动进行调整。在不同年份上进出口货物和服务的质量存在较大差异，在上述研究所用的进出口价格指数中，并未对质量因素进行分离，因此测算的进出口价格指数存在较大误差，这将直接对生产法实际 GDP 的核算产生影响。

有鉴于此，我们将在国际比较视野下重新审视和测算中国经济的生产能力和实际购买力，并在此基础上深入探究这两者间存在的差异及其原因。与以往研究相比，本书的主要不同有：①本章基于世界银行 ICP 的基础数据，利用 Feenstra 等（2015）提出的 GK 法多边比较框架并借助 Törnqvist 物量指数核算了经购买力平价因子调整后的中国 2000～2017 年的生产法实际 GDP 和支出法实际 GDP。利用购买力平价因子使得我们不仅可以对时间维度上的价格变动因素进行调整，而且还可以对经济体间存在的空间维度上的价格差异进行调整，这为我们更加准确地评估中国经济的生产能力和实际购买力提供了新的可能。②本章对 Feenstra 等（2015）提出的生产法实际 GDP 和支出法实际 GDP 的计算方法进行了改进，这一改进使得我们可以基于 Törnqvist 指数分解方法对生产法与支出法实际 GDP 变动的差异进行分解，这一分解能够帮助我们了解中国生产法实际 GDP 增长率和支出法 GDP 增长率之间存在的差异的来源。③本章使用了经质量调整的进出口价格指数对生产法实际 GDP 进行测算。进出口价格水平的准确测度对于正确测算生产法实际 GDP 较为关键。各经济体的进出口产品在质量上存在较大差异，将质量差异因素与价格差异因素进行分离十分关键。本书使用了 Feenstra 和 Romalis（2014）提供的经质量调整的进出口价格指数对生产法实际 GDP 进行测算，这保证了本书的测算结果将更加可靠。

6.2　测算数据的来源和处理

6.2.1　基础数据来源

由生产法实际 GDP 和支出法实际 GDP 计算框架可知，如果要计算各经济体在每一年份上的不变价生产法实际 GDP（ $RGDP^{o}_{j,t}$ ）和不变价支出法实际 GDP（ $RGDP^{e}_{j,t}$ ），则需要如下的基本数据：①各经济体在每一年份上最终国内使用所包括的不同类别的货物和服务的物量和价格水平；②各经济体在每一年份上不同类别的进口和出口货物和服务的物量和价格水平。本书将研究的时段限定在2000～2017 年，包括的经济体数量为 183 个[①]。我们将分别介绍已有数据的具体来源及缺失数据的处理方法。

1. 最终支出数据

按照 SNA 对最终国内使用的一般划分方法，最终支出数据可以分为如下三类：居民最终消费支出、投资支出（固定资本形成总额）及政府支出。这三类支出的物量水平使用各经济体以 2011 年为基期的不变价国民经济核算账户数据来衡量，所用数据来源于世界发展指标数据库，选取的经济体数量为 183 个，所用数据的时间跨度为 2000～2017 年。这三类支出的价格水平使用 ICP 中提供的相应分类的价格水平指数来衡量，基础数据来源于 2005 年轮和 2011 年轮 ICP。由于 ICP 仅在基准年份进行调查，因此各经济体在价格水平数据上缺失较为严重。我们将在下节详细介绍价格水平数据的外推方法。

2. 进出口数据

各经济体的进出口产品在质量上存在较大差异，如何将质量差异因素与价格差异因素进行分离对于准确测算各经济体的进出口价格水平意义重大。Feenstra 和 Romalis（2014）通过构建扩展的垄断竞争框架识别了进出口产品的质量差异，并在 BEC[②]下基于引力方程模型对 185 个经济体 1984～2011 年经质量调整的进出口价格指数进行了估算。本书将使用此数据集来衡量各经济体在不同年份上的进出口价格水平。此外，Feenstra 和 Romalis（2014）还提供了各经济体在 BEC 下的不变价进出口数据，本书将使用此数据来表示进出口的物量水平。

① 之所以进行这两个限定，有如下考虑：第一，时间维度的限制。本章所使用的价格水平数据主要来源于基准年份的 ICP，非基准年份数据需要通过外推获取。第七轮和第八轮 ICP 调查基期分别为 2005 年和 2011 年，考虑到如果进行较长时段的外推，价格水平数据的可靠性和科学性将无法得到保证。2000～2017 年需要进行外推的最远年份距离最近的 ICP 调查基期为 6 年，此时，利用下文所述的外推方法进行外推时价格数据的可靠性较有保证。第二，经济体数量的限定。经济体数量的选定依然受到 ICP 基础数据的限制。2005 年轮 ICP 参加经济体的数量为 146 个，2011 年轮 ICP 的参加经济体数量为 199 个。本着尽可能利用基期测算数据的原则，并对有缺失值的经济体进行了剔除，最终样本中包括的经济体数目为 183 个。

② 广义经济分类，broad economic categories，简称 BEC，是联合国推行的一种国际贸易商品的统计和对比的标准分类方法。BEC 目录有如下 6 个一级分类：食品和饮料、其他消费品、资本、能源、工业中间投入品及运输设备。

6.2.2　缺失数据的外推方法

在 ICP 非基准调查年份上，各经济体的居民最终消费支出、投资支出（固定资本形成总额）及政府公共支出的价格水平都存在缺失，需要通过外推来获得。借鉴 Rao 等（2010）和 Hill（2004）关于价格水平数据的外推方法，本书区分了两种不同情况的数据缺失类型，并根据数据缺失类型来选择不同的外推方法。

1. 内部缺失数据的推算

当缺失数据位于两轮 ICP 调查基期之内时，我们认为此缺失数据为内部缺失数据，我们将使用内部推算法对这类缺失数据进行推算。为了说明推算方法的具体实施步骤，我们以中国的情况为例。中国参与了 2005 年轮和 2011 年轮 ICP 的调查，而在这两轮调查之间年份（2005< t <2011）的价格水平数据存在缺失。具体推算方法如下。

（1）购买力平价数据的推算：

$$\begin{aligned}\mathrm{PPP}_{\mathrm{c},t} &= \mathrm{PPP}_{\mathrm{c},2005}\times\frac{P_{\mathrm{CPI},t}}{P_{\mathrm{CPI},2005}}\left(\frac{2011-t}{2011-2005}\right)\\ &\quad+\mathrm{PPP}_{\mathrm{c},2011}\times\frac{P_{\mathrm{CPI},t}}{P_{\mathrm{CPI},2011}}\left(\frac{t-2005}{2011-2005}\right),\quad 2005<t<2011\end{aligned}\tag{6.1}$$

其中，$\mathrm{PPP}_{\mathrm{c},t}$ 表示经推算得到的中国第 t 年的居民最终消费支出的购买力平价；$P_{\mathrm{CPI},t}$ 表示中国第 t 年的居民消费价格指数；$\mathrm{PPP}_{\mathrm{c},2005}$ 和 $\mathrm{PPP}_{\mathrm{c},2011}$ 分别表示 ICP 基准年份的居民最终消费支出的购买力平价。可以看出，当 t=2005 或 2011 时，所推算的 $\mathrm{PPP}_{\mathrm{c},t}$ 恰好等于相应年份的 ICP 基准值。因此，上述的推算方法最大限度地利用了基期调查数据。

（2）价格水平数据的推算：

$$p_{\mathrm{c},t}=\frac{\mathrm{PPP}_{\mathrm{c},t}}{\mathrm{EX}_t},\quad 2005<t<2011\tag{6.2}$$

其中，$p_{\mathrm{c},t}$ 表示经内部推算法得到的中国第 t 年的居民最终消费支出的价格水平；EX_t 表示相应年份的人民币兑美元汇率。

2. 外部缺失数据

当缺失数据并非位于两轮 ICP 调查基期之内时，则认为此缺失数据为外部缺失数据，我们将使用外部推算法对这类缺失数据进行推算。在本书中，所有经济体2000～2004年及2012～2017年[①]的价格水平数据都需要使用外部推算法进行填补。仍以中国为例，具体的推算方法如下。

（1）购买力平价数据的推算：

$$\mathrm{PPP}_{c,t}=\mathrm{PPP}_{c,2005}\times\frac{P_{\mathrm{CPI},t}}{P_{\mathrm{CPI},2005}},\quad 2000\leqslant t\leqslant 2004 \tag{6.3}$$

$$\mathrm{PPP}_{c,t}=\mathrm{PPP}_{c,2011}\times\frac{P_{\mathrm{CPI},t}}{P_{\mathrm{CPI},2011}},\quad 2012\leqslant t\leqslant 2017$$

（2）价格水平数据的推算：

$$p_{c,t}=\frac{\mathrm{PPP}_{c,t}}{\mathrm{EX}_t},\quad 2000\leqslant t\leqslant 2004 \tag{6.4}$$

$$p_{c,t}=\frac{\mathrm{PPP}_{c,t}}{\mathrm{EX}_t},\quad 2012\leqslant t\leqslant 2017$$

其中，$p_{c,t}$表示经外部推算法得到的中国第t年的居民最终消费支出的价格水平。

6.3 生产法和支出法测算结果的分析

6.3.1 购买力平价数据的测算结果与可靠性分析

表6.1给出了本章计算的生产法、支出法及各分项的购买力平价值。我们首先关注的是本书计算所得到的数据与ICP基期数据的差异，这在很大程度上关系到本书计算结果的可信度。2005年和2011年是ICP的调查基期。在2011年中，本书从生产法和支出法角度估计的购买力平价水平（分别为3.492人民币/美元和3.496人民币/美元）与2011年轮ICP所公布的结果（3.506人民币/美元）十分接近，但本书计算的2005年的结果（2.228人民币/美元和2.213人民币/美元）则与2005年轮ICP公布的结果（3.45人民币/美元）存在较大的差异。下面我们将对本书估计结果的合理性进行解释。Feenstra等（2013b）对2005年轮ICP测算结果可能存在的对中国购买力平价水平的高估问题进行了详细研究。他们的研究表明，在2005年轮ICP中，世界银行对中国购买力平价水平的估计结果（3.45人民币/美元）偏高，中国的购买力平价水平被高估了约40%。经调整后，2005年中国的实际购买力平价为2.462人民币/美元。本书从生产法和支出法所计算的2005年的中国购买力平价水平分别为2.228人民币/美元和2.213人民币/美元，与Feenstra

---

① 本书研究进行时，2017年轮ICP结果尚未公布。

等（2013b）的调整值较为接近。上述分析表明，本书计算的购买力平价数据可信度较高，这保证了下文分析的可靠性。

表 6.1 中国 2000～2017 年汇率及生产法、支出法和各分项购买力平价（单位：人民币/美元）

年份	汇率	生产法购买力平价	支出法购买力平价	国内最终支出购买力平价	出口购买力平价	进口购买力平价
2000	8.279	2.054	2.018	1.882	4.039	4.328
2001	8.277	2.067	2.032	1.892	3.933	4.209
2002	8.277	2.061	2.027	1.878	3.987	4.281
2003	8.277	2.118	2.082	1.886	4.308	4.639
2004	8.277	2.249	2.206	1.955	4.641	4.961
2005	8.194	2.228	2.213	1.940	4.605	5.144
2006	7.973	2.403	2.389	2.158	4.697	5.192
2007	7.608	2.667	2.653	2.438	4.906	5.338
2008	6.949	2.939	2.923	2.737	4.898	5.163
2009	6.831	3.010	2.980	2.873	4.604	4.651
2010	6.770	3.200	3.198	3.139	4.697	4.918
2011	6.461	3.492	3.496	3.501	4.765	4.979
2012	6.312	3.591	3.615	3.628	4.607	4.889
2013	6.196	3.735	3.736	3.751	4.555	4.676
2014	6.143	3.759	3.784	3.820	4.542	4.793
2015	6.227	3.821	3.805	3.887	4.601	4.598
2016	6.644	3.837	3.836	3.946	4.552	4.639
2017	6.759	3.893	3.921	3.994	4.592	4.875

从表 6.1 最后三列给出的数据可以看出，国内最终支出购买力平价与进口购买力平价、出口购买力平价之间存在显著性差异。在 2000 年时，进口购买力平价、出口购买力平价为国内最终支出购买力平价的两倍之多，相差悬殊。随着时间的推移，这两者之间的差异虽然呈现出逐渐收缩的趋势，但是仍旧显著（2017 年进口购买力平价仍高出国内最终支出购买力平价约 22%）。上述分析表明，国内最终使用的货物和服务的价格结构与进出口货物和服务的价格结构存在显著差异。在计算生产法和支出法实际 GDP 时，我们需要对这种价格差异进行调整以保证测算的准确性。

6.3.2 汇率法和购买力平价法比较结果的对比分析

从表 6.2 可以看出，经汇率法调整计算得到的中国 GDP 总量与使用购买力平价方法计算得到的结果相差较大。在 2000 年时，按汇率法调整后的 GDP 为 1.211 万亿美元,而本章基于购买力平价方法计算的生产法实际 GDP 和支出法实际 GDP 分别是汇率法 GDP 的 4.0 倍和 4.1 倍。时间推移到 2017 年，汇率法 GDP 和基于购买力平价法计算的 GDP 之间的差距虽有所缩小，但这种差距仍旧较为显著。2017 年按汇率法调整后的 GDP 为 12.238 万亿美元，同期基于购买力平价法计算的 GDP 高于基于汇率法计算的 GDP 70%以上。

表 6.2　经汇率法和购买力平价法调整后的中国 GDP 总量

年份	GDP/万亿元	汇率法 GDP/万亿美元	生产法实际 GDP/万亿美元	支出法实际 GDP/万亿美元
2000	10.028	1.211	4.883	4.969
2001	11.086	1.339	5.365	5.456
2002	12.172	1.471	5.907	6.005
2003	13.742	1.660	6.487	6.599
2004	16.184	1.955	7.196	7.337
2005	18.732	2.286	8.409	8.465
2006	21.944	2.752	9.132	9.186
2007	27.023	3.552	10.132	10.186
2008	31.952	4.598	10.873	10.933
2009	34.908	5.110	11.596	11.715
2010	41.303	6.101	12.907	12.913
2011	48.930	7.573	14.013	13.995
2012	54.037	8.561	15.046	14.946
2013	59.524	9.607	15.936	15.931
2014	64.397	10.482	17.132	17.017
2015	68.905	11.065	18.032	18.109
2016	74.359	11.191	19.379	19.385
2017	82.712	12.238	21.248	21.094

注：现价 GDP 数据来自世界银行世界发展指标数据库（2019 年 4 月版）；现价 GDP 经汇率（人民币兑美元汇率）调整即可获得汇率法 GDP；生产法实际 GDP 和支出法实际 GDP 来自本章计算

实际上，汇率和购买力平价都可被视作一种货币转换因子。在国际比较中，我们对货币转换因子有两种基本要求：一是可以将不同经济体用不同货币单位表示的经济总量转换成同种货币单位进行度量，二是可以对各经济体 GDP 总量中内生的价格水平进行调整，以消除价格水平差异的影响，从而进行实际经济总量的比较。汇率可以将不同经济体使用不同货币单位表示的经济总量转换成同种货币单位进行度量，但在进行价格水平调整时，汇率却并不合适。主要原因在于汇率主要反映的是可贸易品的相对价格水平，无法反映各经济体市场上大量的非贸易品的相对价格水平。而对于中国而言，国内市场非贸易品的相对价格较低，尤其是国内服务的相对价格较低。因此在进行国际经济比较时，汇率法会高估我国的总体价格水平，进而导致严重低估中国经济在世界经济版图中的地位。购买力平价法既可以对货币单位进行同度量调整，同时还可以对 GDP 总量中内生的价格水平进行调整，因而基于购买力平价法进行的国际比较结果更为合理。

6.3.3　中国经济在世界经济中的地位分析

本节我们将从总量规模及人均水平两个角度分别来分析中国经济在世界经济中的地位。

1. 总量规模分析

在分析中国经济在世界经济中所占据的实际地位之前，我们需要首先计算每一个年份上世界所有经济体的实际经济总量之和。基于上文给出的 183 个经济体 2000～2017 年的实际 GDP 数据，我们分别计算了样本期内历年中国生产法实际 GDP 和支出法实际 GDP 占世界的比重。表 6.3 的第四和第五列给出了计算的结果。从表 6.3 给出的数据，我们可以得出如下论断。

表 6.3　中国经济实际规模在占世界经济实际规模的比重

年份	中国生产法实际 GDP /万亿美元	中国支出法实际 GDP /万亿美元	中国生产法实际 GDP 占世界的比重	中国支出法实际 GDP 占世界的比重
2000	4.883	4.969	8.679%	8.831%
2001	5.365	5.456	9.285%	9.443%
2002	5.907	6.005	9.905%	10.070%
2003	6.487	6.599	10.529%	10.710%
2004	7.196	7.337	11.012%	11.229%
2005	8.409	8.465	11.934%	12.014%
2006	9.132	9.186	12.226%	12.298%
2007	10.132	10.186	12.713%	12.780%
2008	10.873	10.933	13.090%	13.162%
2009	11.596	11.715	14.016%	14.160%

续表

年份	中国生产法实际 GDP /万亿美元	中国支出法实际 GDP /万亿美元	中国生产法实际 GDP 占世界的比重	中国支出法实际 GDP 占世界的比重
2010	12.907	12.913	14.532%	14.539%
2011	14.013	13.995	14.767%	14.748%
2012	15.046	14.946	15.350%	15.248%
2013	15.936	15.931	15.769%	15.765%
2014	17.132	17.017	16.443%	16.332%
2015	18.032	18.109	16.904%	16.976%
2016	19.379	19.385	17.624%	17.629%
2017	21.248	21.094	18.492%	18.358%

注：世界经济总量由各年份上 183 个经济体的实际 GDP 数据加总得到

（1）中国经济在世界经济中的相对地位在不断提升。中国生产法和支出法实际 GDP 占世界经济总量的比重呈现出较为相似的变动趋势。2000～2017 年，这两个比重都呈现出连年递增的基本趋势。从具体数据来看，2000 年时，中国生产法和支出法实际 GDP 的占世界经济总量规模的比重分别为 8.679%和 8.831%，到 2003 年时，这两个比重均突破了 10%，分别为 10.529%和 10.710%。时间推移到 2017 年，中国经济的实际总量占到世界经济实际总量的比重已超过 18%，相比 2000 年，这两个比重分别提高了 9.813 个百分点和 9.527 个百分点。

（2）形成这一趋势的基本原因在于，样本期内中国经济的年均增长速度大幅高于世界经济的年均增长速度，平均来看，年均高出 4 个百分点～5 个百分点。在 2000～2017 年，中国生产法实际 GDP 增长率的均值为 9.035%，支出法实际 GDP 增长率的均值为 8.877%，远高于同时期 4.289%的世界经济增长速度。

2. 人均水平分析

上文在全球视角下对中国经济的实际总量规模进行了探析，使我们对中国经济在世界经济舞台的实际地位有了较为清晰的把握。改革开放 40 年以来，中国的经济增长取得了举世瞩目的成绩，2017 年，中国经济的实际总量规模占世界经济总量比重已超过 18%。中国经济在总量规模取得巨大提升的情形下，人均水平的变动趋势如何？总量规模只能体现经济体的体量，比总量规模更为重要的指标是人均指标。人均指标才是度量一个经济体经济发展水平较为恰当的指标。下面我们将从人均量角度进行分析。

表 6.4 给出了 2000～2017 年以人均值衡量的中国生产法实际 GDP 和支出法实际 GDP，并在最后一列给出了历年相应的国际排名。可以得出如下结论。

表 6.4　中国人均支出法实际 GDP 和人均生产法实际 GDP 及相应的世界排名

年份	人均生产法实际 GDP/美元	人均支出法实际 GDP/美元	生产法排名	支出法排名
2000	3 805.611	3 872.471	114	116
2001	4 155.632	4 226.499	111	114
2002	4 548.233	4 624.191	112	110
2003	4 966.120	5 051.702	110	108
2004	5 476.296	5 584.062	107	108
2005	6 362.712	6 405.141	100	105
2006	6 870.140	6 910.930	100	105
2007	7 579.516	7 619.527	100	104
2008	8 087.382	8 131.820	102	103
2009	8 576.310	8 664.483	99	102
2010	9 492.091	9 496.845	93	99
2011	10 247.017	10 234.411	96	98
2012	10 941.022	10 868.609	92	96
2013	11 524.484	11 521.054	90	95
2014	12 324.079	12 241.341	88	94
2015	12 907.395	12 962.733	84	90
2016	13 807.438	13 811.581	84	88
2017	15 074.574	14 965.406	75	83

（1）中国人均生产法实际 GDP 和人均支出法实际 GDP 在样本期内出现了跨越式的增长。在 2000～2017 年，中国人均生产法实际 GDP 由 3805.611 美元增加到 15 074.574 美元，年均增速①为 8.434%；中国人均支出法实际 GDP 由 3872.471 美元增加到 14 965.406 美元，年均增速①为 8.277%。

（2）人均实际 GDP 跨越式的增长显著提高了中国人均实际 GDP 的相对国际排名。在本章囊括的 183 个经济体中，中国的人均生产法实际 GDP 由 2000 年的第 114 位提高到 2017 年的第 75 位，而中国的人均支出法实际 GDP 排名由 2000 年的世界第 116 位提高到 2017 年的第 83 位。

（3）虽然中国人均实际 GDP 在绝对量的增加和相对排名的提升上取得了显著的成绩，但仍旧没有改变中国经济发展水平相对落后的事实。从历年总体排名

① 采用几何平均值计算。

来看，中国人均生产法实际 GDP 排名的最高位次为第 75 位，中国人均支出法实际 GDP 排名的最高位次为第 83 位，在 183 个经济体中，排名位居中游。更为重要的是，这与中国经济实际总量规模的排名形成了十分鲜明的反差。

6.3.4　中美实际经济规模的比较分析

中美之间经济总量的比较一直是国际比较研究领域内经久不衰的话题。中美之间经济比较的重要性毋庸置疑，中美比较结果具备的经济、政治、军事和文化内涵已经远远超出了简单的国际经济比较本身。在这种背景下，较为客观地评估两国经济的相对规模就显得至关重要。本节将对 21 世纪以来，中美经济的相对规模及其变动趋势进行详尽分析。

1. 中美实际经济实力相对变化

图 6.1 给出了 2000～2017 年中美生产法和支出法实际 GDP 的变动趋势。可以看出，2000～2017 年，中美相对实际经济实力发生了本质性变化。在 21 世纪伊始，以支出法衡量的中国实际 GDP 仅为美国的 38.4%。然而在经历了经济高速增长之后，中国的支出法实际 GDP 和生产法实际 GDP 于 2014 年完成了历史性的飞跃，第一次超过美国。这意味着，自 2014 年开始，以购买力平价法调整后的实际 GDP 衡量，中国成为全球第一大经济体。随着时间的推移，中美之间的实际 GDP 差距在逐步扩大。2017 年的数据显示，中国支出法实际 GDP 高于美国支出法实际 GDP 约 16.9%。

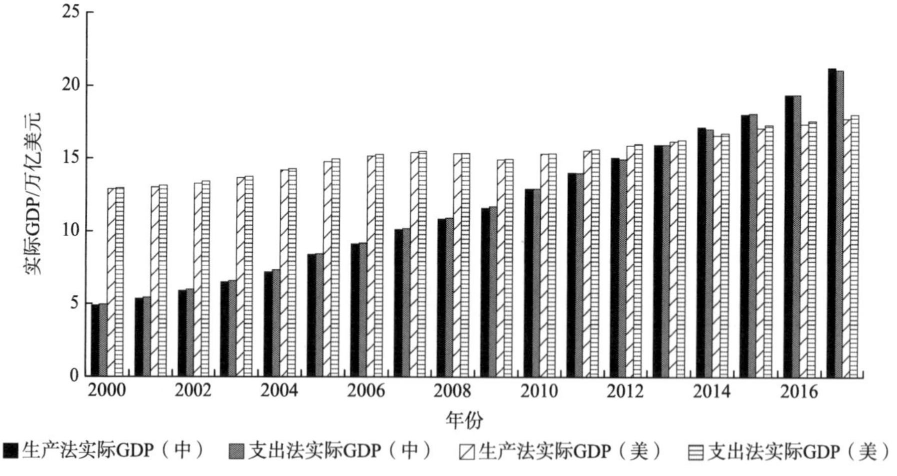

图 6.1　中美生产法实际 GDP、支出法实际 GDP 比较

2. 全球视角下中美经济的实力变动

图 6.2 给出了 2000～2017 年中美实际 GDP 占世界经济总量的变动趋势。从中美在世界经济体系中的实际力量变动来看，中国经济在世界经济中的影响力在不断提升，美国经济实力则在不断削弱。在 2000 年时，中国支出法实际 GDP 占世界的比重不足 10%，而美国的占比则超过 20%。2014 年，中国实际 GDP 总量占世界经济总量的比重首次超过美国。到 2017 年时，中美在世界经济总量中的占比已经发生重要变化：中国支出法实际 GDP 占世界的比重上升到近 19%，而美国的占比则下降至 15% 左右。上述分析表明，以购买力平价法调整后的实际 GDP 来衡量，在 2014 年前后，世界经济的版图发生了历史性的变动，中国取代美国，成为全球第一大经济体。

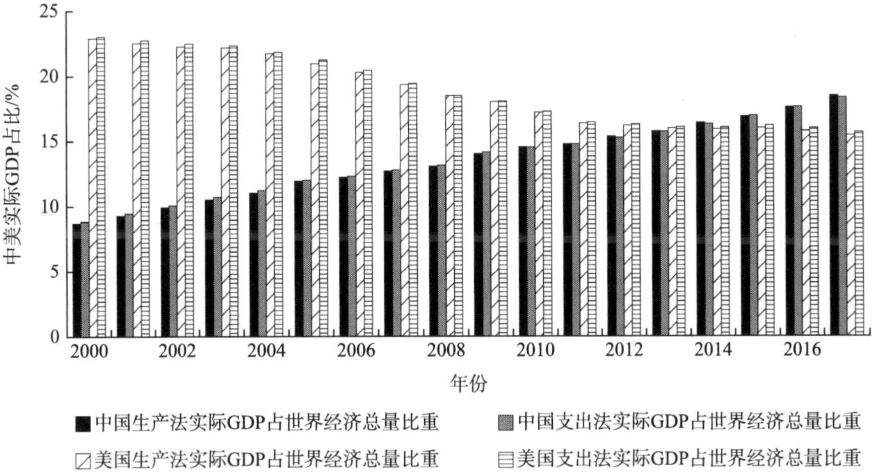

图 6.2　中美实际 GDP 占世界经济总量的变动趋势

6.4　生产法和支出法测算结果的差额及其影响因素分析

6.4.1　生产法和支出法实际 GDP 的差额及变动趋势分析

表 6.5 的第二至第五列给出了 2000～2017 年我国生产法实际 GDP 和支出法实际 GDP 及其增长率，表 6.5 的最后一列给出了支出法和生产法差额占生产法实际 GDP 的比重。为了更为清晰地了解支出法和生产法的差额及增长率的变动趋势，我们在图 6.3 给出了 2000～2017 年中国支出法和生产法实际 GDP 差额占生产法

实际 GDP 比重的变动趋势，图 6.4 给出了中国生产法和支出法实际 GDP 增速的变动趋势。从中我们可以得到如下几点基本结论。

表 6.5　中国生产法实际 GDP 和支出法实际 GDP 及其增长率

年份	生产法实际 GDP /万亿美元	支出法实际 GDP /万亿美元	生产法实际 GDP 增速	支出法实际 GDP 增速	支出法和生产法差额占生产法实际 GDP 的比重
2000	4.883	4.969			1.761%
2001	5.365	5.456	9.871%	9.801%	1.696%
2002	5.907	6.005	10.103%	10.062%	1.659%
2003	6.487	6.599	9.819%	9.892%	1.727%
2004	7.196	7.337	10.930%	11.184%	1.959%
2005	8.409	8.465	16.857%	15.374%	0.666%
2006	9.132	9.186	8.598%	8.517%	0.591%
2007	10.132	10.186	10.951%	10.886%	0.533%
2008	10.873	10.933	7.313%	7.334%	0.552%
2009	11.596	11.715	6.650%	7.153%	1.026%
2010	12.907	12.913	11.306%	10.226%	0.046%
2011	14.013	13.995	8.569%	8.379%	−0.128%
2012	15.046	14.946	7.372%	6.795%	−0.665%
2013	15.936	15.931	5.915%	6.590%	−0.031%
2014	17.132	17.017	7.505%	6.817%	−0.671%
2015	18.032	18.109	5.253%	6.417%	0.427%
2016	19.379	19.385	7.470%	7.046%	0.031%
2017	21.248	21.094	9.644%	8.816%	−0.725%

第一，2000～2017 年，中国生产法实际 GDP 和支出法实际 GDP 都出现大幅增长的态势。生产法实际 GDP 从 2000 年的 4.883 万亿美元增长到 2017 年的 21.248 万亿美元，增加了 3.351 倍；支出法实际 GDP 从 2000 年的 4.969 万亿美元增长到 2017 年的 21.094 万亿美元，增加了 3.245 倍。

第二，在样本内的多数年份，支出法实际 GDP 都高于生产法实际 GDP。这表明，在我国生产能力一定的情况下，进出口贸易活动提高了我国居民的实际生活水平。具体来看，在 2000 年时，中国支出法和生产法实际 GDP 的差额为 860 亿美元，占到生产法实际 GDP 总量的 1.761%。2000 年以后，这一比例先小幅下

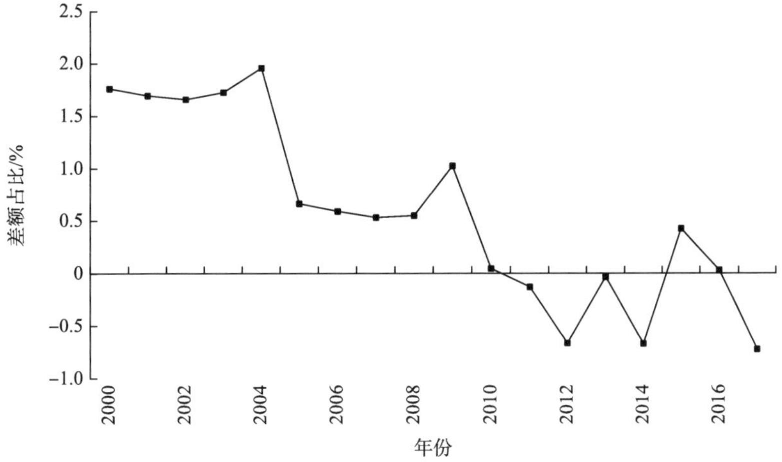

图 6.3　中国支出法和生产法实际 GDP 差额占生产法实际 GDP 比重的变动趋势

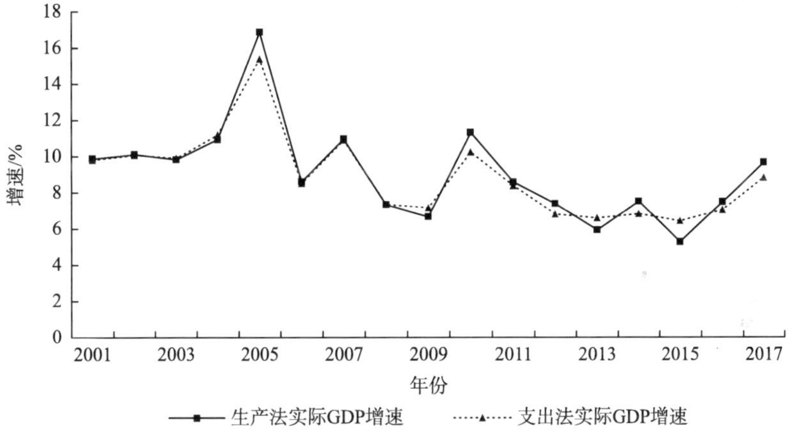

图 6.4　中国生产法和支出法实际 GDP 增速的变动趋势

降后出现一定提升，并于 2004 年达到顶峰，为 1.959%。从图 6.3 所示的趋势来看，自 2004 年开始差额呈现出较为大幅的下降趋势，直至 2011 年首次转为负值。从 2011 年以来的变动趋势看，除 2015 年和 2016 年外，支出法实际 GDP 都低于生产法实际 GDP，这导致差额在多数年份上均为负值。

第三，在样本期内，支出法实际 GDP 增长率的均值略低于生产法实际 GDP 增长率的均值。2001～2017 年，生产法实际 GDP 增长率的均值为 9.035%，支出法实际 GDP 增长率的均值为 8.877%。具体来看，在 2001～2009 年，生产法实际 GDP 增长率与支出法实际 GDP 增长率十分接近，而自 2010 年开始，生产法实际 GDP 增长率在部分年份上开始较为显著地高于支出法实际 GDP 增长率，这也是导致支出法和生产法实际 GDP 差额持续下降的原因。在 2010 年和 2017 年，生产法实际 GDP 增长率分别比支出法实际 GDP 增长率高出 1.080 个百分点和 0.828 个百分点。相较于样本期内 9%左右的年均增长率及中国经济庞大的总量规模，上述差距已相当可观。为了探求生产法实际 GDP 增长率与支出法实际 GDP 增长率之间存在的差异的源泉，6.4.2 节中，我们将借助指数分解方法来进一步探讨此问题。

6.4.2　生产法和支出法实际 GDP 差额变动的影响因素分析

1. 基于超越对数函数形式的分解框架

Kohli（2006）的研究表明，不同经济体间贸易条件及实际汇率的波动可以导致各经济体生产法和支出法实际 GDP 之间的差额存在较大差距，贸易条件的变动和实际汇率的变动是导致生产法实际 GDP 和支出法实际 GDP 出现系统差异的原因。

贸易条件（$\text{tot}_{j,t}$）和实际汇率[①]（$\text{rex}_{j,t}$）可以分别使用式（6.5）和式（6.6）进行衡量：

$$\text{tot}_{j,t}=\frac{\text{PPP}_{j,t}^{\text{x}}}{\text{PPP}_{j,t}^{\text{m}}} \tag{6.5}$$

$$\text{rex}_{j,t}=\frac{(\text{PPP}_{j,t}^{\text{m}})^{1/2}(\text{PPP}_{j,t}^{\text{x}})^{1/2}}{\text{PPP}_{j,t}^{\text{o}}} \tag{6.6}$$

为了探究贸易条件和实际汇率的变动对中国生产法实际 GDP 与支出法实际 GDP 之间差异的贡献程度，我们将利用 Diewert 和 Morrison（1986）及 Kohli（2004b，2006）提出的指数分解方法进行研究。Diewert 和 Morrison（1986）在生产函数框架下研究了 GDP 指数的分解问题，他们的研究表明，当 GDP 函数为超越对数形式时，我们可以使用 Törnqvist 指数方法对 GDP 指数进行分解。Kohli（2004a）从理论角度证明了 Törnqvist 指数具备的优良性质，基于 Törnqvist 价格指数计算的 GDP 物量指数是最优指数。Kohli（2004b，2006）在相同框架下的研究进一步揭示，支出法实际 GDP 的变动可以分解为如下两个部分：①生产法实际 GDP 的变动；②贸易损益的变动。贸易损益的变动可以进一步分解为贸易条件的变动和实际汇率的变动。由此可得，支出法实际 GDP 的变动有如式（6.7）所示的分解公式：

① 当贸易条件给定时，实际汇率的提高意味着一个经济体的货币贬值。

$$\mathrm{RGDP}^{\mathrm{e}}_{j,t,t-1}=\mathrm{RGDP}^{\mathrm{o}}_{j,t,t-1}\times\mathrm{TOT}_{j,t,t-1}\times\mathrm{REX}_{j,t,t-1}\tag{6.7}$$

其中，$\mathrm{TOT}_{j,t,t-1}$ 和 $\mathrm{REX}_{j,t,t-1}$ 分别表示贸易条件和实际汇率的变动，分别使用如式（6.8）和式（6.9）所示的 Törnqvist 指数公式进行计算：

$$\mathrm{TOT}_{j,t,t-1}=\exp\left(\frac{s^{A}_{j,t}+s^{A}_{j,t-1}}{2}\ln\frac{\mathrm{tot}_{j,t}}{\mathrm{tot}_{j,t-1}}\right),\quad s^{A}_{j,t}=\frac{1}{2}s^{\mathrm{x}}_{j,t}+\frac{1}{2}s^{\mathrm{m}}_{j,t}\tag{6.8}$$

$$\mathrm{REX}_{j,t,t-1}=\exp\left(\frac{s^{B}_{j,t}+s^{B}_{j,t-1}}{2}\ln\frac{\mathrm{rex}_{j,t}}{\mathrm{rex}_{j,t-1}}\right),\quad s^{B}_{j,t}=s^{\mathrm{x}}_{j,t}-s^{\mathrm{m}}_{j,t}\tag{6.9}$$

2. 分解结果与影响因素研究

基于式（6.7）我们对 2001～2017 年支出法实际 GDP 指数进行了分解，分解结果如表 6.6 所示。表 6.6 的最后一行给出了各指数在整个样本期内的均值。为了更为清晰地了解贸易损益指数、贸易条件指数及实际汇率指数的变动趋势，我们在图 6.5 中给出了 2001～2017 年上述三个指数的变动趋势。

表 6.6　指数分解结果

年份	支出法实际 GDP 指数	生产法实际 GDP 指数	贸易损益指数	贸易条件指数	实际汇率指数
2001	109.801	109.871	99.936	100.019	99.917
2002	110.062	110.103	99.963	99.923	100.040
2003	109.892	109.819	100.066	99.938	100.128
2004	111.184	110.930	100.229	100.203	100.025
2005	115.374	116.857	98.731	98.683	100.048
2006	108.517	108.598	99.925	100.328	99.599
2007	110.886	110.951	99.941	100.498	99.445
2008	107.334	107.313	100.020	100.950	99.078
2009	107.153	106.649	100.473	101.088	99.392
2010	110.226	111.306	99.030	99.161	99.868
2011	108.379	108.569	99.825	100.055	99.770
2012	106.795	107.372	99.463	99.613	99.849
2013	106.590	105.915	100.637	100.794	99.844
2014	106.817	107.505	99.360	99.364	99.996
2015	106.417	105.253	101.106	101.166	99.941
2016	107.046	107.470	99.605	99.629	99.975

续表

年份	支出法实际GDP指数	生产法实际GDP指数	贸易损益指数	贸易条件指数	实际汇率指数
2017	108.816	109.644	99.245	99.232	100.014
2001～2010	110.021	110.208	99.830	100.077	99.753
2011～2017	107.262	107.381	99.889	99.977	99.913
2001～2017	108.877	109.035	99.855	100.035	99.819

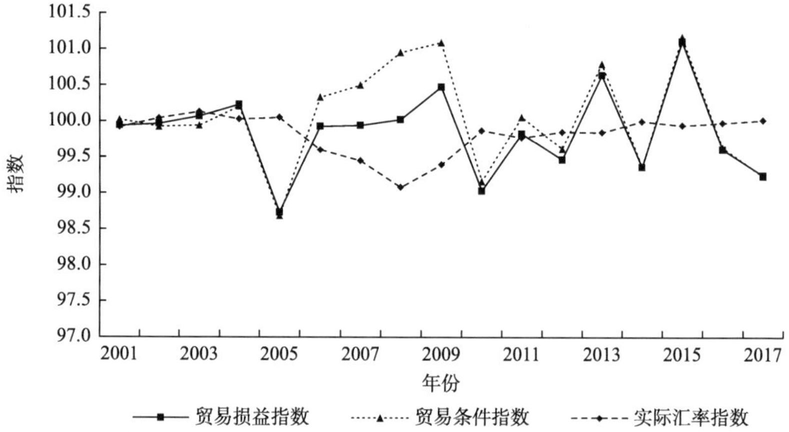

图 6.5　贸易损益指数、贸易条件指数与实际汇率指数的变动趋势

从整个样本期来看，支出法实际 GDP 指数的均值略低于生产法实际 GDP 指数的均值，在此期间支出法实际 GDP 指数平均为 108.877，生产法实际 GDP 指数平均为 109.035，两者相差 0.158。这表明，2001～2017 年中国经济实际生产能力的增长额并未完全转化为实际购买力的增长额，中国经济在一定程度上存在“增产不增收”的现象。从指数分解结果来看，造成这一现象的主要原因在于样本期内产生了贸易损失——贸易损益指数下降 0.145。对贸易损益指数的进一步分解可知，贸易损失主要来源于实际汇率指数的下降，而贸易条件指数的均值表明，2001～2017 年中国贸易条件出现微弱改善，在一定程度上抵消了实际汇率下降带来的贸易损失。

贸易条件指数的变动。2001～2004 年贸易条件的变动相对温和，自 2005 年开始，贸易条件的变动呈现出波浪式的波动态势，起伏较大。2006～2009 年贸易条件指数持续攀升，贸易条件出现了较大幅度的改善。其中，2009 年贸易条件的改善拉高了支出法实际 GDP 指数 1.088 个百分点。2010～2017 年，贸易条件起伏较大。具体看，贸易条件在 2011 年、2013 年及 2015 年处于高位，而在其他年份则处于低位。其中，在 2011 年、2013 年和 2015 年三个年份上，贸易条件的改善分别拉高了支出法实际 GDP 指数 0.055 个百分点、0.794 个百分点及 1.166 个百分点。

实际汇率指数的变动。2001～2005 年实际汇率的变动对中国支出法实际 GDP 增长率的影响较小且保持相对稳定的态势，自 2006 年开始，实际汇率进入下降通道（实际汇率的降低意味着货币的升值），实际汇率的降低对中国支出法实际 GDP 增长率的负向影响效应逐渐加大，2006 年、2007 年及 2008 年实际汇率的变动分别使得中国支出法实际 GDP 增长率降低了 0.401 个百分点、0.555 个百分点及 0.922 个百分点。从我国实际情况来看，人民币兑美元汇率在 2006～2014 年处于长期升值通道，从 2006 年的 7.97 人民币/美元，升值到 2014 年的 6.14 人民币/美元。此时期内，实际汇率的变动均拉低了支出法实际 GDP 的增速。2015 年以来，人民币兑美元汇率开始呈现出贬值趋势。实际汇率的变动对支出法实际 GDP 的负向影响开始减弱，并在 2017 年起转为正向影响。由上述分析可知，人民币在短期内的大幅升值并不利于我国支出法实际 GDP 增长率，在很大程度上将会损害中国经济的实际购买力的增长。

6.5 本章小结

本章基于国际比较中的 GK 法多边比较框架，利用 Törnqvist 物量指数，对中国 2000～2017 年经购买力平价因子调整后的生产法实际 GDP 和支出法实际 GDP 进行了核算。在此基础上，本章还基于超越对数形式的 GDP 函数框架，利用 Törnqvist 指数分解方法对中国生产法实际 GDP 和支出法实际 GDP 之间存在的差异进行了分解，详细探究了这种差异的来源。本章得出的主要结论有如下三点。

第一，样本期内多数年份的支出法实际 GDP 都高于生产法实际 GDP。这表明，在我国生产能力一定的情况下，进出口贸易活动提高了我国居民的实际生活水平。

第二，近年来，生产法实际 GDP 的年均增速高出支出法实际 GDP 年均增速约 0.16 个百分点，这导致生产法实际 GDP 和支出法实际 GDP 的差额在近几年持续下降。中国经济实际生产能力的增长额并未完全转化为实际购买力的增长额，中国经济在一定程度上存在“增产不增收”的现象。

第三，从指数分解结果来看，造成这一现象的主要原因在于实际汇率的下降（即人民币的升值）。值得注意的是，贸易条件的变动在某些年份对支出法实际 GDP 的增速有较大影响，但从样本期的平均效应来看，其影响较小。

本章的政策意义如下：①在生产能力既定的基础上，通过积极改善对外贸易条件将有助于提高中国经济的购买能力，这对提升居民的实际生活水平大有裨益。在生产法实际 GDP 增长率给定的情况下，贸易条件的改善将会给支出法实际 GDP 增长率带来额外的增加。从一些经济体的历史经验来看，积极改善贸易条件的利得较为可观。作为全球最为著名的自由港，香港的贸易条件自 1960 年以来持续改善。近 50 年来，香港贸易条件的持续改善年均拉高其支出法实际 GDP 增长率约 0.4 个百分点（Kohli，2007）。②人民币进入过快的升值通道将在很大程度上有损中国经济实际购买力的增长。从上文的分析可知，近年来中国经济存在“增产不增收”现象，其主要动因即人民币的过快升值。人民币的过快升值也蚕食了贸易条件的改善对支出法实际 GDP 增长率的积极效应。总体来说，我国可以在生产能力既定的基础上，通过保持稳健的汇率政策及积极改善贸易条件来提高中国经济的实际购买力，并进一步提升中国居民的实际生活水平。

第7章　不同测算结果与测算方法的系统归纳与比较

从方法论角度来讲，宏观经济指标测算研究面对的是一个真值未知的测算困局。理论上不可知，实践中却需要去求知，二者间的巨大反差决定了我们只能尽量地逼近，即用对指标的测量值尽可能地逼近指标的真值（邱东，2012）。GDP是宏观经济指标中最为大众所熟知的，其测算的理论、方法与实践已经历了长期的发展与积淀，即使是这样，对GDP测算结果准确性的讨论仍旧不绝于耳（邱东，2018）。实际经济规模的测算属于宏观经济测度领域的前沿问题，对其进行相对客观而科学的测算，更是困难重重。当前，国际组织、学术机构及著名学者已经在实际经济规模测算的研究中积累了相对丰富的测算数据，但是由于选用的测算方法及使用的基础数据不同，测算结果之间还存在较大差异。本章将对目前在国际上使用最为广泛、影响力最为重要的实际经济规模的测算数据进行系统比较和分析①，具体来看，主要包括世界银行的世界发展指标数据、国际货币基金组织的世界经济展望数据、宾大世界表数据及Maddison项目数据。本章将着重探讨上述数据的测算理论和方法基础，并将其与本书测算结果进行系统比较。在系统比较的基础上，本章将详细归纳不同数据适用的研究范围。

---

① Johnson等（2013）回顾了经济增长和发展领域的诸多学术研究文献，他们总结道："大约2/3的跨国实证研究使用了宾大世界表的数据。使用率排在第二位的是世界银行的世界发展指标，但它早期也是基于宾大世界表的，只是后来逐渐才有所差异。国际货币基金组织的世界经济展望数据库的使用率远远落后，位列第三。"

7.1　不同测算结果与测算方法的系统归纳

7.1.1　世界发展指标

世界发展指标是世界银行最重要的发展指标汇编，其数据来自得到正式认可的国际组织及各经济体官方统计部门。它提供了现有的最新最准确的全球发展数据，涵盖经济体、区域和全球层面丰富的数据。

世界发展指标数据库涵盖了全球 214 个经济体的丰富数据，每个经济体包括的指标值超过 1300 个，涉及购买力平价指数及实际经济规模测算的指标有近 30 个。其中，我们重点关注的是 GDP 总量层次购买力平价指数的编制。

表 7.1 给出了世界发展指标 2019-Apr 版本中提供的中国 2000～2017 年现价 GDP、经购买力平价调整后所得到的 RGDP、GDP 总量层次的购买力平价，以及 GDP 平减指数四个数据。

表 7.1　世界发展指标对中国经济实际规模的估计

年份	GDP（现价）/万亿元	RGDP/万亿美元	购买力平价/（人民币/美元）	GDP 平减指数
2000	10.028	4.671	2.147	1.021
2001	11.086	5.062	2.190	1.020
2002	12.172	5.523	2.204	1.006
2003	13.742	6.081	2.260	1.026
2004	16.184	6.693	2.418	1.070
2005	18.732	7.454	2.513	1.039
2006	21.944	8.404	2.611	1.039
2007	27.023	9.600	2.815	1.078
2008	31.952	10.531	3.034	1.078
2009	34.908	11.517	3.031	0.999
2010	41.303	12.748	3.240	1.069
2011	48.930	13.956	3.506	1.082
2012	54.037	15.052	3.590	1.024
2013	59.524	16.228	3.668	1.022
2014	64.397	17.414	3.698	1.008

续表

年份	GDP（现价）/万亿元	RGDP/万亿美元	购买力平价/（人民币/美元）	GDP 平减指数
2015	68.905	18.603	3.704	1.001
2016	74.359	19.861	3.744	1.011
2017	82.712	21.214	3.899	1.041

资料来源：世界发展指标 2019-Apr 版本。第一列给出的 GDP 数据为现价数据，并未进行任何的价格指数平减。第二列给出的实际 GDP 数据经过了购买力平价调整，并统一调整为以 2011 年为价格基期

通过对表 7.1 给出的数据进行分析和计算，可知，世界发展指标数据库在推算中国非基准年份 GDP 总量层次的购买力平价数据时，使用的是总量外推法，即基于 2011 年轮 ICP 的基准调查数据，使用中国国民核算账户中提供的各个年份的 GDP 平减指数对基期的购买力平价数据进行调整，以获取非基准年份的 GDP 总量层次的购买力平价数据。具体的计算公式如式（7.1）所示：

$$\mathrm{PPP}_{t-1}^{\mathrm{CN}}=\frac{\mathrm{PPP}_{t}^{\mathrm{CN}}}{P_{t}^{\mathrm{CN}}}\text{，}t\text{ 为年份值} \tag{7.1}$$

其中，$\mathrm{PPP}_{t-1}^{\mathrm{CN}}$ 表示中国经推算所得的第（t−1）年份上的购买力平价数据；P_{t}^{CN} 表示中国 t 年份上的 GDP 平减指数［（t−1）年=100］。

在世界发展指标 2019-Apr 版本中使用的 ICP 基期数据来自 2011 年轮，因此，只有当 t=2011 时，购买力平价数据才为已知值，其余年份都是通过 2011 年的基期数据进行外推获取的。下面我们将以 2010 年的购买力平价数据推算为例进行说明：

$$\mathrm{PPP}_{2010}^{\mathrm{CN}}=\frac{\mathrm{PPP}_{2011}^{\mathrm{CN}}}{P_{2011}^{\mathrm{CN}}} \tag{7.2}$$

其中，$\mathrm{PPP}_{2011}^{\mathrm{CN}}$ 表示中国在 2011 年轮 ICP 中 GDP 总量层次的购买力平价数据；$\mathrm{PPP}_{2010}^{\mathrm{CN}}$ 表示所要推算的中国 2010 年 GDP 总量层次的购买力平价数据。在 2011 年轮 ICP 中，中国 GDP 总量层次的购买力平价数据为 3.506，2011 年中国 GDP 平减指数为 1.082，则经简单计算可知，2010 年中国 GDP 总量层次的购买力平价数据为 3.240（3.506/1.082）。

以此类推，2009 年的相应数据由以上所得到的 2010 年的数据经推算而获得，即 $\mathrm{PPP}_{2009}^{\mathrm{CN}}=\frac{\mathrm{PPP}_{2010}^{\mathrm{CN}}}{P_{2010}^{\mathrm{CN}}}=\frac{3.241}{1.069}=3.032$。通过 2011 年轮 ICP 提供的基期数据及不同年份的 GDP 平减指数（表 7.1），经过不断的向前和向后推算，即可获得非基准年份上中国 GDP 总量层次的购买力平价数据（表 7.1）。

基于上述推算方法获取的购买力平价数据，我们对相应年份的现价 GDP 数据

进行调整，以获取消除空间价格差异并具备国际可比性的实际 GDP。具体计算公式是 $RGDP_t = \frac{GDP_t}{PPP_t}$。通过此推算方法获取的实际 GDP 在文献中一般被称为不变价实际 GDP（real GDP in constant price）。需要特别澄清的是，这里的不变价主要指的是时间维度的不变价。通过以下计算过程，可以更为深入地理解这种不变价实际 GDP 的计算过程。推算结果如表 7.2 所示。

表 7.2　通过不变价 GDP 增长率推算世界发展指标中的 RGDP

年份	GDP（现价）/万亿元	GDP 指数（不变价，上年=1）	RGDP/万亿美元	RGDP 指数（上年=1）
2000	10.028	1.085	4.671	1.085
2001	11.086	1.083	5.062	1.084
2002	12.172	1.091	5.523	1.091
2003	13.742	1.100	6.081	1.101
2004	16.184	1.101	6.693	1.101
2005	18.732	1.114	7.454	1.114
2006	21.944	1.127	8.404	1.128
2007	27.023	1.142	9.600	1.142
2008	31.952	1.097	10.531	1.097
2009	34.908	1.094	11.517	1.094
2010	41.303	1.106	12.748	1.107
2011	48.930	1.095	13.956	1.095
2012	54.037	1.079	15.052	1.079
2013	59.524	1.078	16.228	1.078
2014	64.397	1.073	17.414	1.073
2015	68.905	1.069	18.603	1.068
2016	74.359	1.067	19.861	1.068
2017	82.712	1.069	21.214	1.068

注：GDP（现价）和 GDP 指数（不变价，上年=1）数据来自《中国统计年鉴 2018》。RGDP 来自世界发展指标，RGDP 指数（上年=1）基于 RGDP 序列推算得到

从表 7.2 可以较为清晰地看出，世界发展指标中提供的中国实际 GDP（经购买力平价调整后的实际 GDP 数据）增长率与中国国民核算账户中提供的不变价 GDP 增长率基本吻合（表 7.2 第三列和第五列数据）。这表明，基于 2011 年轮 ICP

提供的基期值，并利用国民核算账户中提供的不变价 GDP 增长率，我们同样可以通过外推方法来得到世界发展指标中所给出的 RGDP。具体的计算公式如式（7.3）所示：

$$\mathrm{RGDP}_{t-1}=\frac{\mathrm{RGDP}_t}{r_t^{\mathrm{c}}} \tag{7.3}$$

其中，r_t^{c} 表示不变价的 GDP 指数（1+第 t 年的不变价 GDP 增长率）。RGDP_{2011} 的值为已知，其余年份的值通过 2011 年的基期值和相应的 r_t^{c} 外推而获得。具体推算方法和非基准年份购买力平价数据的推算方法一致。

可以看出，经非基准年份购买力平价数据调整所得到的 RGDP 序列与经不变价 GDP 增长率调整所得到的 RGDP 序列完全一致①。这说明，世界发展指标 2019-Apr 版本中提供的中国实际 GDP 数据可以通过上述两种不同方式获取。

基于以上探讨，我们进一步澄清了不变价实际 GDP（real GDP in constant price）的由来，这里的不变价主要指的是时间维度的不变价（固定时间基期），即通过国民核算账户的不变价增长率序列对基期的比较结果进行外推，这种推算方法使得最终结果具备了时间和空间维度的物量可比性。

---

① 在此，我们将从理论角度详细给出为何这两种方法推算的最终结果是一致的。PPP_{2011} 和 RGDP_{2011} 为 2011 年轮基准调查年份的已知数据，基准年份的换算关系为

$$\mathrm{RGDP}_{2011}=\frac{\mathrm{GDP}_{2011}}{\mathrm{PPP}_{2011}} \tag{1}$$

2010 年相应的推算值为

$$\mathrm{RGDP}_{2010}=\frac{\mathrm{GDP}_{2010}}{\mathrm{PPP}_{2010}} \tag{2}$$

由于 $\mathrm{PPP}_{2010}=\frac{\mathrm{PPP}_{2011}}{\mathrm{P}_{2011}}$，将其代入式（2），可得

$$\mathrm{RGDP}_{2010}=\frac{\mathrm{GDP}_{2010}\times P_{2011}}{\mathrm{PPP}_{2011}} \tag{3}$$

式（3）右端分子和分母分别乘以不变价 GDP 增长率 r_{2011}^{c}，可得

$$\mathrm{RGDP}_{2010}=\frac{\mathrm{GDP}_{2010}\times P_{2011}\times r_{2011}^{\mathrm{c}}}{\mathrm{PPP}_{2011}\times r_{2011}^{\mathrm{c}}} \tag{4}$$

由于 $\mathrm{GDP}_{2011}=\mathrm{GDP}_{2010}\times P_{2011}\times r_{2011}^{\mathrm{c}}$，因此式（4）可化简为

$$\mathrm{RGDP}_{2010}=\frac{\mathrm{GDP}_{2011}}{\mathrm{PPP}_{2011}\times r_{2011}^{\mathrm{c}}} \tag{5}$$

又因为 $\frac{\mathrm{GDP}_{2011}}{\mathrm{PPP}_{2011}}=\mathrm{RGDP}_{2011}$，所以式（5）最终可以简化为

$$\mathrm{RGDP}_{2010}=\frac{\mathrm{RGDP}_{2011}}{r_{2011}^{\mathrm{c}}} \tag{6}$$

可以看出，$\mathrm{RGDP}_{2010}=\frac{\mathrm{GDP}_{2010}}{\mathrm{PPP}_{2010}}=\frac{\mathrm{RGDP}_{2011}}{r_{2011}^{\mathrm{c}}}$

其他年份可以依次推出。

7.1.2 世界经济展望

世界经济展望数据库由国际货币基金组织编制。基于此数据库，国际货币基金组织对全球层面、主要国家组（按地区和经济发展阶段等划分）和许多单个经济体的经济发展进行分析和预测。国际货币基金组织每年发布的《世界经济展望》报告采用的基础数据也取自这里。此外，世界经济展望数据库还为国际货币与金融委员会提供参考数据，而且还是国际货币基金组织进行全球监督活动的主要工具之一。世界经济展望数据库提供了全球近 200 个经济体的宏观经济数据，其中，每个经济体囊括的指标为 45 个，涉及购买力平价指数和实际 GDP 的指标有 5 个。

表 7.3 给出了世界经济展望 2019-Apr 版本中提供的中国 2000～2017 年现价 GDP、经购买力平价调整后所得到的 RGDP（实际 GDP）、购买力平价指数、中国 GDP 平减指数及美国的 GDP 平减指数。

表 7.3 世界经济展望对中国经济实际规模的估计

年份	GDP（现价）/万亿元	RGDP/万亿美元	购买力平价/（人民币/美元）	GDP 平减指数（中国）	GDP 平减指数（美国）
2000	10.058	3.711	2.710	1.022	1.022
2001	11.125	4.111	2.706	1.021	1.022
2002	12.229	4.553	2.686	1.008	1.016
2003	13.831	5.104	2.710	1.028	1.019
2004	16.274	5.769	2.821	1.069	1.027
2005	18.919	6.620	2.858	1.044	1.031
2006	22.121	7.689	2.877	1.037	1.030
2007	27.170	9.018	3.013	1.076	1.027
2008	31.994	10.064	3.179	1.074	1.019
2009	34.988	11.079	3.158	1.001	1.008
2010	41.071	12.404	3.311	1.061	1.012
2011	48.604	13.863	3.506	1.081	1.021
2012	54.099	15.235	3.551	1.032	1.019
2013	59.696	16.726	3.569	1.024	1.018
2014	64.718	18.297	3.537	1.010	1.019
2015	69.911	19.754	3.539	1.011	1.011

续表

年份	GDP（现价）/万亿元	RGDP/万亿美元	购买力平价/（人民币/美元）	GDP 平减指数（中国）	GDP 平减指数（美国）
2016	74.563	21.322	3.497	0.999	1.011
2017	81.526	23.194	3.515	1.024	1.019

资料来源：世界经济展望 2019-Apr 版本。RGDP 数据为经过购买力平价指数调整后数据

通过对表 7.3 给出的数据进行分析和计算，可知，世界经济展望数据库在推算中国非基准年份 GDP 总量层次的购买力平价数据时，同样使用的是总量外推法，即基于 2011 年轮 ICP 的基准调查数据，使用中国和美国国民核算账户中提供的各个年份的 GDP 平减指数对基期的购买力平价数据进行调整，以获取非基准年份的 GDP 总量层次的购买力平价数据。具体的计算公式如式（7.4）所示：

$$\mathrm{PPP}_{t-1}^{\mathrm{CN}} = \frac{\mathrm{PPP}_t^{\mathrm{CN}} \times P_t^{\mathrm{US}}}{P_t^{\mathrm{CN}}}，t \text{ 为年份值} \tag{7.4}$$

其中，$\mathrm{PPP}_{t-1}^{\mathrm{CN}}$ 表示中国经推算所得的第（t–1）年份上的购买力平价数据；P_t^{CN} 是中国第 t 年的 GDP 平减指数；P_t^{US} 表示美国第 t 年的 GDP 平减指数。

在世界经济展望 2019-Apr 版本中使用的 ICP 基期数据来自 2011 年轮调查，因此，只有当 t=2011 时，购买力平价数据才为已知值，其余年份都是通过 2011 年的基期数据进行外推获取的。在式（7.5）中我们将以 2010 年的购买力平价数据推算为例进行说明：

$$\mathrm{PPP}_{2010}^{\mathrm{CN}} = \frac{\mathrm{PPP}_{2011}^{\mathrm{CN}} \times P_{2011}^{\mathrm{US}}}{P_{2011}^{\mathrm{CN}}} \tag{7.5}$$

其中，$\mathrm{PPP}_{2011}^{\mathrm{CN}}$ 表示中国在 2011 年轮 ICP 中 GDP 总量层次的购买力平价数据；$\mathrm{PPP}_{2010}^{\mathrm{CN}}$ 表示所要推算的中国 2010 年 GDP 总量层次的购买力平价数据。在 2011 年轮 ICP 中，中国 GDP 总量层次的购买力平价数据为 3.506，2011 年中国 GDP 平减指数为 1.081，美国 GDP 平减指数为 1.021，基于式（7.5）并经计算可知，2010 年中国 GDP 总量层次的购买力平价推算值为 3.311（3.506 × 1.021/1.081）。

以此类推，2009 年的购买力平价推算值为 $\mathrm{PPP}_{2009}^{\mathrm{CN}} = \frac{\mathrm{PPP}_{2010}^{\mathrm{CN}} \times P_{2010}^{\mathrm{US}}}{P_{2010}^{\mathrm{CN}}} = \frac{3.311 \times 1.012}{1.061} = 3.158$。利用 2011 年轮 ICP 所提供的基期数据及不同年份的 GDP 平减指数（表 7.3），经过不断的向前和向后推算，即可获得非基准年份的中国 GDP 总量层次的购买力平价推算数据（表 7.3）。

基于上述推算方法获取的购买力平价数据，我们对相应年份的现价 GDP 数据进行调整，以获取消除空间价格差异并具备国际可比性的实际 GDP。具体计算公

式是 $RGDP_t = \frac{GDP_t}{PPP_t}$。通过此推算方法获取的实际 GDP 在文献中一般被称为现价实际 GDP（real GDP in current price）。世界经济展望提供的是现价实际 GDP，而上文分析的世界发展指标提供的是不变价实际 GDP。这两者之间的区别在于，现价实际 GDP 在不变价实际 GDP 的基础上，对基国（即美国）的通货膨胀率进行了调整，这使得现价实际 GDP 包括了基国不同年份价格变动特征。这意味着，不同经济体在不同年份上的现价实际 GDP 与基国相应年份的现价 GDP 具备了可比性。

从总体来看，世界经济展望数据库编制购买力平价和实际 GDP 的方法与世界发展指标数据库较为类似，都是基于总量外推法，而且都是使用 2011 年轮 ICP 的基期数据进行外推。但需要指出的是，在推算非基准年份购买力平价和实际 GDP 时，世界发展指标使用的各经济体的国民核算数据比世界经济展望更为权威和准确，更新也更为及时。

7.1.3　宾大世界表

宾大世界表是经济学领域应用最为广泛、影响力最大的宏观经济数据集[①]。宾大世界表由 ICP 的创始人——宾夕法尼亚大学的 Kravis、Heston 和 Summers——共同构建。编制宾大世界表的初衷是为了解决 ICP 仅在少数经济体和基准年份进行比较的局限。基于 ICP 提供的基期比较数据，宾大世界表通过选择一定的推算方法将基期比较结果外推至非基准国和非基准年份，从而获取了多国连续时间段的可比宏观经济数据，解决了 ICP 仅提供少数经济体和固定年份比较结果的问题，极大地扩展了国际比较数据的应用范围。宾大世界表不仅提供了多国连续时间段上 GDP 总量层次的可比经济数据，而且还提供了支出法 GDP 不同组成部分的可比数据，主要包括消费、投资、政府支出和净出口。

到目前为止，宾大世界表共有 9 个版本，前 7 个版本都由宾夕法尼亚大学的研究团队负责编制，从宾大世界表 8.0 开始，主要编制工作已经移至 GGDC，并由宾夕法尼亚大学和加州大学戴维斯分校的学者共同合作完成。

宾大世界表从第 3 版开始包括中国的数据，自此之后，每一个版本都提供中国的相应数据。在 2005 年轮 ICP 之前，中国并未正式参与 ICP（仅在 1993 年轮试验性参与）的调查，宾大世界表第 3 版到宾大世界表第 5 版使用的中国购买力平价数据都来自非官方渠道，主要参考了 ICP 创始人 Kravis 所给出的以 1975 年

① 宾大世界表的重要版本汇总如下：Kravis 等（1978），Summers 等（1980），Summers 和 Heston（1984，1988，1991），Heston 等（2012），Feenstra 等（2015）。

为比较基期的中美双边比较结果（Kravis，1981）。2005 年轮 ICP 中国以 11 个城市正式加入 ICP 的基期调查活动中，这极大地丰富了中国的购买力平价数据。在 2005 年之后，宾大世界表在编制新版本的过程中开始使用 2005 年轮 ICP 提供的中国购买力平价数据。宾大世界表 6.3、宾大世界表 7.1 和宾大世界表 8.1 都是基于 2005 年轮 ICP 基础数据编制。随着 2014 年上半年 2011 年轮 ICP 数据的发布，宾大世界表从 9.0 开始，将 2011 年轮 ICP 发布的购买力平价数据纳入其中。

以上对宾大世界表各版本编制过程中使用的中国购买力平价基础数据进行了简要归纳，下面我们将重点研究宾大世界表编制方法的演进历程，尤其关注时间维度也即非基准年外推方法的演变。编制方法的变化，尤其是时间维度外推方法的变化，将会对宾大世界表的最终计算结果产生本质性的影响。从总体来说，宾大世界表的编制方法可以归结如下：①经济体维度的扩展。主要是对未参与 ICP 基期调查的经济体进行推算。基于最新基期的 ICP 数据，利用“宾大效应”构建计量经济学模型对非 ICP 基准调查经济体的数据进行推算，以此获取在调查年份非参与国的相关购买力平价数据。②时间维度的扩展。基于最新的 ICP 基期数据，利用各经济体国民核算账户提供的不变价增长率或价格平减指数，对 ICP 基期的数据进行外推，以此获取不同经济体在连续年份上的可比经济总量数据。随着 ICP 基期参与国数量的迅速增长，宾大世界表在经济体维度的扩展需求已明显降低。而在时间维度的扩展方面，宾大世界表经历了较为复杂的演变，我们在此将给予详细总结。

1. 总量外推法

在早期版本的宾大世界表中，所使用的时间维度的扩展方法与上文已探讨的世界发展指标和世界经济展望的推算方法一致，都属于总量外推方法（Summers et al.，1980）。具体来说，宾大世界表的早期版本利用 ICP 提供的基础数据，结合各经济体国民核算账户中提供的不变价 GDP 增长率，通过外推方法来得到各经济体在连续年份上的实际 GDP。具体的计算公式如式（7.6）所示：

$$\mathrm{RGDP}_{T+s} = \mathrm{RGDP}_T \times \mathrm{GDP}^{\mathrm{c}}_{T+s} \tag{7.6}$$

其中，T 表示 ICP 的基准调查年份；s 表示整数；$\mathrm{GDP}^{\mathrm{c}}_{T+s}$ 表示第（$T+s$）年的不变价 GDP 序列（以第 T 年为基期，即 $\mathrm{GDP}^{\mathrm{c}}_T=1$）。基期值 RGDP_T 为已知，其余年份的值通过基期值和相应的 $\mathrm{GDP}^{\mathrm{c}}_{T+s}$ 外推而获得。

2. 分类项目外推法

从宾大世界表第 3 版开始，宾大世界表开始使用分类项目外推法进行时间维度的数据扩展（Summers and Heston，1984，1988）。具体的推算步骤如下：基于

ICP 基期提供的支出法分项数据（包括居民消费、政府公共消费、固定资本形成和净出口），并结合各经济体国民核算账户提供的上述四个分项的不变价增长率，通过外推以得到连续年份中上述四个分项的相应数据。最后通过将各个年份中这四个分项的数据进行加总以获取连续年份上的实际 GDP。使用公式可以有如式（7.7）~式（7.10）的表达：

$$\mathrm{RC}_{T+s} = \mathrm{RC}_T \times C^{\mathrm{c}}_{T+s} \tag{7.7}$$

$$\mathrm{RI}_{T+s} = \mathrm{RI}_T \times I^{\mathrm{c}}_{T+s} \tag{7.8}$$

$$\mathrm{RG}_{T+s} = \mathrm{RG}_T \times G^{\mathrm{c}}_{T+s} \tag{7.9}$$

$$\mathrm{RXM}_{T+s} = \mathrm{RXM}_T \times \mathrm{XM}^{\mathrm{c}}_{T+s} \tag{7.10}$$

其中，T 表示 ICP 的基准调查年份；s 表示整数；C^{c}_{T+s}、I^{c}_{T+s}、G^{c}_{T+s} 和 $\mathrm{XM}^{\mathrm{c}}_{T+s}$ 分别表示第（T+s）年的居民消费、固定资本形成、政府公共消费和净出口的不变价序列（以第 T 年为基期，在基期时序列值=1）。基期值（RC_T 、RI_T 、RG_T 和 RXM_T ）为已知，其余年份的值通过基期值和相应的不变价序列外推而获得。基于式（7.7）~式（7.10），则：

$$\mathrm{RGDP}_{T+s} = \mathrm{RC}_{T+s} + \mathrm{RI}_{T+s} + \mathrm{RG}_{T+s} + \mathrm{RXM}_{T+s} \tag{7.11}$$

3. 宾大世界表 8.0~9.1 的外推方法

随着 ICP 调查活动的周期性开展及宾大世界表编制工作的深入进行，宾大研究团队开始注意到 ICP 基期的比较结果与宾大世界表外推结果之间存在的显著不一致性，即使用早期的 ICP 基期数据并结合不变价增长率序列推算得到的实际 GDP 与后续年份中 ICP 基期调查得到的实际 GDP 之间存在显著差异。这种差异主要来源于如下三个方面：①各经济体的不变价增长率序列多是基于固定基期的拉氏指数计算得到的，随着时间的推移，拉氏指数基期权重的代表性越来越差，这会导致不变价增长率计算结果的可靠性降低，进而影响到推算结果的准确性。②ICP 在计算基期比较结果时，使用的是空间维度的价格指数（即多边比较方法），而国民核算账户在计算不变价总量指标时，基于的是时间维度的价格指数，这两种指数方法之间存在显著不同。③ICP 在基期比较时选取的一篮子货物和服务要遵循经济体间的可比性和代表性原则，而各经济体国民核算账户在计算不变价总量指标时选取的一篮子货物和服务遵循的是时间维度的可比性原则，这意味着，在进行指数计算时，加权的结构存在显著差异。

上述分析表明，在进行离基期较远年份的经济体间实际经济规模比较时，使用基于不变价增长率序列推算所得到的实际 GDP 进行比较存在较大误差。为了解决此问题，宾大世界表提出了一种新的计算方法。这种新的计算方法分为两步：首先，利用 ICP 基期提供的基本分类购买力平价和支出数据，使用 GK 法汇总计算总量层次的购买力平价，这里包括实际消费、政府公共消费、固定资本形成和净出口。其次，在各经济体基准调查年份总量层次购买力平价的数据基础上，使用各经济体不同年份的分项价格平减指数对基期的购买力平价数据进行内推和外推，从而获取各经济体不同年份的分项购买力平价数据。

基于上述推算得到的分项购买力平价数据，并结合国民核算账户中的相应分项数据，Feenstra 等（2009a，2015）提出了使用 GK 法多边框架进行生产法和支出法实际 GDP 测算的框架，宾大世界表 8.0 以后的版本均采用了这种最新测算方法。Feenstra 等（2015）将通过此方式计算得到的不同年份各经济体的支出法实际 GDP 和生产法实际 GDP 称为现价支出法实际 GDP（$CGDP^e$）和现价生产法实际 GDP（$CGDP^o$）。之所以称之为现价，主要是因为基于此方法获取的实际 GDP 都是基于当年的参考价格计算的。由 GK 法测算步骤可知，在每一年份上 GK 法所得到的参考价格均各不相同，这就导致即使是同一经济体其在不同年份上的支出法实际 GDP 和生产法实际 GDP 也存在不可比性。为了解决此问题，Feenstra 等（2015）提出了通过计算链式购买力平价（chained PPP）并对基期结果进行外推从而获取各经济体不变价的支出法实际 GDP（$RGDP^e$）和生产法实际 GDP（$RGDP^o$）的调整方法。相比现价值，$RGDP^e$ 和 $RGDP^o$ 保证了实际 GDP 测算值在经济体间和不同时期上都具备可比性。表 7.4 给出了宾大世界表 9.1 提供的中国现价和不变价的支出法和生产法实际 GDP。

表 7.4　宾大世界表 9.1 对中国实际经济规模的估计

年份	$CGDP^e$/万亿美元	$CGDP^o$/万亿美元	$RGDP^e$/万亿美元	$RGDP^o$/万亿美元
2000	5.360	5.330	5.414	5.272
2001	5.832	5.809	5.845	5.708
2002	6.388	6.353	6.360	6.203
2003	6.754	6.741	6.699	6.572
2004	7.398	7.361	7.321	7.169
2005	8.457	8.340	8.232	8.049
2006	9.290	9.071	9.098	8.754
2007	9.953	9.680	9.799	9.431
2008	10.467	10.234	10.265	10.035
2009	11.240	11.085	11.161	10.951
2010	12.857	12.793	12.814	12.696
2011	14.015	14.028	14.015	14.028

续表

年份	CGDP^e/万亿美元	CGDP^o/万亿美元	RGDP^e/万亿美元	RGDP^o/万亿美元
2012	14.455	14.520	14.572	14.640
2013	15.209	15.208	15.472	15.445
2014	16.031	16.109	16.327	16.415
2015	16.251	16.393	16.813	16.778
2016	16.745	16.818	17.546	17.361
2017	17.563	17.798	18.396	18.384

资料来源：宾大世界表 9.1。测算数据的基期为 2011 年

7.1.4　Maddison 项目

Angus Maddison 是已故的宏观经济测度研究领域的世界知名学者，在他的倡议下构建的麦迪森数据库提供了全球多国长时间段的经济统计数据，是进行经济史研究的重要数据来源。

Maddison 数据库使用总量外推法对中国实际经济规模进行了测算。Maddison 的估计以 1990 年的多边比较结果为基准，使用 Maddison 和 Wu（2008）提供的不变价 GDP 增长率序列对 1990 年的基期结果进行外推①，可以获取中国在连续时间段上的实际经济规模数据。表 7.5 给出了 Maddison 的估计结果。

表 7.5　Maddison 对中国经济实际规模的估计

年份	RGDP（1990 年国际元）/万亿美元	GDP（1987 年不变价）/万亿美元	不变价增速（Maddison-Wu）
1990	2.124	1.488	
1991	2.264	1.586	1.066
1992	2.484	1.740	1.097
1993	2.725	1.909	1.097
1994	2.996	2.100	1.100
1995	3.450	2.417	1.151
1996	3.522	2.467	1.021

① 表 7.5 分别给出了 Maddison 和 Wu（2008）以及国家统计局所公布的不变价 GDP 增长率，可以看出，这两者之间存在显著的差异。Maddison 和 Wu（2008）认为，国家统计局所公布的不变价增长率高估了中国经济的实际增长，基于此考虑，他们详细探究了中国经济的实际增长率，经过对历史数据的细致推算，他们从总体上调低了中国经济的实际增长率。

续表

年份	RGDP（1990 年国际元）/万亿美元	GDP（1987 年不变价）/万亿美元	不变价增速（Maddison-Wu）
1997	3.708	2.597	1.053
1998	3.718	2.604	1.003
1999	3.962	2.775	1.066
2000	4.317	3.026	1.090
2001	4.781	3.349	1.107
2002	5.374	3.765	1.124
2003	6.185	4.335	1.151
2004	6.702	4.693	1.083
2005	7.268	5.093	1.085
2006	7.930	5.555	1.091
2007	8.309	5.820	1.048
2008	8.913	6.242	1.073
2009	9.729	6.817	1.092
2010	10.742	7.528	1.104

注：①RGDP（1990 年国际元）和 GDP（1987 年不变价）来源于 Maddison 项目，不变价增速（Maddison-Wu）根据 GDP（1987 年不变价）计算所得到；②表中数据是经原始数据计算得出

Maddison 推算中国实际经济规模的方法（即计算表 7.5 第二列数据的方法）如下。在 1990 年（基准年），中国经济的实际规模为 2.124 万亿美元。基于总量外推法，可知：1991 年中国经济的实际规模为 2.264 万亿美元（=2.124 × 1.066 万亿美元），1992 年中国经济的实际规模为 2.484 万亿美元（=2.264 × 1.097 万亿美元），以此类推，即可以获取表 7.5 第二列全部数据。

接下来，我们将详细讨论 Maddison 获取 1990 年基期比较结果的方法。Maddison 一直采用的是任若恩按照 ICP 测算方法估计的 1986 年中国/美国支出法购买力平价进行相关数据的外推（Ren，1997）。他对任若恩的估计结果进行了若干调整，以便使其与 1990 年多边（GK 法）购买力平价可比。任若恩提供了以 1986 年为基期的三个支出法购买力平价的估计值：使用美国权重得出的拉氏指数、使用中国权重得出的帕氏指数，以及根据两者几何平均得出的 Fisher 指数。拉氏指数得到的购买力平价值最高，为 1.509 人民币/美元。帕氏指数得到的购买力平价值最低，为 0.589 人民币/美元。任若恩更倾向 0.943 人民币/美元的几何平均值。这些指数都是双边的，而在多边比较中，应使用满足传递性的多边购买力平价。Kravis（1981）通过将双边购买力平价进行调整从而获得多边比较情形下的购买

力平价值。调整的依据是 1980 年轮 ICP 中 5 个亚洲经济体的双边购买力平价值与多边购买力平价值之间差异的平均数。Maddison 对任若恩的测算结果进行了相同比率的调整，从而推导出多边比较情形下的购买力平价值，为 0.793 人民币/美元。

任若恩采用了官方公布的 1986 年中国 GDP 数据，而 Maddison 采用的相应值（调整为 1986 年的价格）要比官方高 13%。将 Maddison 的估计值用推算的多边购买力平价换算为 1986 年美元，得到 1986 年中国 GDP 为 1.459 万亿美元。再根据 Maddison 对中国 1986 年至 1990 年 GDP 实际增长率的估计（24.66%），并对这个期间的美国通货膨胀率进行调整（16.77%），即可以得出以 1990 年国际元计算的中国实际 GDP 为 2.124 万亿美元。比较表 7.5 的第二列和第四列可以得出这个应用到所有年份的基期值。

7.2　不同测算结果与测算方法的系统比较

在上一节中，我们对世界发展指标、世界经济展望、宾大世界表及 Maddison 项目所提供的中国实际经济规模数据进行了详细的研究，从所用的基础数据、外推方法到具体测算步骤都给出了细致的分析。在此基础上，本节将对上述测算数据进行系统对比和分析，并将其与本书测算结果进行比较。在系统比较的基础上，本节将详细归纳不同数据适用的研究范围。

7.2.1　不同测算结果的对比

表 7.6 对世界发展指标、世界经济展望、宾大世界表、Maddison 项目及本书测算使用的外推方法和基础数据进行了详细的总结和对比。从中可以总结如下。

表 7.6　不同比较结果的外推方法和基础数据对比

数据名称	指标	外推方法	基础数据
世界发展指标	RGDP	基于 GDP 总量层次的外推方法进行非基准年份的购买力平价推算和相应实际 GDP 的计算	2011 年轮 ICP 数据及历年各经济体现价和不变价 GDP 数据
世界经济展望	RGDP	基于 GDP 总量层次的外推方法进行非基准年份的购买力平价推算和相应实际 GDP 的计算	2011 年轮 ICP 数据及历年各经济体现价和不变价 GDP 数据
宾大世界表	CGDP RGDP	利用分类项目的外推方法进行非基准年份的各项目购买力平价推算，在此基础上，利用 GK 法多边框架汇总计算 GDP 总量层次的结果	2011 年轮和 2005 年轮 ICP 数据及历年各经济体支出法下居民消费、固定资本形成、政府公共消费与净出口的现价和不变价数据
Maddison 项目	RGDP	基于 GDP 总量层次的外推方法进行非基准年份的购买力平价推算和相应实际 GDP 的计算	以 1990 年为基期的多边比较结果及历年各经济体现价和不变价 GDP 数据

续表

数据名称	指标	外推方法	基础数据
本书测算	RCGDP	利用支出法下分类项目的外推方法进行非基准年份的各项目购买力平价推算，在此基础上，利用 GK 法汇总计算每个年份各经济体 GDP 总量层次购买力平价，最后使用 Törnqvist 指数计算各经济体的实际 GDP	2011 年轮和 2005 年轮 ICP 数据、历年各经济体支出法下居民消费、固定资本形成、政府公共消费与净出口的现价和不变价数据、Feenstra 和 Romalis（2014）提供的经质量调整后的进出口价格指数

注：考察的指标分别是世界发展指标中的 RGDP 数据、世界经济展望中的 RGDP 数据、Maddison 项目中的 RGDP 数据、宾大世界表中的 CGDP 和 RGDP 数据及本书测算中的 RCGDP

1. 外推方法

从总体上来看，世界发展指标、世界经济展望及 Maddison 项目的外推方法可以归为一类：采用的外推方法都是总量层次的推算方法。宾大世界表和本书的测算研究使用的外推方法可以归为一类：采用的外推方法是分类项目推算方法。

2. 基础数据

从所用的基期数据来看，世界发展指标、世界经济展望和宾大世界表都利用了 2011 年轮 ICP 的基期比较数据。Maddison 项目使用的基期数据来自其本人的计算，主要参考了以 1990 年为基期的多边比较结果。本书在测算研究中综合利用了 2011 年轮 ICP 和 2005 年轮 ICP 的数据。

从所用各经济体国民核算账户数据来看，世界发展指标、世界经济展望及 Maddison 项目仅使用了各经济体 GDP 总量层次的现价数据和不变价数据。宾大世界表和本书的测算研究使用了更为细致的分类数据：各经济体支出法下居民消费、固定资本形成、政府公共消费与净出口的现价和不变价数据。

3. 应用范围

表 7.7 给出了不同比较结果的应用范围。世界发展指标、世界经济展望及 Maddison 项目在外推方法和所用基础数据上相似性较大，因此，这三个数据的应用范围也较为相似：都可以进行支出法角度的国际比较，但无法进行生产法角度的国际比较。由于无法进行生产角度的国际比较，因此也不支持进行支出法和生产法差异的分解研究。宾大世界表可以进行支出法国际比较和生产法国际比较，但是无法进行支出法和生产法差异的分解研究。本书测算研究的基础框架构建于宾大世界表，并在此基础上对生产法实际 GDP 和支出法实际 GDP 的最终推算方法进行了改进，这一改进使得我们可以基于 Törnqvist 指数分解方法对生产法与支出法实际 GDP 变动的差异进行分解。因此，基于本书的测算结果，既可以进行支出法国际比较和生产法国际比较，还可以对支出法和生产法国际比较结果的差异

进行分解，探讨影响这种差异大小的变动因素。

表 7.7　不同比较结果的应用范围（一）

数据名称	支出法比较	生产法比较	支出法与生产法差异分解
世界发展指标	√	×	×
世界经济展望	√	×	×
Maddison 项目	√	×	×
宾大世界表	√	√	×
本书测算	√	√	√

注：考察的指标分别是世界发展指标中的 RGDP 数据、世界经济展望中的 RGDP 数据、Maddison 项目中的 RGDP 数据、宾大世界表中的 CGDP 和 RGDP 数据及本书测算中的 RCGDP

表 7.8 从另外一个层次给出了不同比较结果适用的研究范围。主要包括：增长率比较、指定年份上中国与其他各经济体的实际经济规模比较及任意年份间中国与其他各经济体的实际经济规模的比较。

表 7.8　不同比较结果的应用范围（二）

数据名称	增长率比较	指定年份上中国与其他各经济体的实际经济规模比较	任意年份间中国与其他各经济体的实际经济规模比较
世界发展指标	☆☆☆	☆	☆
世界经济展望	☆☆☆	☆	☆
Maddison 项目	☆☆☆	☆	☆
宾大世界表	☆☆	☆☆☆	☆☆
本书测算	☆☆	☆☆	☆☆☆

注：☆所表示的含义是适用程度，星级越高，用于相应类别分析的适用程度就越高。考察的指标分别是世界发展指标中的 RGDP 数据、世界经济展望中的 RGDP 数据、Maddison 项目中的 RGDP 数据、宾大世界表中的 CGDP 和 RGDP 数据及本书测算中的 RCGDP

我们将从增长率比较、指定年份上中国与其他各经济体的实际经济规模比较，以及任意年份间中国与其他各经济体的实际经济规模比较三个角度进行探究。

（1）增长率比较。由上节的研究可知，世界发展指标、世界经济展望及 Maddison 项目提供的实际 GDP 数据都可以利用国民核算账户中的不变价 GDP 增长率进行外推而得到。因此，在利用实际 GDP 数据进行增长率研究和分析时，这三个数据集的适用性最强。宾大世界表和本书测算得到的增长率序列与国民核算账户中的不变价 GDP 增长率虽在均值上相差较小，但仍有一定出入，在应用到增长率分析时，适用性略差。

（2）指定年份上中国与其他各经济体的实际经济规模比较。这里指的是，在任意指定的年份中（如选定 2000 年），进行截面层次上中国与其他各经济体的实际经济规模比较（如选定中美比较）。宾大世界表中提供的 CGDP 指标最适合进行这种比较研究。这主要是由于，在每一个年份上，CGDP 都是基于 GK 法多边比较框架计算得到的，这保证了 CGDP 指标最为适合这种截面上的多边比较。

世界发展指标、世界经济展望及 Maddison 项目提供的数据在指定年份距离所用 ICP 基期较近时，也适合进行这种比较，但在进行离基期较远年份的经济体间实际经济规模比较时，继续进行这种比较则误差较大。在短期内使用不变价 GDP 增长率对基期结果进行外推，误差较小，但随着外推时间的拉长，这种误差将会迅速增加。其中的主要原因在于空间维度的价格指数与时间维度的价格指数存在较大的不匹配性。世界发展指标、世界经济展望及 Maddison 项目在推算数据过程中，通过将空间维度的价格指数与时间维度的价格指数进行结合来获取外推结果，而这两种指数在编制方法、基础数据、加权结构及所用指数汇总方法上都存在诸多差异，这将导致外推的准确性会随着时间的推移迅速降低。

本书的测算结果建立在 CGDP 指标基础上，对 CGDP 指标进行了不变价处理，在运用到此类比较时，其适用性低于 CGDP 指标，但强于世界发展指标、世界经济展望及 Maddison 项目的相应数据。

（3）任意年份间中国与其他各经济体的实际经济规模比较。如进行 2000 年中国实际经济总量与 2017 年美国实际经济总量比较，即属于此类比较。空间维度价格指数与时间维度价格指数之间的不匹配性在 GDP 总量层次最高，因此，世界发展指标、世界经济展望及 Maddison 项目并不适合进行这种时间跨度较大情况下的比较。宾大世界表中提供的不变价实际 GDP（RGDP）指标及本书测算结果 RCGDP 最适合进行这种情形下的比较研究。这主要是由于宾大世界表和本书测算得到的不变价实际 GDP 测算值在经济体间和不同时期上都具备较强的可比性。

7.2.2　进一步的分析与讨论

从 7.2.1 节的分析可以看出，不同测算数据能适用的研究范围存在较大差异，究其原因，主要源于空间维度价格指数与时间维度价格指数在诸多方面的不匹配性。这种不匹配性主要体现在如下几个方面。

首先，ICP 基期比较时选取的一篮子货物和服务要遵循经济体间的可比性和代表性原则，而各经济体在计算总量指标的平减指数时选取的一篮子货物和服务一般要遵循时间维度的可比性原则，因此测算购买力平价所用的“篮子”与测算平减指数所用的“篮子”在规格品构成上存在显著差异。

其次，空间维度价格指数与时间维度价格指数在进行最终的汇总计算时选取的指数方法也存在显著性差异。空间价格指数要求计算结果具备基国不变性，传递性等性质，因此一般选取 GK 法和 GEKS 方法等多边比较方法，其测算结果将受到所有参与经济体数据的影响。时间维度价格指数并没有基国不变性和传递性的要求，一般选取拉氏指数、帕氏指数及 Fisher 指数进行计算，其测算结果不受其他经济体的影响。

最后，质量差异在时间维度价格指数和空间维度价格指数中的处理方式不同。在测算时间维度的价格指数时，部分经济体考虑了规格品随时间推移可能发生的质量变化，因此使用特征调整方法对电子产品（如电脑）、服装及住房等类别的规格品进行了质量调整。而空间维度的价格指数并未考虑各经济体规格品之间存在的质量差异。这也在一定程度上带来了空间维度价格指数与时间维度价格指数的不匹配问题。

7.3　本 章 小 结

为了明确本书对中国经济实际规模的测算结果与已有测算结果的异同，我们对国际上最为权威的四种实际经济规模数据来源进行了系统总结，它们分别是世界发展指标、世界经济展望、宾大世界表和 Maddison 项目。从推算方法和基础数据角度将其与本书的测算研究进行了细致比较，明确了不同数据的应用范围。本章研究得出的主要结论如下。

1. 外推方法

从总体上来看，本书的测算研究和宾大世界表使用的外推方法可以归为一类：采用的外推方法是分类项目推算方法。世界发展指标、世界经济展望及 Maddison 项目的外推方法可以归为一类：采用的外推方法都是总量层次的推算方法。

2. 基础数据

从所用的购买力平价数据来看，本书在测算研究中综合利用了 2011 年轮 ICP 和 2005 年轮 ICP 的数据。世界发展指标、世界经济展望和宾大世界表利用了 2011 年轮 ICP 的基期比较数据。Maddison 项目使用的购买力平价数据主要来自早期学者的估算。

从所用各经济体国民核算账户数据来看，本书的测算研究和宾大世界表使用了更为细致的分类数据：各经济体支出法下居民消费、固定资本形成、政府公共消费和净出口的现价和不变价数据。世界发展指标、世界经济展望及 Maddison 项目仅使用了 GDP 总量层次的现价数据和不变价数据。

3. 应用范围

基于本书的测算结果，既可以进行支出法实际经济总量的比较，也可以进行生产法实际经济总量的比较，更为重要的是，还可以对支出法和生产法比较结果的差异进行分解，并探讨影响这种差异大小的变动因素。宾大世界表可以进行生产法和支出法的比较，但无法进行上述的差异分解。世界发展指标、世界经济展望及 Maddison 项目仅能进行支出法角度的相应比较。

本书测算结果在进行任意年份间中国与其他各经济体的实际经济规模比较时最为恰当。宾大世界表提供的 CGDP 数据在进行指定年份上中国与其他各经济体的实际经济规模比较时最为恰当。在进行增长率比较时，世界发展指标、世界经济展望及 Maddison 项目最为恰当。

需要特别指出的是，由于空间维度价格指数和时间维度价格指数在多方面存在不匹配，因此，在进行离基期较远年份的实际经济规模比较时，上述的所有测算结果都可能会产生较大的误差，但是总体来说，基于分项数据得到的外推结果（本书测算结果和宾大世界表）在准确性和合理性上要强于基于 GDP 总量数据的推算结果（世界发展指标、世界经济展望及 Maddison 项目）。

参 考 文 献

陈凯，任若恩. 2003. 电信业生产角度购买力平价测算方法及实证研究[J]. 北京航空航天大学学报（社会科学版），6（3）：50-53.

范志勇，毛学峰. 2013. 开放条件下中国收入增长的效率及结构特征：1981—2010[J]. 经济研究，48（3）：30-42，55.

郭熙保. 1998. 购买力平价与我国收入水平估计：兼评克拉维斯对中国收入的估计结果[J]. 管理世界，（4）：64-75，219.

林桂军，张玉芹. 2007. 我国贸易条件恶化与贫困化增长[J]. 国际贸易问题，（1）：3-9.

麦迪森 A. 2008. 中国经济的长期表现：公元 960-2030 年[M]. 2 版. 伍晓鹰，马德斌译. 上海：上海人民出版社.

钱学锋，熊平. 2010. 中国出口增长的二元边际及其因素决定[J]. 经济研究，45（1）：65-79.

邱东. 2012. 宏观测度的边界悖律及其意义[J]. 统计研究，29（8）：83-90.

邱东. 2018. 经济测度逻辑挖掘：困难与原则[M]. 北京：科学出版社.

任若恩，郑海涛，柏满迎. 2007. 关于中美经济规模的国际比较研究[J]. 经济学（季刊），6（1）：39-56.

孙文莉，丁晓松，伍晓光. 2013. 工资粘性、货币冲击与价格贸易条件[J]. 经济研究，48（8）：81-93.

王成岐. 1994. 联合国国际比较项目（ICP）若干问题研究[M]. 大连：东北财经大学出版社.

许宪春. 2010. 准确理解中国经济统计[J]. 经济研究，45（5）：21-31.

余芳东. 2011. 2011 年新一轮国际比较项目（ICP）方法改进[J]. 统计研究，28（1）：11-16.

余芳东. 2013. 国际上非基准年购买力平价推算方法评价[J]. 统计研究，30（3）：25-29.

余芳东. 2017. 对我国参加国际比较项目的评估及建议[J]. 统计研究，34（2）：23-32.

余芳东，任若恩. 2005. 关于中国与 OECD 国家购买力平价比较研究结果及其评价[J]. 经济学（季刊），4（2）：563-582.

张迎春. 2009. 探究中国与全球 ICP 的差距[M]. 北京：人民出版社.

Balassa B. 1964. The purchasing-power parity doctrine：a reappraisal[J]. Journal of Political Economy，72（6）：584-596.

Balk B M. 2008. Price and Quantity Index Numbers：Models for Measuring Aggregate Change and

Difference [M]. Cambridge：Cambridge University Press.

Banerjee K S. 1988. On the multilateral index number system based on the factorial approach[J]. Statistic Papers，29：309-316.

Brandt L，Holz C A. 2006. Spatial price differences in China：estimates and implications[J]. Economic Development and Cultural Change，55（1）：43-86.

Cassel G. 1916. The present situation of the foreign exchanges[J]. The Economic Journal，26（101）：62-66.

Cassel G. 1918. Abnormal deviations in international exchanges[J]. The Economic Journal，28（112）：413-415.

Clark C. 1940. The Conditions of Economic Progress[M]. London：Macmillan Publishers Limited.

Crawford I，Neary P J. 2008. Testing for a reference consumer in international comparisons of living standards[J]. The American Economic Review，98（4）：1731-1732.

Cuthbert J，Cuthbert M. 1988. On aggregation methods of purchasing power parities[R]. OECD Economics Department Working Papers No.56.

Deaton A. 2012a. Calibrating measurement uncertainty in purchasing power parity exchange rates[R]. Research Program in Development Studies，mimeographed，Princeton.

Deaton A. 2012b. Consumer price indexes，purchasing power parity exchange rates，and updating DRAFT[R]. Research Program in Development Studies，mimeographed，Princeton.

Deaton A，Aten B. 2017. Trying to understand the PPPS in ICP 2011：why are the results so different?［J］. American Economic Journal：Macroeconomics，9（1）：243-264.

Deaton A，Heston A. 2010. Understanding PPPS and PPP-based national accounts[J]. American Economic Journal：Macroeconomics，2（4）：1-35.

Deaton A，Muellbauer J. 1980. An almost ideal demand system[J]. The American Economic Review，70（3）：312-326.

Denison E F. 1981. International transactions in measures of the nation's production[J]. Survey of Current Business，61：17-28.

Diewert W E. 1976. Exact and superlative index numbers[J]. Journal of Econometrics，4（2）：115-145.

Diewert W E. 1999. Axiomatic and economic approaches to international comparisons[M]//Heston A，Lipsey R E. International and Interarea Comparisons of Income，Output，and Prices. Chicago：University of Chicago Press：13-107.

Diewert W E. 2005. Weighted country product dummy variable regressions and index number formulae[J]. Review of Income and Wealth，51（4）：561-570.

Diewert W E. 2010. New methodological developments for the international comparison program[J]. Review of Income and Wealth，56：11-31.

Diewert W E，Morrison C J. 1986. Adjusting output and productivity indexes for changes in the terms of trade[J]. The Economic Journal，96（383）：659-679.

Dikhanov Y. 1994. Sensitivity of PPP-based income estimates to choice of aggregation procedures[R]. 23rd General Conference of the IARIW，Canada.

Dowrick S，Akmal M. 2005. Contradictory trends in global income inequality：a tale of two biases[J].

Review of Income and Wealth，51（2）：201-229.
Drechsler L. 1973. Weighting of index numbers in multilateral international comparisons[J]. Review of Income and Wealth，19（1）：17-34.
Duguay P. 2006. Productivity，terms of trade and economic adjustment[R]. Canadian Association for Business Economics Economic Outlook/Policy Forum，Queen's University，Kingston，Ontario.
Elteto O，Koves P. 1964. On an index number computation problem in international comparisons（in Hungarian）[J]. Statiztikai Szemle，42：507-518.
European Union. 1996. European System of National and Regional Accounts [M]. Brussel：European Union.
Eurostat，OECD. 2012. Eurostat-OECD Methodological Manual on Purchasing Power Parities[M]. Pairs：OECD Publishing.
FAO. 1953. Annex to document job No.61/D/2756[R]. FAO，Rome.
Feenstra R C，Heston A，Timmer M P，et al. 2009a. Estimating real production and expenditures across nations：a proposal for improving the Penn world tables[J]. Review of Economics and Statistics，91（1）：201-212.
Feenstra R C，Inklaar R，Timmer M P. 2015. The next generation of the Penn world table[J]. The American Economic Review，105（10）：3150-3182.
Feenstra R C，Inklaar R，Timmer M. 2013a. PWT 8.0-a user guide[R]. Groningen Growth and Development Centre，University of Groningen.
Feenstra R C, Ma H, Neary J P, et al. 2013b. Who shrunk China? Puzzles in the measurement of real GDP[J]. The Economic Journal，123（573）：1100-1129.
Feenstra R C，Ma H，Rao D S P. 2009b. Consistent comparisons of real incomes across time and space[J]. Macroeconomic Dynamics，13：169-193.
Feenstra R C，Romalis J. 2014. International prices and endogenous quality[J]. Quarterly Journal of Economics，129（2）：477-527.
Frank J G，Ladd I，Swimmer，G. 1977. Assessing trends in Canada's competitive position：the case of Canada and the United States[R]. Conference Board in Canada.
Geary R C. 1958. A note on the comparison of exchange rates and purchasing power between countries[J]. Journal of the Royal Statistical Society Series A（General），121（1）：97-99.
Gerschenkron A. 1951. A Dollar Index of Soviet Machinery Output，1927/28 to 1937[M]. Santa Monica：Rand Corporation.
Gilbert M，et al. 1958. Comparative National Products and Price Levels：A Study of Western Europe and the United States [M]. Paris：OEEC.
Gilbert M，Kravis I B. 1954. An International Comparison of National Products and the Purchasing Power of Currencies[M]. Paris：OEEC Publishing.
Gini C. 1931. On the circular test of index numbers[J]. Metron，9：3-24.
Gong C H，Meng X. 2008. Regional price differences in urban China 1986-2001：estimation and implication[R]. IZA Discussion Paper No.3621.
Hajargasht G，Rao D S P. 2010. Stochastic approach to index numbers for multilateral price

comparisons and their standard errors[J]. Review of Income and Wealth，56：32-58.

Hassan F. 2016. The price of development：the Penn-Balassa-Samuelson effect revisited[J]. Journal of International Economics，102：291-309.

Heath J B. 1957. British-Canadian industrial productivity[J]. The Economic Journal，67（268）：665-691.

Heston A W. 2013. ICP quarterly update：special interview with Alan Heston[DB/OL]. World Bank.

Heston A，Lipsey R E. 1999. International and Interarea Comparisons of Income，Output，and Prices[M]. Chicago：University of Chicago Press.

Heston A，Summers R，Aten B. 2012. Penn world table version 7.1[R]. Center of Comparisons of Production，Income and Prices at the University of Pennsylvania.

Hill R J. 1997. A taxonomy of multilateral methods for making international comparisons of prices and quantities[J]. Review of Income and Wealth，43（1）：49-69.

Hill R J. 1999. Comparing price levels across countries using minimum-spanning trees[J]. The Review of Economics and Statistics，81（1）：135-142.

Hill R J. 2000. Measuring substitution bias in international comparisons based on additive purchasing power parity methods[J]. European Economic Review，44（1）：145-162.

Hill R J. 2004. Constructing price indexes across space and time：the case of the European Union[J]. The American Economic Review，94（5）：1379-1410.

Hill R J. 2011. The imposition of within-region fixity in the international comparison program[DB/OL]. University of Graz，Working Paper.

Hill R J，Hill T P. 2009. Recent developments in the international comparison of prices and real output[J]. Macroeconomic Dynamics，13：194-217.

Hill R J，Timmer M P. 2006. Standard errors as weights in multilateral price indexes[J]. Journal of Business & Economic Statistics，24（3）：366-377.

Iklé D M. 1972. A new approach to the index number problem[J]. Quarterly Journal of Economics，86（2）：188-211.

Inklaar R，Rao D S P. 2017. Cross-country income levels over time：did the developing world suddenly become much richer? [J]. American Economic Journal：Macroeconomics，9（1）：265-290.

Inklaar R，Timmer M P. 2008. GGDC productivity level database：international comparisons of output，inputs and productivity at the industry level[R]. Groningen Growth and Development Centre，University of Groningen.

Inklaar R，Timmer M P，van Ark B. 2008. Market services productivity across Europe and the US[J]. Economic Policy，23（53）：139-194.

International Monetary Fund. 2013. World Economic Outlook[M]. Washington，D.C.：International Monetary Fund.

International Monetary Fund. 2014. World Economic Outlook [M]. Washington，D.C.：International Monetary Fund.

International Monetary Fund. 2019. World Economic Outlook [M]. Washington，D.C.：International

Monetary Fund.

Johnson S, Larson W, Papageorgiou C, et al. 2013. Is newer better? Penn World Table revisions and their impact on growth estimates[J]. Journal of Monetary Economics, 60（2）: 255-274.

Keynes J M. 1923. A Tract on Monetary Reform[M]. London: Macmillan Publishers.

Keynes J M. 1930. A Treatise on Money: The Pure Theory of Money[M]. London: Macmillan Publishers.

Khamis S H. 1970. Properties and conditions for the existence of a new type of index numbers[J]. Sankhyā: The Indian Journal of Statistics Series B, 32: 81-98.

Khamis S H. 1972. A new system of index numbers for national and international purposes[J]. Journal of the Royal Statistical Society Series A（General）, 135（1）: 96-121.

Khamis S H. 1984. On aggregation methods for international comparisons[J]. Review of Income and Wealth, 30（2）: 185-205.

Kohli U. 1978. A gross national product function and the derived demand for imports and supply of exports[J]. The Canadian Journal of Economics, 11（2）: 167-182.

Kohli U. 2004a. An implicit törnqvist index of real GDP[J]. Journal of Productivity Analysis, 21（3）: 337-353.

Kohli U. 2004b. Real GDP, real domestic income, and terms-of-trade changes[J]. Journal of International Economics, 62（1）: 83-106.

Kohli U. 2006. Real GDP, real GDI and trading gains: Canada, 1981-2005[J]. International Productivity Monitor, 13: 46-56.

Kohli U. 2007. Terms-of-trade changes, real GDP, and real value added in the open economy: reassessing Hong Kong's growth performance[J]. Asia-Pacific Journal of Accounting & Economics, 14（2）: 87-109.

Kravis I B. 1981. An approximation of the relative real per capita GDP of the People's Republic of China[J]. Journal of Comparative Economics, 5（1）: 60-78.

Kravis I B. 1984. Comparative studies of national incomes and prices[J]. Journal of Economic Literature, 22（1）: 1-39.

Kravis I B, Heston A W, Summers R. 1978a. International Comparisons of Real Product and Purchasing Power[M]. Baltimore: Johns Hopkins University Press.

Kravis I B, Heston A, Summers R. 1978b. Real GDP per capita for more than one hundred countries[J]. The Economic Journal, 88（350）: 215-242.

Kravis I B, Heston A W, Summers R. 1982. World Product and Income: International Comparisons of Real Gross Product[M]. Baltimore: Johns Hopkins University Press.

Kravis I B, Kenessey Z, Heston A W, et al. 1975. A System of International Comparisons of Gross Product and Purchasing Power[M]. Baltimore: John Hopkins University Press.

Maddison A. 1952. Productivity in Canada, the United Kingdom, and the United States[J]. Oxford Economic Papers, 4（3）: 235-242.

Maddison A. 2009. Measuring the economic performance of transition economies: some lessons from Chinese experience[J]. Review of Income and Wealth, 55: 423-441.

Maddison A，Rao D S P. 1996. A generalized approach to international comparisons of agricultural output and productivity[DB/OL]. GGDC，Working Paper.

Maddison A, van Ark B. 1988. Comparisons of Real Output in Manufacturing[M]. Washington, D.C.: World Bank.

Maddison A，Wu H X. 2008. Measuring China's economic performance[J]. World Economics，9 (2): 13-44.

Maizels A. 1958. Comparative productivity in manufacturing industry：a case study op Australia and Canada[J]. Economic Record，34（67）：67-89.

Mizoguchi T. 1969. A comparison of levels of consumption of urban households in Japan and in mainland China-a summary[J]. Review of Income and Wealth，15（2）：215-217.

Neary J P. 2004. Rationalizing the Penn world table：true multilateral indices for international comparisons of real income[J]. The American Economic Review，94（5）：1411-1428.

Nuxoll D A. 1994. Differences in relative prices and international differences in growth rates[J]. The American Economic Review，84（5）：1423-1436.

OEEC. 1952. A Standardised System of National Accounts[M]. Paris：OEEC.

O'Mahony M，Timmer M P. 2009. Output，input and productivity measures at the industry level：the EU KLEMS database[J]. The Economic Journal，119（538）：F374-F403.

Paige D，Bombach G. 1959. A Comparison of National Output and Productivity of the United Kingdom and the United States[M]. Paris：OEEC.

Pilat D，van Ark B. 1992. Productivity leadership in manufacturing，Germany，Japan and the United States，1973-1989 [DB/OL]. GGDC，Working Paper.

Rao D S P. 2001. Weighted EKS and generalised CPD methods for aggregation at basic heading level and above basic heading level[R]. Joint World Bank-OECD Seminar on Purchasing Power Parities-Recent Advances in Methods and Applications，Washington，D.C.

Rao D S P. 2004. The country-product-dummy method：a stochastic approach to the computation of purchasing power parities in the icp[R]. SSHRC Conference on Index Numbers and Productivity Measurement.

Rao D S P. 2005. On the equivalence of weighted country-product-dummy（CPD）method and the Rao-system for multilateral price comparisons[J]. Review of Income and Wealth，51（4）：571-580.

Rao D S P. 2009. Generalised eltetö-köves-szulc and country-product-dummy methods for international comparisons[M]//Rao D S P. Purchasing Power Parities of Currencies：Recent Advances in Methods and Applications. Cheltenham：Edward Elgar Publishing：86-120.

Rao D S P，Rambaldi A N，Doran H E. 2010. Extrapolation of purchasing power parities using multiple benchmarks and auxiliary information：a new approach[J]. Review of Income and Wealth，56：59-98.

Rao D S P，Timmer M P. 2003. Purchasing power parities for industry comparisons using weighted Elteto-Koves-Szulc（EKS）methods[J]. Review of Income and Wealth，49（4）：491-511.

Ravallion M. 2013. Price levels and economic growth：making sense of revisions to data on real incomes[J]. Review of Income and Wealth，59（4）：593-613.

Ren R E. 1997. China's Economic Performance in International Perspective[M]. Paris：OECD Publishing.

Ren R E，Chen K. 1995. China's GDP in US dollars based on purchasing power parity[R]. The World Bank.

Rostas L. 1948. Comparative Productivity in British and American Industry[M]. London：Cambridge University Press.

Samuelson P A. 1964. Theoretical notes on trade problems[J]. The Review of Economics and Statistics，46（2）：145-154.

Samuelson P A，Swamy S. 1974. Invariant economic index numbers and canonical duality：survey and synthesis[J]. The American Economic Review，64（4）：566-593.

Selvanathan E A，Rao D S P. 1992. An econometric approach to the construction of generalized theil-tornqvist indices for multilateral comparisons[J]. Journal of Econometrics，54（1）：335-346.

Sergeev S. 2003. Recent methodological issues：equi-representativity and some modifications of the EKS method at the basic heading level[R]. Joint Consultation on the European Comparison Programme Working Paper.

Sergeev S. 2009. The evaluation of the approaches used for the linking of the regions in the icp 2005[DB/OL]. Statistics Austria.

Summers R. 1973. International price comparisons based upon incomplete data[J]. Review of Income and Wealth，19（1）：1-16.

Summers R，Heston A. 1984. Improved international comparisons of real product and its composition：1950-1980[J]. Review of Income and Wealth，30（2）：207-219.

Summers R，Heston A. 1988. A new set of international comparisons of real product and price levels estimates for 130 countries，1950-1985[J]. Review of Income and Wealth，34（1）：1-25.

Summers R，Heston A. 1991. The Penn world table（mark 5）：an expanded set of international comparisons，1950-1988[J]. Quarterly Journal of Economics，106（2）：327-368.

Summers R，Kravis I B，Heston A. 1980. International comparisons of real product and its composition：1950-77[J]. Review of Income and Wealth，26（1）：19-33.

Szirmai A，Ren R E. 1995. China's manufacturing performance in comparative perspective，1980-1992[R]. Groningen Growth and Development Centre，University of Groningen.

Szirmai A，Ren R E，Bai M. 2005. Chinese manufacturing performance in comparative perspective，1980-2002[R]. Economic Growth Center Discussion Paper.

Szulc B. 1964. Index numbers of multilateral regional comparisons（in Polish）[J]. Przeglad Statystyczny，3：239-254.

Taylor J R. 1991. Dollar GNP estimates for China[R]. Center for International Research，US Bureau of the Census.

Timmer M P，Inklaar R，O'Mahony M，et al. 2010. Economic Growth in Europe：A Comparative Industry Perspective[M]. Cambridge：Cambridge University Press.

Timmer M P，Ypma G，Ark H H. 2007. PPPs for industry output：a new dataset for international comparisons[DB/OL]. GGDC, Working Paper.

United Nations. 1947. Measurement of national income and the construction of social accounts[R]. Studies and Reports on Statistical Methods.

United Nations. 1953. A System of National Accounts and Supporting Tables[M]. New York: United Nations.

United Nations. 1993. System of National Accounts [M]. New York: United Nations.

United Nations. 1998. Evaluation of the international comparison program[R]. UN Economic and Social Council.

United Nations. 2008. System of National Accounts [M]. New York: United Nations.

United Nations, Eurostat. 1986. World Comparisons of Purchasing Power and Real Product for 1980[M]. New York: United Nations.

United Nations, Eurostat. 1994. World Comparisons of Real Gross Domestic Product and Purchasing Power, 1985: Phase V of the International Comparison Programme[M]. New York: United Nations.

van Ark B. 1993. International comparisons of output and productivity[D]. Groningen: University of Groningen.

van Ark B, Monnikhof E, Mulder N. 1999. Productivity in services: an international comparative perspective[J]. The Canadian Journal of Economics, 32 (2): 471-499.

van Ooststroom H, Maddison A. 1984. An international comparison of levels of real output and productivity in agriculture in 1975[DB/OL]. GGDC, Working Paper.

West E C. 1971. Canada-United States Price and Productivity Differences in Manufacturing Industries, 1963[M]. Ottawa: Economic Council of Canada.

World Bank. 2008. Global purchasing power parities and real expenditures: 2005 International Comparison Program [R]. World Bank Working Paper No.45196.

World Bank. 2013a. Measuring the Real Size of the World Economy: The Framework, Methodology, and Results of the International Comparison Program[M]. Washington, D.C.: World Bank.

World Bank. 2013b. World Development Indicators 2013[M]. Washington, D.C.: World Bank.

World Bank. 2014a. Purchasing power parities and real expenditures of world economies: summary of results and findings of the 2011 international comparison program[DB/OL]. World Bank.

World Bank. 2014b. World Development Indicators 2014[M]. Washington, D.C.: World Bank.

World Bank. 2015. Purchasing Power Parities and the Real Size of World Economies[M]. Washington, D.C.: World Bank.

World Bank. 2019. World Development Indicators 2019[M]. Washington, D.C.: World Bank.

Wu H X. 2001. China's comparative labour productivity performance in manufacturing, 1952-1997: catching up or falling behind? [J]. China Economic Review, 12: 162-189.

Wu H X. 2002. How fast has Chinese industry grown? ——Measuring the real output of Chinese industry, 1949-97[J]. Review of Income and Wealth, 48 (2): 179-204.

后　记

我对国际经济比较统计研究领域的关注已有多年。本次结集出版的书稿可看作对自己多年研究成果的一次总结，也是督促自己站在新的起点上，继续以初心将国际经济比较统计的研究持续深入下去。

我与国际经济比较统计研究结缘于 2013 年初夏。我的博士生导师杨仲山教授当时准备申报国家社会科学基金重大招标项目，主题是 ICP 的理论与实践问题研究，作为课题组成员我有幸参与了申报工作。这算是我接触此研究领域的开始。2013 年 11 月，重大项目成功获批，作为课题组成员，我全程参与了课题的研究工作。在课题研究过程中，随着对国际比较研究的认识逐步加深，我对此领域的兴趣也逐渐浓厚起来。2015 年我以实际经济规模测算为研究主题，完成了博士论文，并顺利通过博士论文答辩取得博士学位。至今，国际比较也一直是我学术研究工作的重要内容。

呈现在读者面前的这本专著，记录了这些年我在国际经济比较统计研究领域的个人思考，也是向长久以来关心我学术成长的师长、朋友和家人交上的一份成绩单。本书的出版是自己持续学术耕耘的一个阶段性成果，但我深知，其中也凝结了很多人的关心、指导和帮助。在此要表达我由衷的谢意。

衷心感谢我的导师杨仲山教授将我引入国际经济比较统计的广阔研究领域，并为我指明了在学术道路上前行的方向。衷心感谢邱东教授给我们提供了多次的 ICP 学术交流和培训机会，这些交流和培训很大程度上提升了我从事国际比较研究的格局和视野。衷心感谢吕炜教授对我的提携和帮助，吕老师时常关心我的研究进展并为我在学术上的发展提供了诸多助益。衷心感谢国家统计局王军主任和王金萍处长提供的借调工作机会，使我有幸参与了中国 2017 年轮 ICP 的调查实践，这极大地促进了我对 ICP 实践工作的认知。

东北财经大学和北京师范大学珠海校区的领导和老师为我相关研究工作的顺利开展提供了很多便利条件并给予大力支持。在此一并致谢。

科学出版社的李莉编辑、张霄琛编辑和邓娴编辑在本书的出版过程中做了大量细致工作，并仔细校对了全书内容。感谢编辑老师为本书付出的辛勤努力。

最后要特别感谢我的妻子杨沫和家人们一直以来对我从事研究工作的理解和支持。为了支持我的研究工作，他们主动承担了繁重的家庭事务，让我可以更加专心地从事研究。

本书在研究过程中获得了国家社会科学基金重大项目“我国全面参加全球国际比较项目（ICP）的理论与实践问题研究”（13&ZD171）和国家社会科学基金项目“国际比较项目非基准年购买力平价推算方法研究”（18BTJ002）的资助，特此表示感谢。

由于水平所限，书中难免存在不足之处，还望各位读者批评指正。

王　岩